编委会

主　编：曾志群　陈小伟

撰稿人：王炳春　陈　扬　许少宇　庄俊峰　王欣莉
黄丹芳　李文宏　何庆祥　刘　浩　李少杰
杨少卿　林燕梅　赖文华　张晶晶　邱奕濠
蔡榕琪

仰格律所

晋江经验20周年

ZHENGFU TUDI FANGWU ZHENGSHOU XIANGMU
ZHUANXIANG FALV FUWU ZHIYIN

政府土地房屋征收项目专项法律服务指引

——以晋江经验为例

福建仰格律师事务所◎著

中国法制出版社
CHINA LEGAL PUBLISHING HOUSE

序

2022年10月，国务院第七次全国人口普查领导小组办公室发布《2020年中国人口普查分县资料》。根据《分县资料》，全国共有105个大城市，包括7个超大城市、14个特大城市、14个Ⅰ型大城市以及70个Ⅱ型大城市。其中江苏昆山、浙江义乌、浙江慈溪和福建晋江4座县级市跻身"大城市"行列，被定义为Ⅱ型大城市。所谓"Ⅱ型大城市"，是指城区常住人口100万以上300万以下的城市。但考量因素不光是人口，背后的经济实力、产业发展、新型城镇化、人才政策配套等均缺一不可。

晋江对新型城镇化的探索始于新世纪初，2001年福建省人民政府批准晋江市按照中等城市进行规划建设，2002年时任福建省省长习近平到晋江调研，充分肯定晋江发展成效，总结提出了"六个始终坚持"和"正确处理好五个关系"为主要内容的"晋江经验"，并提出要在推动工业化和城镇化互促共进、协调发展等方面创造新经验的要求。2014年福建省人民政府批复《晋江市推动农业转移人口市民化促进城镇化健康发展试点方案》，明确提出"以人的城镇化为核心，全面提高城镇化质量"的目标任务。[①] 20年来，晋江策划实施桥南片区、九大组团、五大片区等数十个片区改造和城市更新项目，实现了"一降两增三提升"，即市区建筑密度下降，公共配套和生态空间增加，人口承载力、经济承载力和防灾减灾能力大大提升。到2021年末，晋江市常住人口206.9万人，城镇化率已达69.5%；城市建成区

① 中共福建省委、人民日报社联合调研组：《积极探索中小城市新型城镇化之路——福建省晋江市推进新型城镇化的经验与启示》，来源于人民网：http://politics.people.com.cn/n/2014/1222/c1001-26248756.html，最后访问时间：2022年8月15日。

面积达115平方公里，是20年前的7.5倍。

晋江新型城镇化之所以取得如此显著的成效，在于以效益最优化取代效益最大化，践行以人为本的理念。在体制机制方面，新型城镇化的“晋江经验”有两个重大创新：一是构建高效的城建运作机制。围绕建设项目的策划生成、跟踪落地、组织实施等环节，构建三级城建管理体系（城建领导小组统领决策，城建办统筹协调，项目指挥部负责实施），在组团片区开发方面推行“八个同步”（同步推进项目策划、规划设计、手续报批、征地拆迁、招商选资、安置建设、公共配套和传统文化保护）工作法，以最短时间完成项目策划、征迁和落地，快速盘活土地、回笼资金，把投入产出时间成本降到最低，有效加快城镇化建设进程。二是构建有效的矛盾化解机制。确立“政府引导、市场运作、统筹平衡、滚动发展”的城镇化发展思路，把握“以城养城”与“公益为主”的平衡点，避免陷入“土地财政”和“与民争利”的误区，使城市更新改造得到了广大群众的拥护和支持。强化法治化治理，建立法律顾问和法律援助机制，全程介入征地拆迁、信访化解、污染处置、重大决策等工作，为正确处理新时期人民内部矛盾做了有益探索。正是这种有效的矛盾化解机制，确保了晋江各改造片区基本仅用1至2个多月便完成拆迁，并实现了“零强拆零上访零事故”的“和谐征收”。

“先知者明，先行者力”。本人作为第一批涉足晋江新型城镇化领域的律师，从2005年参与福建省第一个征收房屋面积超过100万平方米的大型片区改造项目开始，也是当时泉州、晋江两级政府城建项目“一号工程”的泉州大桥南片区改造项目，20年来历经九大组团、五大片区等城市更新改造项目，包括其间受市城建办委托参与《晋江市征收集体土地房屋拆迁补偿安置暂行规定》《晋江市城市房屋拆迁补偿安置暂行规定》，以及《晋江市2009年度土地征收房屋拆迁补偿安置标准指导意见》等3份政策性文件的制订，在城市更新改造和新型城镇化方面积累了丰富的实操经验。本人所在的福建仰格律师事务所，设有政府综合法律服务事务部，通过开展论坛讲座、法律研究、业务合作、培训交流等内容丰富、形式多样的理论和实践活动，凝聚专业智慧、整合资源优势，持续提升政府征收法律综合服务水平，力争为征收各方参与主体提供更为全面、深入、优质的服务，推进案件办理的专业化、规范化、法治化。

在20年来提供政府征收法律服务的过程中，本人历经从《城市房屋拆迁管理条例》到《国有土地上房屋征收与补偿条例》的演变，历经晋江市等全国33个县级试点区域关于农村土地改革试点工作的实施直至《土地管理法》的重大修改，亦深感法律法规的滞后性跟不上城市更新改造的步伐，出现了无法满足新需求、无法适应新局面的被动情况。比如最典型的，同一个项目既包括集体土地也包括国有土地，甚至同一栋房屋既持有集体土地证件也持有国有土地证件，究竟是适用《国有土地上房屋征收与补偿条例》还是《土地管理法》，政府与法院之间、不同层级法院、不同地区法院，均有着或多或少的分歧。从本质上讲，政府征收拆迁是地域性最强的法律服务领域。在主体多元、利益多元、诉求多元的当下，如何更好地服务城市更新改造和新型城镇化的新局面，本人作为本书作者之一，在本书中结合丰富的实务经验和扎实的理论功底，以深度参与者的视角对土地房屋征收制度在施行过程中的实操指引，以及遇到的痛点、难点与争议问题进行了思考、梳理、分析和总结；期待通过本书将一些经验与大家一起分享，希望准备参与或正在参与土地房屋征收的行政主管部门、律师同仁、被征收人，能通过本书有所启发和获益，以期共同为城市更新改造和新型城镇化贡献一份力量，并期待对国家统一层面的土地房屋征收法律制度的完善和修订工作提供有益建议。

走过改革开放的四十多年，晋江从靠海谋生的“农业穷县”发展为长期居于全国百强县前十、福建省首位的“现代化县域城市”。作为“晋江经验”的深化拓展，晋江新型城镇化的实践为加快我国中小城市及城镇改革发展提供了新鲜经验，具有较强的示范意义和参考价值。晋江，或许就是无数座中国县城的“课代表”。

2022年是“晋江经验”提出20周年。值此历史时刻，特组织编撰《政府土地房屋征收项目专项法律服务指引——以晋江经验为例》，以示祝贺！期待“晋江经验”在推进为民惠民的新型城镇化进程中不断得到新的深化与拓展，呈现更多靓丽、更多精彩！

曾志群

2022年11月11日

前　　言

政府土地房屋征收项目专项法律服务是仰格律师事务所的传统业务，仰格在政府土地房屋征收项目中积累了较多的实务经验。为提高服务质量，本所总结之前的办案经验，特编制本服务指引，为今后的项目法律服务提供参考。

根据实际经验，大多数政府土地房屋征收项目均系大片区整体征收，大部分片区征收包含国有土地上房屋征收以及集体土地征收，但国有土地上房屋征收与集体土地征收流程有所差异，本指引结合修改后的土地管理法的实施，将国有土地上房屋征收流程与集体土地征收流程结合，确保在项目进行整体征收的前提下，保证整个项目的合法性。

本指引包括四部分内容，第一部分是征收项目办理流程指引，该部分以问答及流程图形式呈现；第二部分是结合晋江经验，介绍晋江市在推进项目征收工作的先进工作机制；第三部分是征收项目常用法律文书汇总；第四部分是征收项目常用法律法规汇总。

目　录

第一部分　政府征收项目办理流程指引 …… 1
第一阶段　征收项目前期法定流程的办理 …… 3
一、国有土地上房屋征收流程 …… 3
二、集体土地征收流程 …… 4
三、土地房屋征收项目应满足的前提条件 …… 5
四、如何证明项目符合公共利益 …… 7
五、如何证明项目符合国民经济和社会发展规划 …… 7
六、如何证明项目符合土地利用总体规划（国土空间规划）、城乡规划、专项规划 …… 8
七、如何证明项目符合国民经济和社会发展年度计划 …… 9
八、项目征收工作前期流程 …… 9
第二阶段　项目征收签约过程中法律事项的办理 …… 21
一、土地房屋产权手续的认定 …… 21
二、被征收人的认定 …… 27
三、委托手续的办理 …… 29
四、关于祖厝分家析产 …… 29
五、土地房屋相关权属手续丢失的处理 …… 30
六、房屋涉及抵押的处理 …… 30
七、签订征收补偿协议时应审查的内容 …… 30
第三阶段　征收后期法律事项的办理 …… 31
一、对个别涉及集体土地拒不签约户进行说明 …… 31
二、对个别国有土地上房屋征收的拒不签约户作出补偿决定 …… 31

三、集体土地征收组件报批 …… 32
四、批准后发布土地征收公告 …… 34
五、组织抽取产权调换选房顺序号 …… 34
第四阶段　选房安置阶段 …… 35
一、安置房建设模式 …… 35
二、选房安置流程 …… 36
三、关于安置房办证契税 …… 38
第二部分　“晋江经验”之项目征收工作机制 …… 41
一、项目征迁组织架构 …… 43
二、项目工作机制 …… 48
第三部分　常用法律文书汇总 …… 51
一、关于项目论证会议纪要 …… 53
二、关于禁止事项的通告 …… 54
三、征收土地预公告 …… 55
四、关于社会稳定风险评估报告的批复 …… 56
五、关于补偿方案的征求意见通知 …… 57
六、征收决定 …… 58
七、征收决定的通告 …… 60
八、协商选定评估机构的通知 …… 61
九、关于公开选定评估机构的通知 …… 62
十、继承具结保证书 …… 66
十一、授权委托书 …… 67
十二、房屋分割析产具结书 …… 68
十三、征收补偿协议（住宅） …… 69
十四、征收补偿协议（工业用房） …… 75
十五、征收补偿协议（空地） …… 79
十六、集体土地征收报批相关文书 …… 82
十七、已抵押被征收土地房屋征收补偿工作方案 …… 94
十八、选房安置授权委托书 …… 100

十九、家庭成员分家析产赠与具结书 …………………………………… 101
二十、共有人选房后析产分割具结书 …………………………………… 102
二十一、遗失材料具结书 ………………………………………………… 104
二十二、安置协议（Ⅰ） ………………………………………………… 105
二十三、安置协议（Ⅱ） ………………………………………………… 109
第四部分　常用法律法规汇总 ………………………………………… 111
一、中华人民共和国土地管理法（2019修正） ………………………… 113
二、中华人民共和国土地管理法实施条例（2021修订） ……………… 134
三、国有土地上房屋征收与补偿条例 …………………………………… 149
四、福建省实施《国有土地上房屋征收与补偿条例》办法 …………… 156
五、福建省住房和城乡建设厅关于印发《福建省国有土地上房屋征收与补偿工作流程》的通知 ………………………………… 163
六、泉州市国有土地上房屋征收与补偿规定（2019年修订） ………… 171
七、住房和城乡建设部关于印发《国有土地上房屋征收评估办法》的通知 ………………………………………………………… 179
八、关于进一步做好国有土地上房屋征收与补偿工作的实施意见 ……………………………………………………………… 186
九、福建省人民政府办公厅关于进一步加强征迁安置房建设和管理工作的通知 ………………………………………………… 190
十、福建省住房和城乡建设厅关于印发《福建省房屋征收实施单位规范化管理办法》的通知（2022修订） ………………… 193
十一、福建省人民政府办公厅关于推广和谐征迁工作法的通知 ………………………………………………………………… 205
十二、福建省住房和城乡建设厅关于推进住房保障方式转变和房屋征收货币化安置工作的指导意见 ……………………… 209
十三、泉州市推进房屋征收补偿安置工作若干意见 ………………… 215
十四、中华人民共和国民法典（节选） ………………………………… 217
十五、福建省违法建设处置若干规定 …………………………………… 233

十六、福建省人民政府办公厅关于加强历史文化名城名镇名村传统村落和文物建筑历史建筑传统风貌建筑保护利用九条措施的通知 …… 239
十七、福建省发展改革委关于印发重大固定资产投资项目社会稳定风险评估暂行办法的通知 …… 243
十八、最高人民法院关于办理申请人民法院强制执行国有土地上房屋征收补偿决定案件若干问题的规定 …… 251
十九、中华人民共和国行政强制法 …… 254
二十、自然资源听证规定（2020修正） …… 270
二十一、自然资源部关于印发《土地征收成片开发标准（试行）》的通知 …… 278
二十二、国家发展改革委关于印发《国家发展改革委重大固定资产投资项目社会稳定风险评估暂行办法》的通知 …… 280
二十三、国家发展改革委办公厅关于印发重大固定资产投资项目社会稳定风险分析篇章和评估报告编制大纲（试行）的通知 …… 283
二十四、最高人民法院关于审理行政协议案件若干问题的规定 …… 298
二十五、最高人民法院关于违法的建筑物、构筑物、设施等强制拆除问题的批复 …… 304
二十六、最高人民法院关于审理涉及农村集体土地行政案件若干问题的规定 …… 305

第一部分

政府征收项目办理流程指引

第一阶段　征收项目前期法定流程的办理

一、国有土地上房屋征收流程

国有土地上房屋征收流程

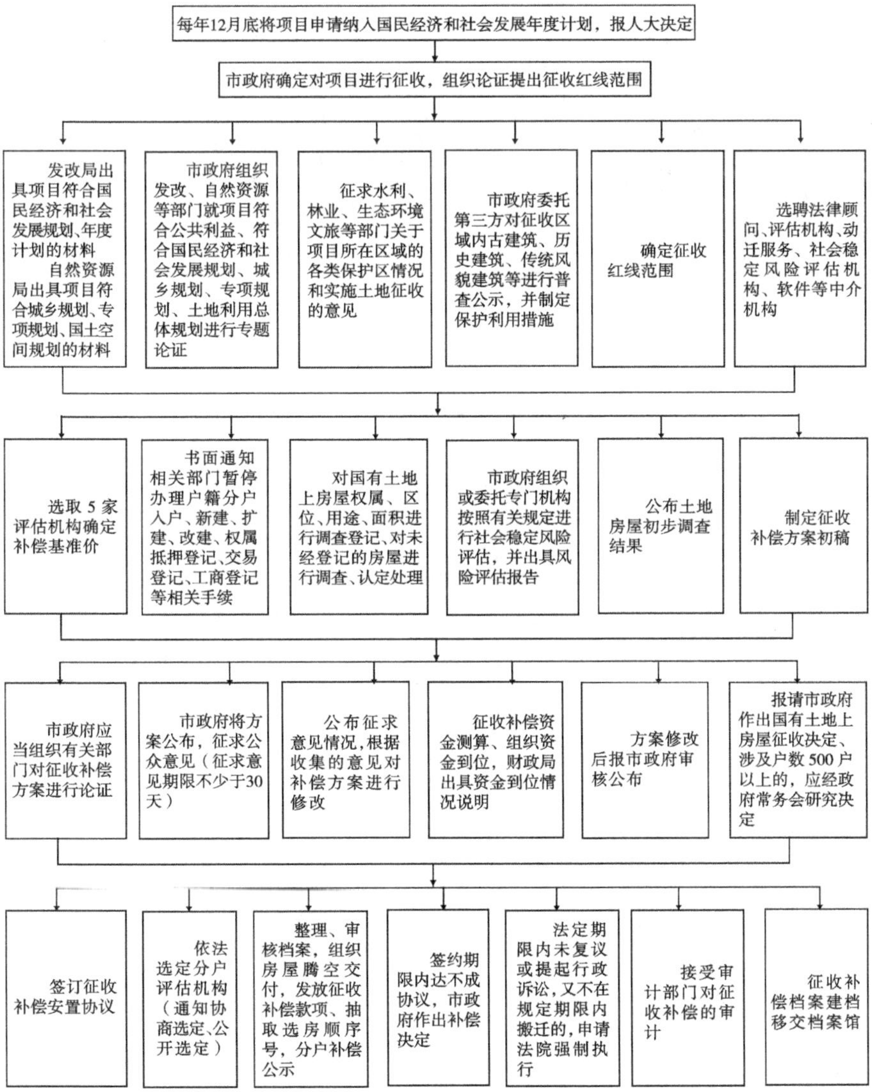

二、集体土地征收流程

集体土地征收流程

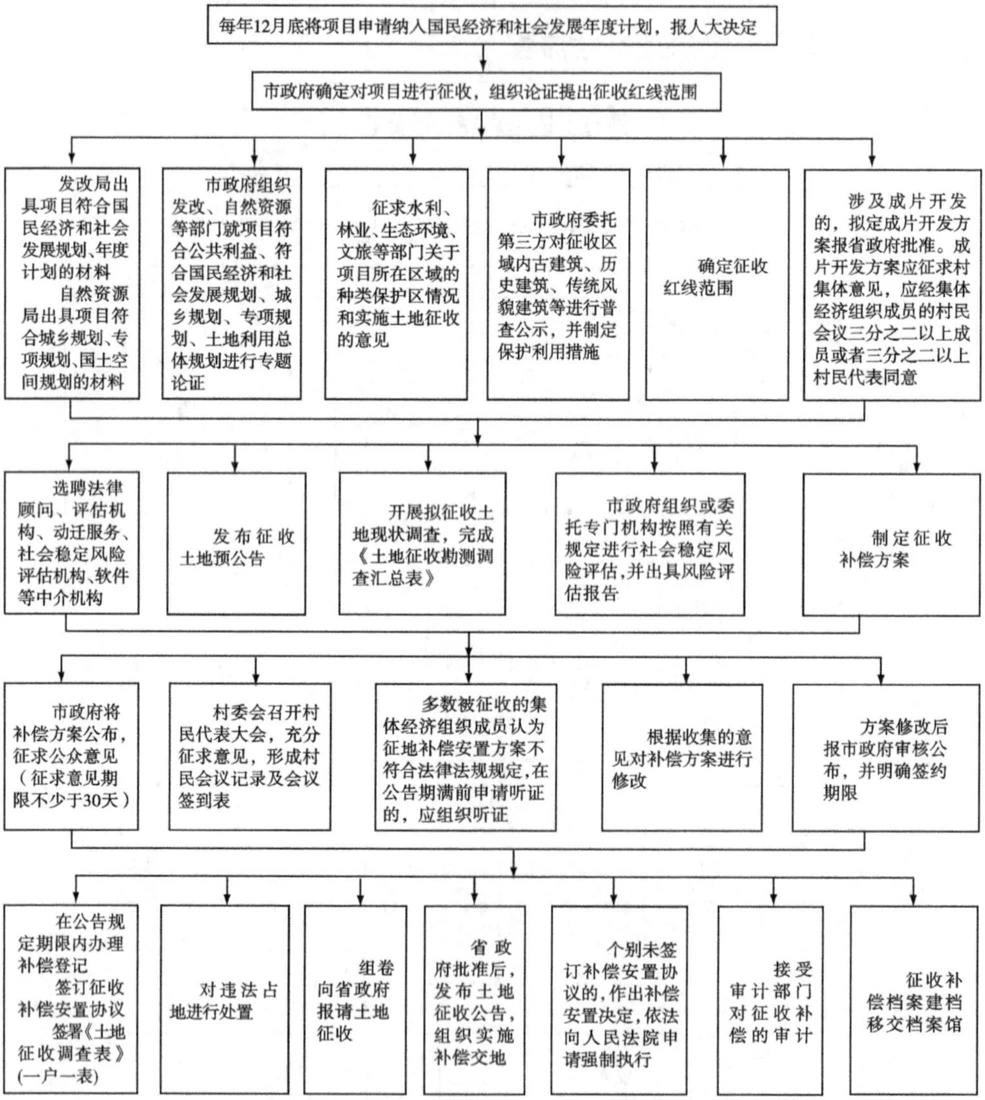

三、土地房屋征收项目应满足的前提条件

（一）国有土地上房屋征收

1. 国有土地上房屋征收应符合公共利益需要

《国有土地上房屋征收与补偿条例》第二条规定，为了公共利益的需要，征收国有土地上单位、个人的房屋，应当对被征收房屋所有权人（以下称被征收人）给予公平补偿。第八条规定，为了保障国家安全、促进国民经济和社会发展等公共利益的需要，有下列情形之一，确需征收房屋的，由市、县级人民政府作出房屋征收决定：（一）国防和外交的需要；（二）由政府组织实施的能源、交通、水利等基础设施建设的需要；（三）由政府组织实施的科技、教育、文化、卫生、体育、环境和资源保护、防灾减灾、文物保护、社会福利、市政公用等公共事业的需要；（四）由政府组织实施的保障性安居工程建设的需要；（五）由政府依照城乡规划法有关规定组织实施的对危房集中、基础设施落后等地段进行旧城区改建的需要；（六）法律、行政法规规定的其他公共利益的需要。

因此，国有土地上房屋征收的首要前提条件是符合公共利益需要，在政府实施片区改造的项目中，大多数情况是对旧城区进行改建，即应符合《国有土地上房屋征收与补偿条例》第八条第（五）项规定。

2. 国有土地上房屋征收应符合国民经济和社会发展规划、土地利用总体规划、城乡规划和专项规划

《国有土地上房屋征收与补偿条例》第九条规定，确需征收房屋的各项建设活动，应当符合国民经济和社会发展规划、土地利用总体规划、城乡规划和专项规划。保障性安居工程建设、旧城区改建，应当纳入市、县级国民经济和社会发展年度计划。制定国民经济和社会发展规划、土地利用总体规划、城乡规划和专项规划，应当广泛征求社会公众意见，经过科学论证。

政府根据《国有土地上房屋征收与补偿条例》第八条第（五）项的规定进行旧城区改建，在符合公共利益情形下征收房屋的，还应纳入国民经济和社会发展年度计划。

（二）集体土地征收

1. 征收集体土地，应符合公共利益需要

《土地管理法》第四十五条规定，为了公共利益的需要，有下列情形之一，确需征收农民集体所有的土地的，可以依法实施征收：（一）军事和外交需要用地的；（二）由政府组织实施的能源、交通、水利、通信、邮政等基础设施建设需要用地的；（三）由政府组织实施的科技、教育、文化、卫生、体育、生态环境和资源保护、防灾减灾、文物保护、社区综合服务、社会福利、市政公用、优抚安置、英烈保护等公共事业需要用地的；（四）由政府组织实施的扶贫搬迁、保障性安居工程建设需要用地的；（五）在土地利用总体规划确定的城镇建设用地范围内，经省级以上人民政府批准由县级以上地方人民政府组织实施的成片开发建设需要用地的；（六）法律规定为公共利益需要可以征收农民集体所有的土地的其他情形。前款规定的建设活动，应当符合国民经济和社会发展规划、土地利用总体规划、城乡规划和专项规划；第（四）项、第（五）项规定的建设活动，还应当纳入国民经济和社会发展年度计划；第（五）项规定的成片开发并应当符合国务院自然资源主管部门规定的标准。

因此，集体土地的征收，与国有土地上房屋征收一样，应符合公共利益需要。

2. 集体土地征收应符合国民经济和社会发展规划、土地利用总体规划、城乡规划和专项规划

同样根据《土地管理法》第四十五条的规定，集体土地征收应符合国民经济和社会发展规划、土地利用总体规划、城乡规划和专项规划。同时，

政府实施成片开发方案进行建设的，还应纳入国民经济和社会发展年度计划。

综上所述，根据《土地管理法》和《国有土地上房屋征收与补偿条例》的规定，国有土地上房屋征收与集体土地征收，均应符合公共利益需要、国民经济和社会发展规划、土地利用总体规划、城乡规划、专项规划。因此，如征收项目同时涉及国有土地上房屋征收和集体土地征收的，在项目启动时，可以就上述两个条件进行论证，并取得相应的证明文件。

四、如何证明项目符合公共利益

根据《福建省实施〈国有土地上房屋征收与补偿条例〉办法》第六条的规定，为了保障国家安全、促进国民经济和社会发展等公共利益需要，属于《国有土地上房屋征收与补偿条例》第八条规定的情形之一，确需征收房屋的建设项目，市、县级人民政府在作出房屋征收决定前，应当组织发展改革、国土资源、规划等有关部门进行论证；经论证，建设项目符合国民经济和社会发展规划、土地利用总体规划、城乡规划和专项规划的，市、县级人民政府应当确定房屋征收范围并予以公布。

因此，项目是否符合公共利益需要，市、县级人民政府可以通过召集发改、自然资源、人大、政协等召开专题论证会，论证项目是否符合公共利益需要，并形成相关会议纪要，通过会议纪要形式证明项目符合公共利益需要。

五、如何证明项目符合国民经济和社会发展规划

根据《国务院关于加强国民经济和社会发展规划编制工作的若干意见》（国发〔2005〕33号）文件精神，国家总体规划和省（区、市）级、市县

级总体规划分别由同级人民政府组织编制，并由同级人民政府发展改革部门会同有关部门负责起草。总体规划草案由各级人民政府报同级人民代表大会审议批准。

因此，关于项目是否符合国民经济和社会发展规划，可由市、县级发改部门出具相关证明意见，同时提供经市、县级人大审议通过的市、县级国民经济和社会发展规划方案作为证明材料。

同时，根据《福建省实施〈国有土地上房屋征收与补偿条例〉办法》第六条的规定，还应由市、县级人民政府组织发展改革、国土资源、规划等部门对项目是否符合国民经济和社会发展规划进行论证，并形成相应的会议纪要。

六、如何证明项目符合土地利用总体规划（国土空间规划）、城乡规划、专项规划

市、县级自然资源部门是自然资源和规划管理部门，项目是否符合土地利用总体规划、城乡规划、专项规划，可由自然资源部门出具相关意见。同时，《土地管理法实施条例》第二条第三款规定“已经编制国土空间规划的，不再编制土地利用总体规划和城乡规划。在编制国土空间规划前，经依法批准的土地利用总体规划和城乡规划继续执行。”因此，如已编制国土空间规划的，可由自然资源部门出具符合国土空间规划的证明，无须再证明项目符合土地利用总体规划和城乡规划。

《福建省实施〈国有土地上房屋征收与补偿条例〉办法》第六条规定，还应由市、县级人民政府组织发展改革、国土资源、规划等部门对项目是否符合土地利用总体规划、城乡规划、专项规划进行论证，并形成相应的会议纪要。

七、如何证明项目符合国民经济和社会发展年度计划

项目以旧城区改建和实施成片开发方案为由进行征收的，还应当符合国民经济和社会发展年度计划，可由市、县级发改部门出具相关证明，同时提供经人大审议通过的国民经济和社会发展年度计划。建议在每年政府编制年度计划草案时，将拟征收的项目编入年度计划草案，再通过人大会议审议。

八、项目征收工作前期流程

在证明征收项目符合公共利益、国民经济和社会发展规划、年度计划以及土地利用总体规划、城乡规划和专项规划后，根据《土地管理法》《土地管理法实施条例》《国有土地上房屋征收与补偿条例》《福建省实施〈国有土地上房屋征收与补偿条例〉办法》等有关法律法规及政策文件规定，政府征收项目启动正式签约前，还应履行如下职责。

（一）编制集体土地征收成片开发方案

根据《土地管理法》第四十五条第一款第（五）项的规定，在土地利用总体规划确定的城镇建设用地范围内，经省级以上人民政府批准由县级以上地方人民政府组织实施的成片开发建设需要用地的，可以依法实施征收土地。因此，如项目征收系以成片开发进行征收，应先进行成片开发方案的制定和报批。

1. 土地征收成片开发方案应当包括下列内容：

（1）成片开发的位置、面积、范围和基础设施条件等基本情况；

（2）成片开发的必要性、主要用途和实现的功能；

（3）成片开发拟安排的建设项目、开发时序和年度实施计划；

（4）依据国土空间规划确定的一个完整的土地征收成片开发范围内基础设施、公共服务设施以及其他公益性用地比例；

（5）成片开发的土地利用效益以及经济、社会、生态效益评估。

第（4）项规定的比例一般不低于40%，各市县的具体比例由省级人民政府根据各地情况确定。

2. 编制土地征收成片开发方案时，应当充分听取人大代表、政协委员、社会公众和有关专家学者的意见。

土地征收成片开发方案应当充分征求成片开发范围内农村集体经济组织和农民的意见，并经集体经济组织成员的村民会议2/3以上成员或者2/3以上村民代表同意。未经集体经济组织的村民会议2/3以上成员或者2/3以上村民代表同意，不得申请土地征收成片开发。

3. 有下列情形之一的，不得批准土地征收成片开发方案：

（1）涉及占用永久基本农田的；

（2）市县区域内存在大量批而未供或者闲置土地的；

（3）各类开发区、城市新区土地利用效率低下的；

（4）已批准实施的土地征收成片开发连续两年未完成方案安排的年度实施计划的。

（二）公布土地房屋征收范围

根据《福建省实施〈国有土地上房屋征收与补偿条例〉办法》第六条规定，市、县级人民政府经论证后，应当公布征收范围。因此，市、县级人民政府应当公布土地房屋征收范围。

（三）发布相关事项的禁止通告

《国有土地上房屋征收与补偿条例》第十六条规定，房屋征收范围确定后，不得在房屋征收范围内实施新建、扩建、改建房屋和改变房屋用途等不当增加补偿费用的行为；违反规定实施的，不予补偿。房屋征收部门应当将前款所列事项书面通知有关部门暂停办理相关手续。暂停办理相关手续的书面通知应当载明暂停期限。暂停期限最长不得超过1年。

《福建省实施〈国有土地上房屋征收与补偿条例〉办法》第七条规定，房屋征收范围公布后，在征收范围内的单位和个人，不得实施下列行为：（一）新建、扩建、改建房屋；（二）以被征收房屋为住所（或经营场所）申请办理企业（个体工商户）设立或变更登记；（三）改变房屋用途；（四）其他不当增加补偿费用的行为。房屋征收部门应当将征收房屋的具体地址范围、暂停办理期限等事项书面通知规划、国土资源、建设、房管、工商、税务等有关部门。

因此，市、县级人民政府在确定房屋征收范围后，应当发布相关事项的禁止通告，相关的禁止事项可以包括：

（1）办理户籍分户、入户；

（2）办理工商营业执照、税务登记证；

（3）办理土地、房屋权属变更，改变土地、房屋用途；

（4）设立或改变土地房屋租赁、抵押关系；

（5）对房屋进行新建、扩建、改建、翻建、装修；

（6）抢栽抢种花木、果树、种苗等地上附着物；

（7）挖掘、采掘活动；

（8）其他影响征收补偿安置的相关活动。

（四）发布集体土地征收土地预公告

项目涉及国有土地上房屋征收和集体土地征收的，在发布禁止事项通告的同时，可以同步发布集体土地征收土地预公告，确保国有土地上房屋征收和集体土地征收法定流程同步进行。

根据《土地管理法实施条例》第二十六条第一款、第二款、第三款的规定，需要征收土地，县级以上地方人民政府认为符合《土地管理法》第四十五条规定的，应当发布征收土地预公告，并开展拟征收土地现状调查和社会稳定风险评估。征收土地预公告应当包括征收范围、征收目的、开展土地现状调查的安排等内容。征收土地预公告应当采用有利于社会公众知晓的方式，在拟征收土地所在的乡（镇）和村、村民小组范围内发布，预公告时间不少于十个工作日。自征收土地预公告发布之日起，任何单位和个人不得在拟征收范围内抢栽抢建；违反规定抢栽抢建的，对抢栽抢建部分不予补偿。土地现状调查应当查明土地的位置、权属、地类、面积，以及农村村民住宅、其他地上附着物和青苗等的权属、种类、数量等情况。

（五）对项目进行社会稳定风险评估

根据《土地管理法实施条例》第二十六条的规定，征收土地预公告发布后，应当对项目进行社会稳定风险评估。同时，《国有土地上房屋征收与补偿条例》第十二条第一款规定，市、县级人民政府作出房屋征收决定前，应当按照有关规定进行社会稳定风险评估；房屋征收决定涉及被征收人数量较多的，应当经政府常务会议讨论决定。

《土地管理法实施条例》第二十六条第四款规定，社会稳定风险评估应当对征收土地的社会稳定风险状况进行综合研判，确定风险点，提出风险防范措施和处置预案。社会稳定风险评估应当有被征地的农村集体经济组织及其成员、村民委员会和其他利害关系人参加，评估结果是申请征收土地的重要依据。

《福建省重大固定资产投资项目社会稳定风险评估暂行办法》第五条规定，社会稳定风险评估应当根据实际情况采取公示、问卷调查、实地走访和召开座谈会、听证会等多种方式听取各方面意见，分析判断并确定风险等级，提出社会稳定风险评估报告。

（六）对征收范围的土地房屋现状进行调查

征收国有土地上房屋，房屋征收部门应当对房屋征收范围内房屋的权属、区位、用途、建筑面积等情况进行调查登记。

征收集体土地，土地现状调查应当查明土地的位置、权属、地类、面积，以及农村村民住宅、其他地上附着物和青苗等的权属、种类、数量等情况。

上述调查结果应当在房屋征收范围内向被征收人公布。

（七）对征收范围内的古建筑、历史建筑、传统风貌建筑进行调查、制定保护利用措施

《福建省人民政府办公厅关于加强历史文化名城名镇名村传统村落和文物建筑历史建筑传统风貌建筑保护利用九条措施的通知》（闽政办〔2020〕53号）第二条规定，建立城市更新改造中文化遗产先普查后征收制度。城乡建设中要注意保护好历史文化，特别是各类不可移动文物、历史建筑、传统风貌建筑，不得大拆大建。市、县（区）人民政府在实施旧城更新改造、组织项目建设和开展征地拆迁前，要组织对改造或建设区域内50年以上的建筑进行普查甄别和认定公布，开展文化资源评估论证，提出文化遗产和风貌保护措施。未开展普查等工作的，不得作出房屋征收决定。

因此，房屋征收决定作出前，应当对项目征收区域内50年以上的建筑进行普查甄别、制定保护利用措施。

（八）制定征收补偿方案

补偿方案的制定关系到被征收人的切身利益，也是项目征收能否顺利进行的关键因素，因此，制定一份科学、合理的补偿方案需要进行多方面的调查、分析。

《国有土地上房屋征收与补偿条例》第十七条规定，作出房屋征收决定的市、县级人民政府对被征收人给予的补偿包括：（一）被征收房屋价值的补偿；（二）因征收房屋造成的搬迁、临时安置的补偿；（三）因征收房屋造成的停产停业损失的补偿。市、县级人民政府应当制定补助和奖励办法，对被征收人给予补助和奖励。

第十九条第一款规定，对被征收房屋价值的补偿，不得低于房屋征收决定公告之日被征收房屋类似房地产的市场价格。被征收房屋的价值，由具有相应资质的房地产价格评估机构按照房屋征收评估办法评估确定。

《福建省实施〈国有土地上房屋征收与补偿条例〉办法》第十条规定，房屋征收部门负责拟定征收补偿方案，征收补偿方案应当包括下列内容：

1. 征收补偿对象及补偿方式；

2. 被征收房屋货币补偿参考价；

3. 签约期限；

4. 用于产权调换房屋的地点、被征收房屋价值与产权调换房屋价值差价计算方法；

5. 搬迁费、临时安置费标准及周转用房数量、地点；

6. 停产停业损失补偿标准；

7. 符合住房保障条件的被征收人住房保障办法；

8. 未经产权登记房屋的认定和处理办法；

9. 其他需要明确的内容。

我们认为，根据《最高人民法院关于审理涉及农村集体土地行政案件若干问题的规定》第十二条第二款规定，征收农村集体土地时未就被征收土地上的房屋及其他不动产进行安置补偿，补偿安置时房屋所在地已纳入城市规划区，土地权利人请求参照执行国有土地上房屋征收补偿标准的，人民法院一般应予支持，但应当扣除已经取得的土地补偿费。

因此，集体土地征收的补偿方案可参照国有土地上房屋征收的规定制定，也可在同一份方案中同时对两种性质的房屋征收补偿标准进行规定。关于补偿方案的内容，我们认为大体可按如下方法制定：

1. 制定补偿方案前，可先协调不动产登记中心查询征收区域内土地房屋的产权登记情况；同时，向自然资源局调取征收区域内各关键年份的航拍图，并进行第一轮入户摸底调查及测绘工作。获取上述信息后，对征收区域内的已登记土地房屋、未登记土地房屋进行分类梳理，结合房屋建设年限，提出对未登记土地房屋的认定处理意见。

例如，我国的土地管理法从 1987 年 1 月 1 日开始实施，1999 年进行了修订，晋江市在 2006 年 3 月 17 日出台了关于制止“两违”建筑的相关文件，但最近的航拍修测图是在 2008 年形成的，因此，可以将土地管理法的实施、修订时间以及 2008 年航拍修测图成图的时间节点作为未登记建筑的认定时间节点，各时间节点前建成的，分别给予不同的折扣认定。因各地政策时间节点不一致，各地在制定补偿方案时可查找相关政策文件，制定合理的认定措施。

2. 关于征收补偿对象。国有土地上房屋征收的征收补偿对象为房屋所有权人，集体土地征收的征收对象为土地所有权人、土地使用权人。如土地房屋存在出租的情况，原则上，承租人不是征收补偿对象，承租人与出租人之间关于征收补偿款项的分配，由其自行协商解决。

3. 关于补偿方式。一是产权调换，二是货币补偿，三是产权调换与货币补偿相结合。

4. 关于货币补偿金额参考价。一般存在两种思路，一是房地合一的补偿单价，适用于国有土地上房屋征收，根据《泉州市推进房屋征收补偿安置工作若干意见》第一条规定，各县（市、区）和泉州台商投资区房屋征收部门在制定补偿安置方案前，应当通过公开摇号的方式选择 5 家以上单数（含 5 家）资质等级高、综合实力强、社会信誉好的房地产价格评估机构，对房屋征收补偿基准价进行评估，通过截尾均值的方式确定被征收房屋货币补偿安置参考价，并随房屋征收补偿方案一并公示征求意见。二是采取土地房屋分开计算方式来计算货币补偿价格，适用于集体土地征收，土地一般参照基准地价进行计算，房屋一般按照房屋建设的重置价结合成新率进行计算，房屋重置价也应由有资质的评估机构进行评估。

如集体土地征收，拟考虑参照国有土地上房屋征收补偿标准，建议采取房地合一的补偿思路进行补偿。因国有土地上房屋征收的补偿标准不得低于同地段同类房屋的市场价值，现行国有土地上房屋可按市场交易案例采取市场法方式进行评估，其补偿单价接近于市场价值。如采用房地分开计算，则货币补偿单价可能低于同地段同类房屋的市场价值，但可通过增加奖励金方式，提高货币补偿单价。

5. 关于被征收房屋与产权调换房屋价值差价计算方法。补偿方案制定时，应当同时确定安置地点，并对安置房屋的市场价值进行评估，如采用回购商品房模式进行安置的，还应对回购价进行测算。再根据安置房屋的价值与被征收房屋的价值之间的差价测算补差价的计算方式，政府可根据被征收房屋的情况给予适当优惠或照顾，在不导致国有资产流失的前提下，尽量让利于民。比如某市北山片区更新改造项目的补偿方案，被征收房屋为总一层房屋的，给予免补差价的优惠。

6. 关于签约期限。签约期限可根据项目征收房屋栋数、面积等因素进行考量。

7. 关于搬迁费。搬迁费标准可由评估机构进行评估。选择产权调换的，应当发放两次搬迁费。

8. 关于临时安置费。临时安置费主要用于过渡期间的租房安置，补助标准可由评估机构进行评估。根据《福建省实施〈国有土地上房屋征收与补偿条例〉办法》第二十一条规定，对被征收房屋实行货币补偿或现房产权调换的，房屋征收部门应当支付 6 个月的临时安置费。对被征收房屋实行期房产权调换的，过渡期限不得超过 3 年，在签约期限内签订协议并搬迁的，过渡期限自签约期限结束之日起计算，超过签约期限签订协议搬迁的，过渡期限自搬迁之日起开始计算。在过渡期限内，房屋征收部门应当按规定标准支付被征收人临时安置费，但已经提供周转用房的除外；除不可抗力外，逾期安置的，房屋征收部门应当从逾期之月起对自行过渡的被征收人支付双倍临时安置费，对提供周转用房的被征收人按规定标准支付临时安置费。逾期安置期间，遇临时安置费标准调整的，应当自调整之月起按调整后标准发放临时安置费。搬迁费和临时安置费标准由市、县人民政府制定。

9. 关于停产停业损失。根据《福建省实施〈国有土地上房屋征收与补偿条例〉办法》第二十二条规定，停产停业损失的补偿对象应符合下列条件：（一）被征收房屋具有房屋权属证明或者经有关部门认定为合法建筑；（二）被征收房屋为非住宅用房；（三）有合法、有效的相关生产经营行政许可证照，且行政许可证照上载明的住所（营业场所）为被征收房屋；（四）已办理税务登记并具有纳税凭证。

停产停业损失的补偿标准根据经营者近3年平均净利润确定，不足3年的以全部生产经营期间平均净利润确定。净利润根据税务部门出具的税后利润额证明材料确定；税务部门无法出具证明的，根据具备相应资质的会计师事务所出具的企业年度审计报告确定。实行产权调换的，被征收人停产停业损失补偿期限按照实际停产停业期限计算；实行货币补偿的，被征收人停产停业损失补偿期限按照6个月计算。

现实情况是，大多数符合上述条件的经营性用房的被征收人无法提供完整有效的净利润证据，房屋征收部门可制定一个统一的停产停业损失标准，如无法提供净利润相关证据的，则按统一的标准补偿。

10. 关于装修补偿。在很多市、县的房屋征收补偿方案中，并未提及装修补偿。我们认为，应当给予房屋装修补偿，未对装饰装修补偿标准进行规定的补偿方案涉嫌违法。首先，《国有土地上房屋征收评估办法》第十四条第二款规定，被征收房屋室内装饰装修价值，机器设备、物资等搬迁费用，以及停产停业损失等补偿，由征收当事人协商确定；协商不成的，可以委托房地产价格评估机构通过评估确定。其次，《福建省实施〈国有土地上房屋征收与补偿条例〉办法》第二十四条第二款规定，产权调换房屋未进行初装修的，房屋征收部门应给予被征收人适当装修补偿，装修补偿标准由市、县人民政府制定。因此，装饰装修是法定的补偿项目，房屋征收部门可委托评估机构设定不同档次类别的装修补偿标准，在补偿时直接套用。超出最高档次类别的装修，再另行委托评估机构进行评估。

11. 关于奖励。为更好地推进项目征收，房屋征收部门在制定补偿方案时，可制定相应的奖励措施。如按期签约腾空奖励、货币补偿奖励（用于鼓励货币补偿）等。

（九）补偿方案的制定流程

1. 市、县级人民政府组织自然资源、住建、人社等相关部门拟定补偿方案初稿。

2. 市、县级人民政府组织自然资源、住建、发改、人社、镇（街道）等部门对补偿方案进行论证，论证后对补偿方案进行公开征求意见，征求意见期限不少于30日。

相关依据包括：《国有土地上房屋征收与补偿条例》第十条，房屋征收部门拟定征收补偿方案，报市、县级人民政府。市、县级人民政府应当组织有关部门对征收补偿方案进行论证并予以公布，征求公众意见。征求意见期限不得少于30日。

《土地管理法实施条例》第二十八条第一款，征地补偿安置方案拟定后，县级以上地方人民政府应当在拟征收土地所在的乡（镇）和村、村民小组范围内公告，公告时间不少于30日。

3. 组织听证

如多数人认为补偿方案不符合法律法规规定，市、县级人民政府应当组织听证。

相关依据包括：《国有土地上房屋征收与补偿条例》第十一条第二款，因旧城区改建需要征收房屋，多数被征收人认为征收补偿方案不符合本条例规定的，市、县级人民政府应当组织由被征收人和公众代表参加的听证会，并根据听证会情况修改方案。

《土地管理法实施条例》第二十八条第三款，多数被征地的农村集体经济组织成员认为拟定的征地补偿安置方案不符合法律、法规规定的，县级以上地方人民政府应当组织听证。

4. 修改补偿方案并对修改情况进行公告

《国有土地上房屋征收与补偿条例》第十一条第一款规定，市、县级人民政府应当将征求意见情况和根据公众意见修改的情况及时公布。

因此，市、县级人民政府在发布补偿方案正式稿时，还应对补偿方案的修改情况进行公告。

（十）组织征收补偿资金

《国有土地上房屋征收与补偿条例》第十二条第二款规定，作出房屋征收决定前，征收补偿费用应当足额到位、专户存储、专款专用。因此，房屋征收部门应当开设专门账户，用于发放征收补偿款项，具体操作可指定项目征收指挥部办公室或政府平台公司开设专用账户。

关于资金是否应全额到位的问题，我们认为，政府在作出房屋征收决定前，征收补偿费用如无法足额到位，应确保征收过程中被征收人可顺利获得补偿款，因此，在不影响被征收人依法获得征收补偿的情况下，政府按征收进度及时分批补足征收补偿费用的行为符合实际，也并不违反应给予被征收人公平补偿的原则。因此，政府作出征收决定前，可由财政部门出具相关的书面说明，保证征收补偿资金根据征收进度及时到位。

（十一）制定相关的文书表格、补偿协议

在政府作出征收决定时，即将开始进行补偿协议的签订，因此，在作出征收决定前，应当提前制作好相关的文书表格和补偿协议。补偿协议应当包括补偿方式、补偿金额和支付期限、用于产权调换房屋的地点和面积、搬迁费、临时安置费或者周转用房、停产停业损失、搬迁期限、过渡方式和过渡期限等事项。

（十二）政府作出征收决定并依法进行公告

在前述法定流程履行完毕后，政府可以依法作出征收决定，并及时公告。公告应当载明征收补偿方案和行政复议、诉讼权利等事项。

（十三）发布选定评估机构通知

根据《福建省实施〈国有土地上房屋征收与补偿条例〉办法》第十七条的规定，市、县级人民政府公告房屋征收决定后，由房屋征收部门在征收范围内公布房地产价格评估机构的名单、基本信息，并将协商选定房地产价格评估机构的期限等相关事宜告知被征收人。被征收人应当在规定期限内协商选定房地产价格评估机构；被征收人在规定期限内无法协商一致的，由房屋征收部门组织被征收人采取随机或者投票方式确定。采取随机方式确定的，可在摇号、抽签二者之中选其一。参与投票决定或者随机选定的房地产价格评估机构不得少于 3 家；采用投票方式确定的，参与投票的被征收人数量应当过半数，过半数投票人选择同一房地产价格评估机构的为多数决定。

鉴于前述《泉州市推进房屋征收补偿安置工作若干意见》规定应当采取摇号方式选取 5 家评估机构，如房屋征收部门已根据该规定摇选 5 家评估机构的，可在作出征收决定后公布上述 5 家评估机构供被征收人选择；如被

征收人未选择的，再通过摇号方式从5家评估机构中选定一家评估机构作为征收过程中遇到需评估个案的评估机构。同时也可以作为征收后期拟对未签约被征收人作补偿决定时的评估机构。

第二阶段　项目征收签约过程中法律事项的办理

一、土地房屋产权手续的认定

土地房屋权属手续认定是征收补偿安置协议书的基础，关于土地房屋权属手续的认定应结合历史沿革及法律的制定、修改来判断。

一般来讲，对土地房屋手续的认定以1987年、1999年土地管理法出台、修订时间为依据。

1987年前建设的房屋一般无须审查其用地手续情况，但已批未建宅基地仍应审查手续情况。

1987年至1999年间动用土地建设的，如动用耕地，应审批到市、县级人民政府；动用其他土地的，审批到镇级人民政府。

1999年后动用土地建设的，应审批到市、县级人民政府。

下面通过举例方式来说明土地房屋产权手续的认定。

（一）1952 年土地房产所有证

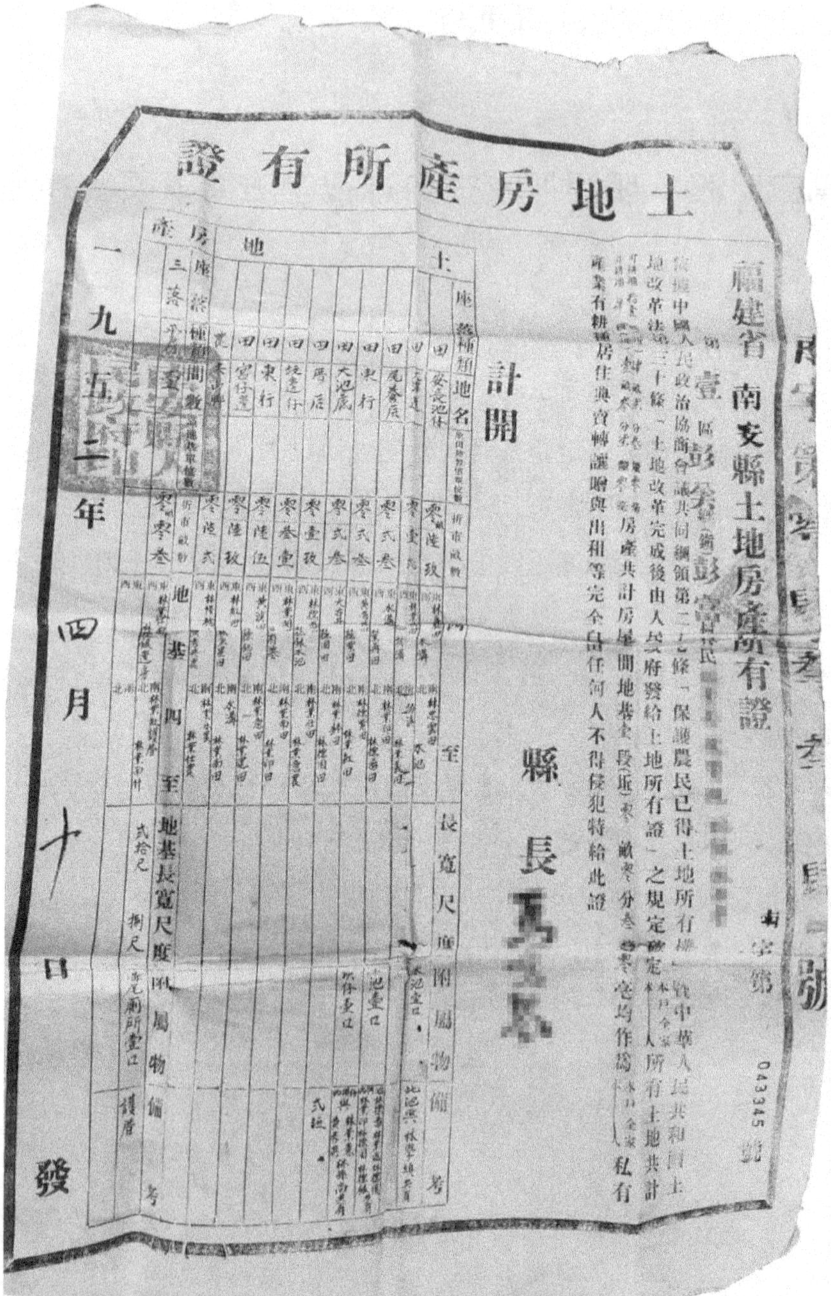

福建省南安縣土地房產所有證

南字第 043345 號

第壹區彭[redacted]鄉彭[redacted]村居民[redacted]

依據中國人民政治協商會議共同綱領第二十七條「保護農民已得土地所有權」暨中華人民共和國土地改革法第三十條「土地改革完成後由人民政府發給土地所有證」之規定確定本戶全家 人所有土地共計[illegible]畝[illegible]分[illegible]房產共計房屋 間地基 段（坵） 畝 分 均作為本戶全家私有產業有耕種居住典賣轉讓贈與出租等完全自由任何人不得侵犯特給此證

縣長 [redacted]

土地房產所有證

計開

土地：座落種類地名	折市畝數	四至
田 安邊池仔	零陸玖	[illegible]
田 文筆道	零壹[illegible]	[illegible]
田 尾巷厝	零貳叁	[illegible]
田 東行	零貳叁	[illegible]
田 大池底	零貳叁	[illegible]
田 馬厝	零壹玖	[illegible]
田 [illegible]邊仔	零叁壹	[illegible]
田 東行	零陸伍	[illegible]
田 宮仔邊	零陸玖	[illegible]
荒 [illegible]	零陸貳	[illegible]

房產：座落	種類間數	地基折市畝數
三落	壹	零零叁

一九五二年四月十日發

1996年国家土地管理局《对天津市土地管理局关于坟地及公用房屋用地登记问题的请示的批复》（国土批〔1996〕90号，现已失效）明确：根据我国现行法律规定，土地属于国家所有或集体所有。因此，中华人民共和国成立后颁发的私有土地契证现均已失效，不再具有法律效力。但原私有土地契证认定范围内的土地，目前仍由原所有人合法使用的，可确定其国家或集体土地使用权。依法已由其他人使用或空闲未利用的土地，原土地所有人不再享有土地使用权。

因此，对于1952年的土地房产所有证属私有土地契证这类证件，只认定其“房产栏”所记载土地房屋，如房屋已灭失，且房屋占地也已由他人使用，则不予认定该手续。

（二）1974年民用建筑用地申请表

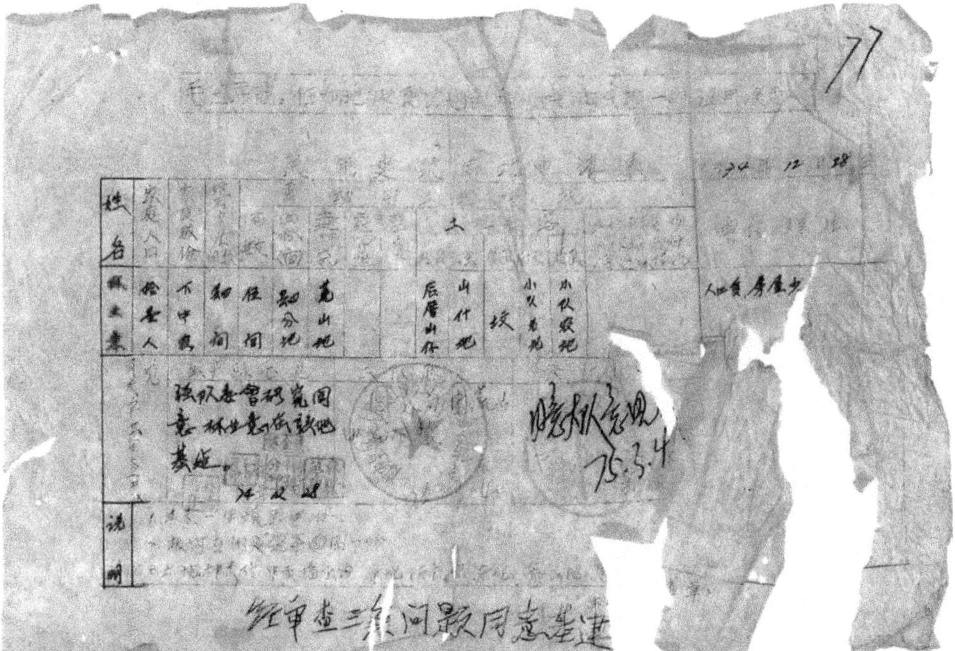

1974年，审批到公社，可予以认定合法手续。

（三）1987 年住房建筑用地申请表

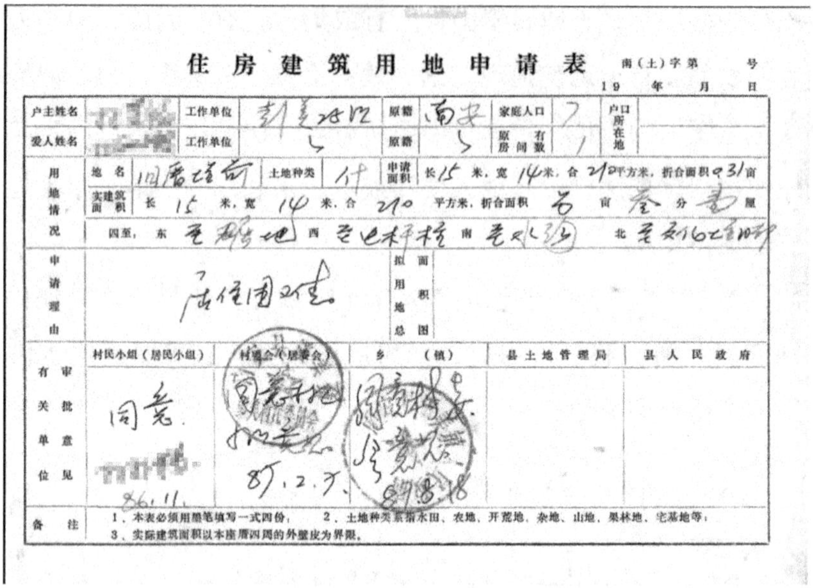

住房建筑用地申请表 南（土）字第　　号

19　年　月　日

户主姓名	[redacted]	工作单位		原籍		家庭人口	7	户口所在地	
爱人姓名	[redacted]	工作单位		原籍		原有房间数	1		
用地情况	地名		土地种类		申请面积	长 15 米，宽 14 米，合 210 平方米，折合面积 0.31 亩			
	实建筑面积	长 15 米，宽 14 米，合 210 平方米，折合面积　亩　分　厘							
	四至，东　西　南　北								
申请理由				拟用地总图面积					
有关单位审批意见	村民小组（居民小组）	村委会（居委会）		乡（镇）		县土地管理局		县人民政府	
	同意 [redacted] 86.11.	87.2.5.		87.8.18					
备注	1、本表必须用墨笔填写一式四份。2、土地种类系指水田、农地、开荒地、杂地、山地、果林地、宅基地等。3、实际建筑面积以本座厝四周的外墙皮为界限。								

动用杂地，审批到镇政府，可予以认定合法手续。

（四）居民建房用地申请表

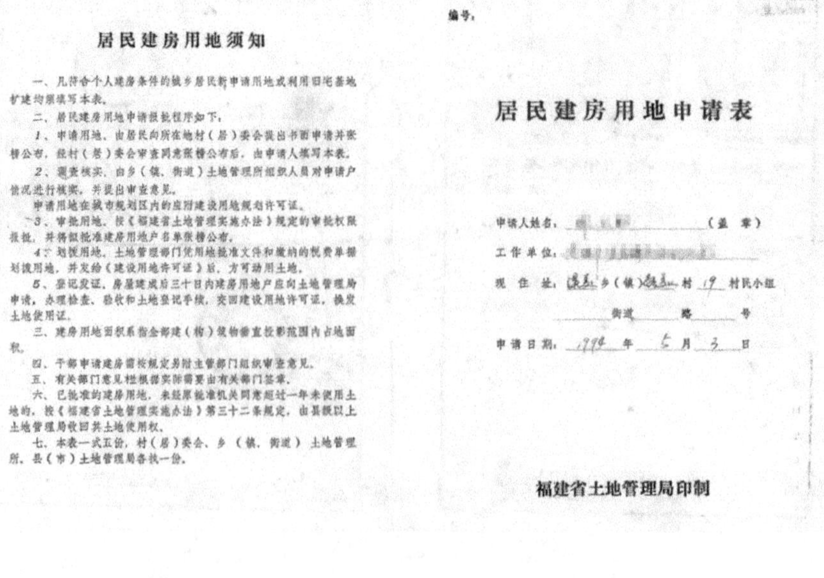

居民建房用地须知

一、凡符合个人建房条件的城乡居民新申请用地或利用旧宅基地扩建均须填写本表。

二、居民建房用地申请报批程序如下：

1、申请用地。由居民向所在地村（居）委会提出书面申请并张榜公布，经村（居）委会审查同意张榜公布后，由申请人填写本表。

2、调查核实。由乡（镇、街道）土地管理所组织人员对申请户情况进行核实，并提出审查意见。

申请用地在城市规划区内的应附建设用地规划许可证。

3、审批用地。按《福建省土地管理实施办法》规定的审批权限报批，并将拟批准建房用地户名单张榜公布。

4、划拨用地。土地管理部门凭用地批准文件和缴纳的税费单据划拨用地，并发给《建设用地许可证》后，方可动用土地。

5、登记发证。房屋建成后三十日内建房用地户应向土地管理局申请，办理检查、验收和土地登记手续，交回建设用地许可证，换发土地使用证。

三、建房用地面积系指全部建（构）筑物垂直投影范围内占地面积。

四、干部申请建房需按规定另附主管部门组织审查意见。

五、有关部门意见栏根据实际需要由有关部门签章。

六、已批准的建房用地，未经原批准机关同意超过一年未使用土地的，按《福建省土地管理实施办法》第三十二条规定，由县级以上土地管理局收回其土地使用权。

七、本表一式五份，村（居）委会、乡（镇、街道）土地管理所、县（市）土地管理局各执一份。

编号：

居民建房用地申请表

申请人姓名：[redacted]（盖章）

工作单位：[redacted]

现住址：　乡（镇）　村 19 村民小组

街道　路　号

申请日期：199　年 5 月 3 日

福建省土地管理局印制

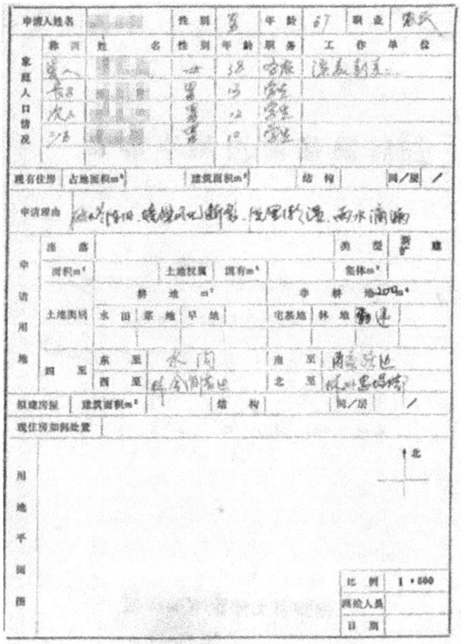

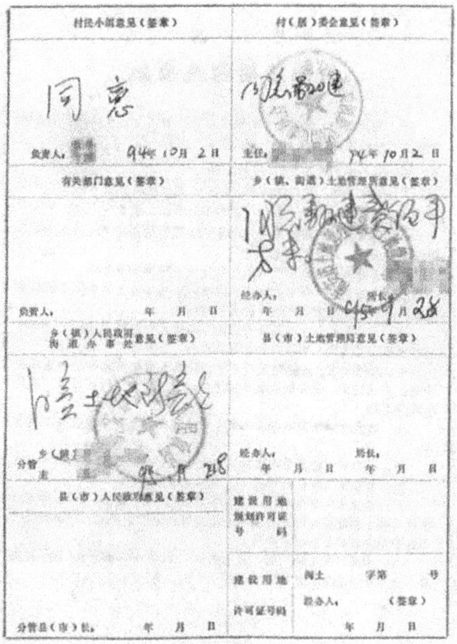

1995 年，动用非耕地，审批到镇政府，可予以认定合法手续。

（五）国有土地使用证

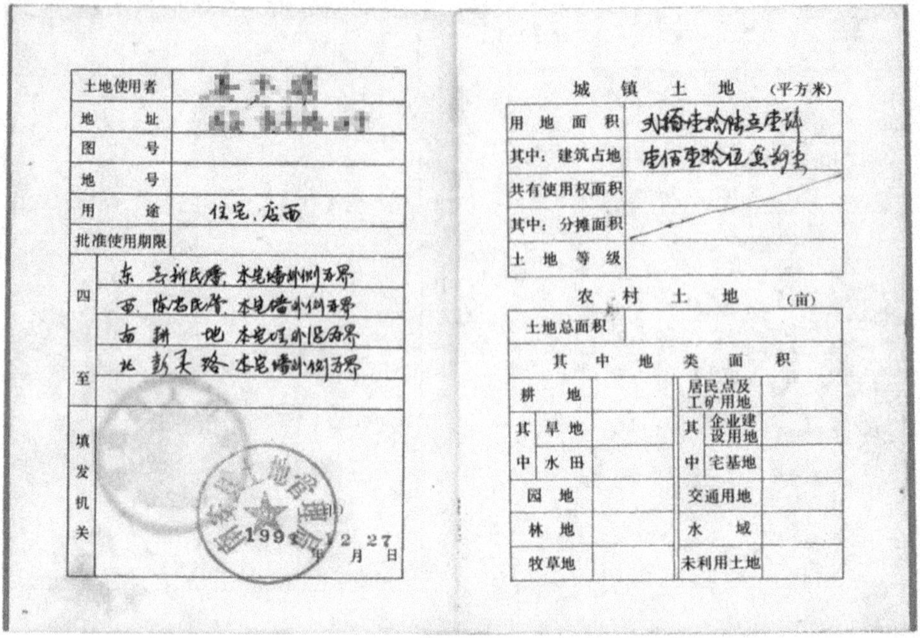

土地使用者	[illegible]
地址	[illegible]
图号	
地号	
用途	住宅、店面
批准使用期限	
四至	东 [illegible]
	西 [illegible]
	南 耕地 [illegible]
	北 [illegible]
填发机关	年 月 日

城镇土地（平方米）

用地面积	[illegible]
其中：建筑占地	[illegible]
共有使用权面积	
其中：分摊面积	
土地等级	

农村土地（亩）

土地总面积			
其中地类面积			
耕地		居民点及工矿用地	
其中 旱地		其中 企业建设用地	
水田		宅基地	
园地		交通用地	
林地		水域	
牧草地		未利用土地	

可予以认定合法手续。

（六）房屋所有权证

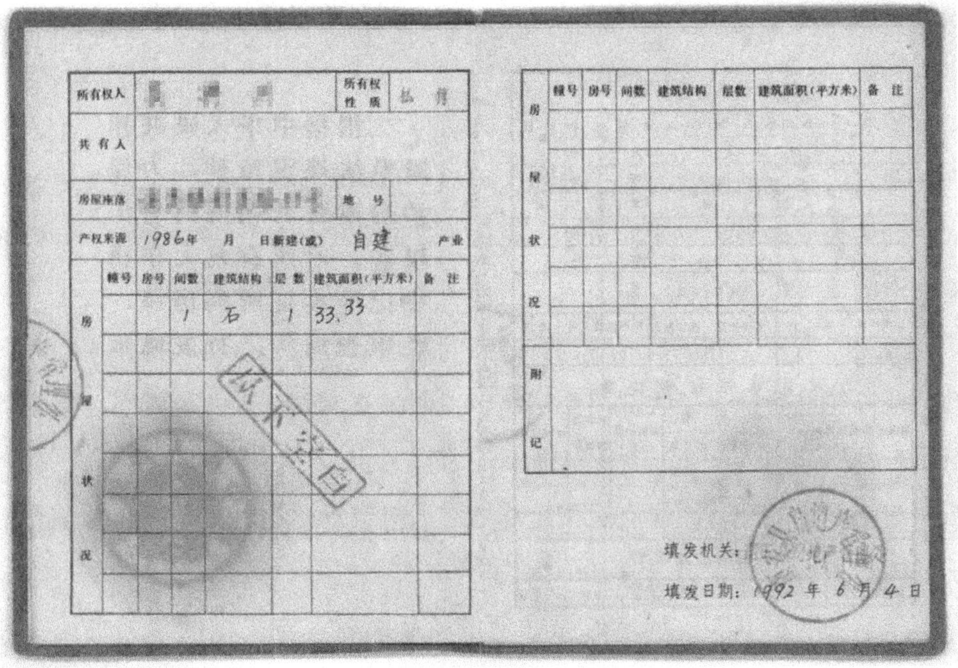

所有权人　　所有权性质　私有

共有人

房屋座落　　地号

产权来源　1986年　月　日新建(或)　自建　产业

	幢号	房号	间数	建筑结构	层数	建筑面积(平方米)	备注
房屋状况			1	石	1	33.33	

	幢号	房号	间数	建筑结构	层数	建筑面积(平方米)	备注
房屋状况							

附记

填发机关：

填发日期：1992年6月4日

可予以认定为合法手续。

二、被征收人的认定

被征收人的认定，通常以房屋所有权人或土地使用权人为被征收人，但存在特殊情况需对被征收人进行特别认定：

（一）继承

《民法典》第一千一百二十七条规定：遗产按照下列顺序继承：（一）第一顺序：配偶、子女、父母；（二）第二顺序：兄弟姐妹、祖父母、外祖父母。继承开始后，由第一顺序继承人继承，第二顺序继承人不继承；没有第一顺序继承人继承的，由第二顺序继承人继承。本编所称子女，包括婚生子女、非婚生子女、养子女和有扶养关系的继子女。本编所称父母，包括生父母、养父母和有扶养关系的继父母。本编所称兄弟姐妹，包括同父母的兄弟姐妹、同父异母或者同母异父的兄弟姐妹、养兄弟姐妹、有扶养关系的继兄弟姐妹。

第一千一百三十三条规定：自然人可以依照本法规定立遗嘱处分个人财产，并可以指定遗嘱执行人。自然人可以立遗嘱将个人财产指定由法定继承人中的一人或者数人继承。自然人可以立遗嘱将个人财产赠与国家、集体或者法定继承人以外的组织、个人。自然人可以依法设立遗嘱信托。

因此，当发生继承情况时，有遗嘱的按遗嘱处理，但实际操作中，大多数遗嘱未经过公证，征收部门无法认定遗嘱的真实性，因此，应当召集全体继承人及受遗赠人（如有），对遗嘱的真实性共同作出说明。没有遗嘱的，按照法定继承处理，同样应召集全部继承人对继承财产进行分配，并签署继承具结书和析产协议书。

如发生继承事实，继承人在办理继承手续时，应提供的相关书证材料包括：

1. 土地房屋相关权属手续；

2. 继承人的户口簿、身份证；

3. 被继承人死亡证明（如派出所户籍科出具的死亡证明、火化证、已注明因死亡注销户口的户口簿等）；

4. 由所在居委会盖章并由经办人签字确认的辈分关系证明或其他能证明亲属辈分关系的证明文件；

5. 遗嘱、继承权公证文书或房屋继承权利及继承份额具结保证文书等。

（二）转让或赠与

在征收过程中，常常遇到房屋转让或赠与，但是没有办理产权过户登记的，同时房屋也由受让人常年居住。在这种情况下，为方便群众办理征收工作，也可认定受让人为被征收人，但被征收人应配合签订相关具结保证书。

三、委托手续的办理

被征收人如不能亲临办理征收补偿安置手续，可在开始签约前携带被征收房屋权属证书、户口簿、身份证到所在征收组办理委托手续，也可到国内的公证处办理委托公证，委托其他人代为办理相关征收补偿安置手续。

被征收人居住在境外的，除可以到国内公证处办理委托公证外，也可在所在国（地区）办理委托公证。但在国外办理公证的，公证文书应根据居住国的法律规定，经居住国外交部或由外交部指定的办理认证的其他官方机构认证，并经中国驻所在国的使领馆认证方为有效。

我国香港、澳门地区的委托公证由中华人民共和国司法部委托的公证律师签名办理，并由中国法律服务（香港）有限公司或中国法律服务（澳门）有限公司加盖转递章。

我国台湾地区的公证文书，由我国台湾地区公证机构办理公证后，副本由台湾海基会认证后转递福建省公证员协会；被委托人携带公证书正本递交省公证员协会进行公证书正副本相符核验，取得省公证员协会出具的《台湾公证书正副本相符核验证明》，即具有证明效力。

四、关于祖厝分家析产

祖厝分家析产的，被征收人在签订征收补偿安置协议时，应提供的相关书证材料包括：土地房屋相关权属手续、分家析产的各相关权利人的身份证明、辈分关系证明，各相关权利人共同签署确认的土地房屋分割（析产）具结书、各相关权利人确认该土地房屋分割（析产）具结书真实性的声明书、其他证明材料等。

五、土地房屋相关权属手续丢失的处理

被征收人持有的土地房屋相关权属手续遗失的，应到档案馆、自然资源局、住房和城乡建设局或所在乡镇土地所等相关部门查询核对并复印权属资料，确定相关权利人，并经本人具结保证后，遗失声明经登报公示没有异议的，可以签订征收补偿安置协议。

六、房屋涉及抵押的处理

土地房屋的抵押人必须在签订征收补偿安置协议前，将土地房屋被征收的事实告知抵押权人，由抵押人、债务人与抵押权人协商，自行解除被征收土地房屋的抵押及债务关系，取得解除抵押证明及土地房屋相关权属手续原件。

如被征收人无法与抵押权人达成解除抵押权一致意见的，建议由征收部门介入协调，通过先行签订补偿协议，后将补偿款支付至抵押权人账户的方式，协助被征收人解除抵押并收回土地房屋相关权属手续原件。

七、签订征收补偿协议时应审查的内容

土地房屋相关权属手续、户口簿、居民身份证（如企事业单位应提供法定代表人或企事业负责人身份证复印件）、结婚证、工商营业执照、纳税证明、授权委托书、房屋继承相关文书、房屋析产相关文书、具结保证相关文书、其他证明材料等。

签订征收补偿协议时，如被征收土地房屋为集体性质的，还应要求被征收人签订《土地征收调查表（一户一表）》。

第三阶段　征收后期法律事项的办理

一、对个别涉及集体土地拒不签约户进行说明

《土地管理法实施条例》第二十九条第二款规定：对个别确实难以达成征地补偿安置协议的，县级以上地方人民政府应当在申请征收土地时如实说明。因此，在征收后期，政府应当对未签订补偿协议的情况进行说明。

二、对个别国有土地上房屋征收的拒不签约户作出补偿决定

《国有土地上房屋征收与补偿条例》第二十六条第一款规定：房屋征收部门与被征收人在征收补偿方案确定的签约期限内达不成补偿协议，或者被征收房屋所有权人不明确的，由房屋征收部门报请作出房屋征收决定的市、县级人民政府依照本条例的规定，按照征收补偿方案作出补偿决定，并在房屋征收范围内予以公告。

因此，对于拒不签订补偿协议的，政府可作出补偿决定，在法定的起诉期限届满后，向人民法院申请强制执行。具体流程如下：

1. 向被征收人送达提供房屋权属文件的通知、协商选定评估机构的通知；

2. 如被征收人未与征收部门协商选定评估机构的，征收部门通知其公开选定评估机构；

3. 公开选定评估机构，并启动入户评估；

4. 送达评估报告，告知申请复核的权利；

5. 根据评估报告提存拟补偿给被征收人的资金；

6. 房屋征收部门拟定补偿决定，报市、县政府作出；

7. 送达补偿决定；

8. 起诉期限届满后，送达催告履行搬迁义务的通知；

9. 向人民法院申请强制执行（需在起诉期限届满之日起三个月内申请）。

三、集体土地征收组件报批

《土地管理法实施条例》第三十条第一款规定，县级以上地方人民政府完成本条例规定的征地前期工作后，方可提出征收土地申请，依照《土地管理法》第四十六条的规定报有批准权的人民政府批准。

组件报批应当包含如下材料（仅供参考）：

1. 市政府同意用地报批的相关文件。

2. 用地预审与选址意见书或规划意见说明（应有相关技术指标）。

3. 项目批准文件（发改局：可行性研究报告或项目建议书或项目备案表）。

4. 土地权属及土地分类核查表、土地利用现状图及宗地图。

5. 新增建设用地与土地利用总体规划相符意见表、土地利用规划图。

6. 勘测定界技术报告书及勘测定界图（盖有备案的测绘单位章、自然资源局章）。

7. 勘测定界数据光盘（西安 80-118.5 和大地 2000 坐标系图件、Excel 格式的大地 2000 坐标系电子版本，由测绘单位提供）。

8. 集体土地所有权证（国土所提供，需复印项目用地所涉及的各个村或社区集体土地所有权证书）。

9. 机构代码证或营业执照副本及法人身份证复印件（证件在有效期内）。

10. 征收土地的相关前期材料：

（1）项目征地报批前程序履行情况责任确认表（国土所负责人、镇或街道主要领导签字并盖公章）；

（2）征收土地预公告及张贴照片（照片要近景、远景各一张，其中近景照片必须能看清公告的文字；远景照片必须能看清公告张贴所在具体位置及两名张贴人员）；土地征收启动公告张贴情况说明；

（3）拟征收土地现状调查情况的报告；

（4）土地征收勘测调查汇总表（勘测调查人员、镇街负责人、国土所负责人、村居负责人、被征地农民代表签单）；

（5）土地征收社会稳定风险评估报告的批复；

（6）征地补偿安置方案、公告及张贴照片（照片要近景、远景各一张，其中近景照片必须能看清公告的文字，远景照片必须能看清公告张贴所在具体位置及两名张贴人员），征地补偿安置方案公告张贴情况说明，村集体会议纪要、签到表及回执函；

（7）组织听证材料（如有）；

（8）确认的土地征收调查表（一户一表）、签订的征地补偿安置协议书（提供存有全部调查表和协议书原件扫描件的光盘，PDF 格式）；

（9）项目土地征收补偿协议签订情况汇总表；

（10）个别土地征收的所有权人、使用权人未能签订征地补偿安置协议的书面情况说明及市政府拟征地补偿安置决定（如有）；

（11）征地补偿安置资金足额到位说明。

11. 涉及占用林地的，须提供使用林地审核同意书及图纸（林业园林局）。

12. 涉及占用水利用地的，须提供同意使用水利用地的审核意见（水利局）。

13. 涉及调整土地规划的，须提供土地利用规划局部调整有关批准文件（自然资源局）。

14. 涉及各类生态保护红线的，需提供相关主管部门的批准（同意）

文件。

15. 涉及违法用地的，须履行行政处罚到位后，提供违法用地处罚文件及缴款凭证；处以没收决定的，还需提供违法建筑物移交单（自然资源局执法监察大队）。

16. 涉及教育、宗教、民政（指安息堂、公墓）等项目用地，需提供主管部门批准文件。

17. 属工业用地的，需办理国有土地使用权出让预申请书、承诺书、土地预申请保证金。

四、批准后发布土地征收公告

《土地管理法实施条例》第三十一条规定：征收土地申请经依法批准后，县级以上地方人民政府应当自收到批准文件之日起15个工作日内在拟征收土地所在的乡（镇）和村、村民小组范围内发布征收土地公告，公布征收范围、征收时间等具体工作安排，对个别未达成征地补偿安置协议的应当作出征地补偿安置决定，并依法组织实施。

因此，在土地征收经依法批准后，市、县级人民政府负责发布征收土地公告并对个别未达成征地补偿安置协议的作出补偿安置决定，可参考国有土地上房屋征收流程作出补偿决定。

五、组织抽取产权调换选房顺序号

选房顺序号的确定是今后安置时进行有序选房的关键。选房顺序号的确定可通过电脑摇号、手工抽取等方式进行。

第四阶段　选房安置阶段

一、安置房建设模式

（一）政府直接投资建设

该模式一般由政府或政府指定国企以划拨方式取得土地，作为建设单位直接建设。在该模式下，政府应投入较多财力人力对项目建设进行管理，同时，划拨的土地上房屋建成交付后无法直接交易，还应补缴土地出让金后才可交易。

（二）土地出让+政府回购模式

该模式由政府将安置地块出让给房地产开发企业，由房地产开发企业负责投资建设，政府按一定价格进行回购后安置给被征收人的模式。该模式下，政府无须对建设过程投入大量精力去管理，且回购的安置房性质为商品房，能够更快入市交易，为现行较为主流的安置房建设模式。

（三）“以购代建”模式

该模式是政府按相应标准向安置户计发“房票”，由安置户在符合条件的商品房源中自主购房安置，安置户凭“房票”直接与房地产开发企业签订商品房买卖合同并进行网签备案的模式。该模式下，除能提升安置户住房品质、改善安置户居住环境外，政府还能及时实现对被征收人的安置，减少临时安置补助费等安置成本的支出。

二、选房安置流程

（一）选房安置前期准备

1. 成立选房安置工作领导小组，抽调相关工作人员；
2. 布置选房场所；
3. 制作房源宣传手册；
4. 制作选房安置方案；
5. 安排安置工作人员入户宣传，并了解安置户是否涉及继承、析产等情况，提前做好继承、析产相关手续。

（二）发布选房安置公告

由征收人在选房安置区域、涉及的村或社区张贴《选房安置公告》《安置房源公告》，通过微信公众号、政府网站、电视、报纸等媒体渠道发布安置选房公告。工作人员向被征收人发放《选房安置实施方案》《选房安置通知书》《安置房户型图册》等资料。

（三）熟悉房源

正式开始选房前，可开放一定数量样品房，由工作人员分批带领安置户先行参观样品房，熟悉房源户型。

（四）通知选房

确定正式选房日期后，根据选房顺序号安排选房日期，一般每日可安排20个选房顺序号进行选房，逐一向被征收人送达《选房安置通知书》，告知被征收人应按《选房安置通知书》规定的时间和地点参加选房。

（五）房源确认

被征收人应按通知规定时间到选房中心进行资格初审，并对产权调换面积、选房顺序、可选房源等情况进行初选确认。安置组工作人员给予协助并组织房源排序避免重复，组织填写《房源确认表》。

（六）资料审查

被征收人应在《选房安置通知书》规定的时间到选房现场，应提供完整的选房资料，由各安置组进行资料审查。

被征收人本人前来选房的，应提供下列材料原件，经安置工作组审核合格后方可参加选房。

1.《选房顺序号》；

2.《征收补偿安置协议》；

3. 居民身份证、港澳居民身份证、港澳居民来往内地通行证、护照等身份证件原件并附复印件（如被征收人属企事业单位的，应提供企业法人营业执照或统一社会信用代码证、法定代表人身份证明和法定代表人身份证等相关证明材料原件，并附复印件）。

属于继承、委托、判决等非被征收人本人前来选房情形的，还应在参加房源签认前提前 3 天向安置工作组提交相关有效证明材料，经核实后方可参加选房。

（七）房源签认

被征收人经资料审查确认后，进入待选区候选，在安置组指导下，根据选房顺序、可选房源等情况进行选房，由征收人根据被征收人的《选房顺序号》载明的选房序号依次叫号进入选房室，被征收人应在规定时限内进行选房并签署《房源签认表》。选房结果同步公示。《房源签认表》签署后不得变更。

（八）财务结算

征收人通知被征收人进行财务结算并签署《财务结算表》，发放《缴款通知书》。

（九）协议签订

被征收人财务结算后，凭相关选房材料签订《安置协议书》。

（十）房款缴交

被征收人应根据规定按时足额缴清补差房款，其缴款凭证送财务组核实无误后，征收人发放《交房通知书》《安置协议书》给被征收人。

（十一）房屋交接

被征收人凭《交房通知书》，到物业服务公司办理安置房交接等相关手续。

（十二）办理产权登记

交房后，由开发商协助办理产权登记，如属政府回购安置的，以安置协议书作为办证依据；如属代购形式进行安置的，被征收人与开发商签订《商品房买卖合同》，并以《商品房买卖合同》作为办证依据。

三、关于安置房办证契税

根据《契税法》第七条规定：省、自治区、直辖市可以决定对下列情形免征或者减征契税：（一）因土地、房屋被县级以上人民政府征收、征用，重新承受土地、房屋权属；（二）因不可抗力灭失住房，重新承受住房权属。前款规定的免征或者减征契税的具体办法，由省、自治区、直辖市人民政府提出，报同级人民代表大会常务委员会决定，并报全国人民代表大会常务委员会和国务院备案。

因此，各省对安置房的办证契税均会予以减免，根据《福建省财政厅　国家税务总局　福建省税务局关于明确契税我省适用税率等有关事项的通知》[①]（闽财税〔2021〕15 号）的规定，福建省关于安置房契税减免的政策为：

因土地、房屋被县级以上人民政府征收、征用，重新承受土地、房屋权属的情形。选择货币补偿且重新购置土地、房屋的，成交价格不超过货币补偿的免征契税，超出货币补偿的，对超出部分征收契税；选择房屋产权调换、土地使用权置换的，不支付差价的免征契税，支付差价的，对差价部分征收契税。

① 文件来源于福建省财政厅官网：http：//czt. fujian. gov. cn/zfxxgk/fdzdgknr/gfxwj/szgl/202108/t20210812_ 5673792. htm，最后访问时间：2022 年 8 月 15 日。

选房安置流程示意图

流程步骤	流程说明
通知送达	征收人在报纸、公示栏等发布《选房安置公告》《选房证顺序号和安置房源公告》,安排安置组工作人员送达《选房安置实施方案》《宣传问答》《选房安置告知书》《安置房户型图册》等相关材料，并做好宣传解释工作。
提供咨询	为选房对象提供法律咨询，向群众宣传选房安置方案，通过耐心的宣传解释工作，确认选房安置工作顺利进行。
组织看房	征收人组织被征收人参观样品房，让被征收人提前熟悉安置区域及房源情况。
房源确认	征收人根据每日安排的选房对象名单发出《选房通知书》,被征收人应按通知规定时间到选房中心进行资格初审，并根据产权调换面积、选房顺序、可选房源等情况进行初选确认，安置组工作人员给予协助并组织房源排序避免重复，填写《房源确认表》。
资格审查	被征收人在其选房当日上午9：00前到选房中心，按规定携带完整的选房材料。填写《资格审查表》，经审查符合条件的，方可选房签认。
房源签认	被征收人应在规定时限内完成选房签认，当场签订《房源签认表》，选房结果同步公示；如选房后不签字确认的，视为弃权。
财务结算	被征收人选房签认后，应当场与财务组对安置房应补差价款进行结算并签订《财务结算表》,征收人发放《缴款通知书》;若未当场结算并签字确认的，视为被征收人自愿放弃所选安置房。
签订协议	被征收人财务结算后，应当场与安置组签订安置协议书；如未当场签订协议的，视为被征收人自愿放弃所选安置房。
缴清房款	现房应补差价款应在签订协议之日起20日内缴清，期房应补差价款可与现房应补差款一并缴清或者在征收人公告期房交房之日起20日内缴清。被征收人缴清房款后，凭银行出具的缴款凭证原件送财务组核实缴款。
交房安置	安置房款缴纳清楚后，征收人发放《交房通知书》给被征收人，被征收人凭通知书领取安置协议书，与物业服务公司办理交房手续。

第二部分

“晋江经验”之项目征收工作机制

2002年6月，时任福建省省长的习近平同志带着思考专程到晋江市调研。下企业、进社区、访农村、走基层，在调研中，习近平总结提出“六个始终坚持”和“处理好五大关系”的思路，即始终坚持以发展社会生产力为改革和发展的根本方向，始终坚持以市场为导向发展经济，始终坚持在顽强拼搏中取胜，始终坚持以诚信促进市场经济的健康发展，始终坚持立足本地优势和选择符合自身条件的最佳方式加快经济发展，始终坚持加强政府对市场经济的引导和服务；处理好有形通道和无形通道的关系，处理好发展中小企业和大企业之间的关系，处理好发展高新技术产业和传统产业的关系，处理好工业化和城市化的关系，处理好发展市场经济与建设新型服务型政府之间的关系。“晋江经验”，由此提出。①

晋江市的城市建设之路也完美诠释了晋江经验的内涵，晋江市近几年实施了九大组团、五大片区、高铁新区、科创新区等大型城市建设项目，每个项目都实现了征收快速签约、项目快速落地，为晋江市的经济社会发展奠定了坚实的基础。根据前述第一部分的征收工作流程，项目工作流程烦琐，晋江市能够实现快速征迁，依靠的是组团式征迁、成建制工作的工作体系。因此，晋江市的征迁工作机制，具有其先进性，也是值得参考和借鉴的。

一、项目征迁组织架构

晋江市在实施重大项目时，均采取成建制工作组方式，成立项目建设指挥部，抽调各职能部门精干组成项目指挥部，集中时间、地点进行脱产式办公，全身心投入项目征收工作中。指挥部一般按如下方式架构：

领导：总指挥、副总指挥，总指挥、副总指挥一般由相关市领导担任。

指挥部下设监督组、办公室、征收工作组。

① 《晋江之路——“晋江经验”15年发展传承综述》，载《人民日报》2017年3月18日01版。

（一）监督组

组长、副组长、成员一般均为退休干部。

主要职责：

1. 对征收补偿安置工作进行全程监督，对土地、房屋的丈量面积、补偿安置协议进行抽检、核查，确保各个环节严格按照相关法律法规和政策规定执行；

2. 做好效能监察，督促工作进度，检查队伍纪律、信息公开等情况；

3. 监督其他相关安征迁工作的执行情况。

（二）办公室

设主任 1 名、副主任 3 到 5 名，成员由各下设工作小组全体成员组成，指挥部办公室一般下设 8 个工作小组。

1. 综合协调组

主要职责：

（1）负责安排指挥部及办公室相关会议，准备会议材料，负责会议通知，办理文件收发、传递、批转、催办等事务，建立工作纪律制度，执行督查考勤制度；

（2）汇总起草工作汇报、工作总结、会议纪要等综合性材料；

（3）负责上传下达、内外协调，跟踪工作进度，及时汇总通报动迁工作组工作进度等信息；

（4）制订工作计划，实施任务分解，组织工作考核；

（5）对接组织部门做好征迁工作人员抽调及管理等工作；

（6）协助处理群众信访工作，汇总起草信访反馈材料；

（7）协助征迁业务组印刷有关文书表格和入户宣传材料；

（8）办理指挥部和办公室交办的其他综合协调工作。

成员一般抽调各单位办公室、镇街党政办工作人员。

2. 征迁业务组

主要职责：

（1）研究制定征收补偿安置实施方案及说明等文件，组织讨论和征求意见，确定方案初稿；

（2）负责征迁具体业务的总协调，指导征迁业务，提供法律法规及政策咨询；

（3）负责制定和组织编印征迁、安置、选房工作流程及相关文书表格；

（4）负责拟定征迁期间各类通告、公告，提供给指挥部办公室组织发布；

（5）编制汇总被征收人情况名册等资料，办理征收补偿安置协议等相关档案材料的收集、整理、归档，制定征迁资料管理办法及工作流程、电脑程序审批权限等；

（6）负责中介机构的日常管理；

（7）组织动迁工作人员和中介工作人员的征迁业务培训；

（8）组织设计征收补偿安置电脑系统，进行系统硬件设备安装调试和软件调试；

（9）指导土地、房屋权属手续的认定；

（10）牵头组织处理安征迁个案疑难问题；

（11）负责征收补偿安置档案的业务审核及相关签认表格的签字确认；

（12）负责征收补偿安置协议的把关、分类归档；

（13）办理指挥部交办的其他征迁业务工作。

成员一般抽调自然资源局、住建局、镇街干部等对征收补偿政策比较熟悉的工作人员，同时聘请律师、动迁公司、测量公司、软件公司、评估公司等第三方专业人员。

3. 财务核算组

主要职责：

（1）建立财务管理制度，负责财务管理、费用审核及会计核算工作；

（2）组织财务人员分工、调度、培训；

（3）负责资金核拨、支付及经费核算工作；

（4）制定征收补偿安置资金审核及发放办法，组织征迁资金到位；

（5）负责征收补偿安置协议的财务审核工作和征收补偿费用的发放工作；

（6）负责与财政、税务、审计等相关部门联系，协助并接受相关部门的审计、检查；

（7）负责项目财务会计资料的归档工作；

（8）办理指挥部交办的其他财务工作。

成员主要抽调财政局、审计局、国企等单位负责财务工作人员，并聘请会计师事务所常驻。

4. 综合执法组（或社会稳定组）

主要职责：

（1）建立部门联合执法机制，牵头组织开展市场监督、税务、安全生产、卫健等各方面的综合执法，协助解决征迁疑难问题；

（2）制定征迁区域社会维稳方案和应急预案；

（3）负责征迁区域社会安定稳定；

（4）负责指挥部、动迁工作组办公地点、临时过渡安置点、房屋拆除现场安全保卫和治安管理；

（5）建立信访排查反馈解决工作机制，协调解决群众信访问题；

（6）掌握社会动态，配合动迁工作组做好重点对象工作；

（7）负责处理动迁中的突发性事件；

（8）配合查处干扰、阻碍征迁工作的违法行为；

（9）市城市管理局负责牵头协调所在街道开展“两违”的制止、查处和拆除工作；

（10）办理指挥部交办的其他综合执法和社会稳定工作。

成员主要抽调公安、市场监管、税务、应急、城市管理等部门人员。

5. 宣传组

主要职责：

（1）制订实施项目建设宣传计划；

（2）负责组织宣传报道；

（3）负责做好网上舆情监控。

成员主要抽调宣传部门、电视台、报社等相关人员。

6. 手续报批组

主要职责：

（1）负责完成项目用地手续报批；

（2）办理指挥部领导交办的其他任务。

成员主要抽调自然资源局、住建局、人社局相关工作人员。

7. 过渡拆除组

（1）负责民房临时过渡周转房的选址；

（2）组织临时过渡周转房的工程装修改造；

（3）组织临时过渡周转房的物业管理；

（4）组织房屋拆除工程的招标，督促拆除公司按时序拆除房屋；

（5）负责协调水、电及相关管网单位配合房屋拆除及管线迁移工作；

（6）办理指挥部交办的其他工作。

成员主要抽调自然资源局工作人员、乡镇干部等。

8. 规划建设组

主要职责：

（1）负责确定红线范围；

（2）负责安置房规划与户型设计。

成员主要抽调自然资源局、规划院等工作人员。

（三）征收工作组

根据征迁范围分组，每组由一个乡镇或单位负责。

主要职责：

（1）负责做好征迁房屋业主的动员解释工作，并入户送达相关材料；

（2）负责土地丈量房屋测量、地上物清点及相关表格签字确认等具体工作；

（3）负责被征收土地房屋的具体手续认定工作；

（4）负责征收补偿安置协议的签订工作；

（5）负责通知抽取选房顺序号，协助补偿费用发放等联络工作；

（6）配合做好临时过渡周转房安置等工作；

（7）整理、归档并移交征收补偿安置档案；

（8）配合做好过渡租金保障和居住条件保障的申报工作；

（9）密切注意区域社会稳定动态，提出重点对象名单，及时为综合执法组收集、提供维稳信息；

（10）办理与动迁实施相关的其他具体工作。

二、项目工作机制

（一）会议制度

1. 指挥部成员会议

会议时间：根据需要适时召开，一般每周六上午召开。

召集人：由指挥部总指挥或负责项目的副总指挥召集。

参加对象：项目建设指挥部相关成员，指挥部办公室正（副）主任、办公室下属各工作组组长，各征迁工作组组长，与议题有关的工作人员列席会议。

会议内容：

（1）传达学习上级的指示和精神；

（2）回顾总结前阶段工作，研究部署下阶段工作；

（3）研究决定重要工作、重大开支和重大工程项目建设；

（4）研究解决工作中出现的重要问题和困难。

2. 指挥部办公室会议

会议时间：每周一次或根据需要适时召开。

召集人：由指挥部办公室主任召集或由主任指定其他人代为召集。

参加对象：办公室正（副）主任、成员、下设各工作组正（副）组长，与议题有关的工作人员列席会议。

会议内容：

（1）贯彻落实指挥部的决策和部署；

（2）回顾总结前阶段工作，研究部署下阶段工作；

（3）研究解决工作中出现的问题；

（4）其他事项。

3. 征收工作组会议

会议时间：正式动迁期间每工作日一次，其他时间根据工作需要适时召开。

召集人：由各征收工作组组长召集或由组长指定副组长召集。

参加对象：各征收工作组全体人员。

会议内容：

（1）传达指挥部成员会议、办公室工作会议、例会的精神和工作部署；

（2）听取各动迁人员汇报工作，汇总进度，研究解决工作中出现的问题，部署下阶段工作。

（二）信息汇总制度

1. 实行定期信息汇总制度。办公室综合协调组会同各工作小组根据不同阶段工作要求制作表格，分发给各工作组及征收工作人员填写；各工作组指定一名工作人员按照“快速、准确、详细”的要求，负责汇总本工作组工作进度情况以及其他需要说明的事项，及时反馈到办公室下属各工作组。

2. 综合协调组指定专人负责各工作组信息归纳采集工作，按时间节点要求将汇总后的信息整理报送有关市领导、指挥部、办公室成员和各工作组组长等。

3. 各工作组未按时间节点要求报送信息的，综合业务组以该工作组“零”进度上报。

（三）协议签订及审核制度

1. 入户核实。各征收工作组人员入户对被征迁对象标的物进行核实登记，包括土地、地上建筑物、附着物等，做到一户一册。

2. 签订协议。征收工作组人员根据核实的标的物按照补偿方案规定的相应标准计算出各被征迁对象补偿金额，与被征迁对象签订协议后送档案室汇总，档案室负责流转至业务审核及财务审核。

3. 业务审核。业务组对《征收补偿安置协议书》及附件、附表中的原始资料、手续认定的真实性、完整性进行审核。

4. 财务审核。财务核算组对《征收补偿安置协议书》的适用标准、资金计算的准确性等方面进行审核。审核无误后，电脑录入，打印出具《征迁安补偿安置资金结算审核确认表》，并签字确认。同时，根据《审核确认表》汇总制作《征收补偿资金发放表》，报指挥部办公室领导签批。

第三部分

常用法律文书汇总

一、关于项目论证会议纪要

________________项目专题论证会
会议纪要

______年____月____日下午，市政府________________在市政府四楼会议室主持召开________________项目专题论证会。市人大环城委、市政协人口资源环境委、发改局、司法局、财政局、人社局、自然资源局、住建局、城管局、农业农村局、林业局、水利局、生态环境局、市监局、市中心城区规划建设指挥部，__________街道办事处、__________社区、__________社区，市政府法律顾问、_________________项目法律顾问等参加会议。纪要如下：

会议指出，________________项目是市委、市政府实施的重点项目，且经核实查证，符合国民经济和社会发展第______个五年规划、城乡规划、专项规划、土地利用总体规划、生态功能区划，并纳入国民经济和社会发展______年度计划。

会议认为，________________项目范围内危房集中、基础设施落后，实施________________项目，对片区进行拆旧建新、街景整治、更新改造，可有效解决片区内杂乱差、易拥堵、房屋破旧、配套短缺、设施老化、小巷闭塞等问题，为群众提供环境优雅、设施完善、功能齐全、舒适宜居的生产生活环境，符合公共利益的需要。

参加会议人员：

记　录：

二、关于禁止事项的通告

通 告

为加快______________项目建设步伐，确保项目征收搬迁补偿安置工作顺利推进，现将有关事项通告如下：

一、__________________项目涉及______街道______社区、______街道______社区。具体征收范围详见规划红线图。

二、自本通告发布之日起，任何单位和个人不得在征收范围内实施下列行为。

（一）办理户籍分户、入户；

（二）办理工商营业执照、税务登记证；

（三）办理土地、房屋权属变更，改变土地、房屋用途；

（四）设立或改变土地房屋租赁、抵押关系；

（五）对房屋进行新建、扩建、改建、翻建、装修；

（六）抢栽抢种花木、果树、种苗等地上附着物；

（七）建窑、建坟、挖沙、采石、采矿、取土等；

（八）对自来水、污水、道路等基础设施工程开工建设或继续建设；

（九）其他影响征收补偿安置的相关活动。

三、对擅自实施上述行为的，在补偿安置时一律不予认定。

特此通告。

（房屋征收部门）

____年____月____日

三、征收土地预公告

______市人民政府关于__________项目征收土地房屋预公告

为实施______市国民经济和社会发展规划、土地利用总体规划和城乡规划，加快推进______市体育中心片区更新改造项目建设，根据《中华人民共和国土地管理法》等法律法规的规定，拟对______________项目土地、房屋及其地上附着物依法进行征收，并先行开展现状调查，现将有关事项公告如下：

一、项目征收范围

________________项目涉及______街道______村、______社区、______社区、______社区。具体征收范围详见征收红线图。

二、征收目的

本次征收土地用于________________项目建设，符合《中华人民共和国土地管理法》第四十五条规定。

三、土地房屋现状调查

自本公告发布之日起，由______市______街道办事处组织有关单位，进入拟征收现场，对征收范围内的土地权属、地类、面积及地上附着物权属、种类、数量等土地现状进行调查，其中涉及土地上房屋的，还将对房屋权属、面积、人口户数情况进行调查，请各被征收人积极予以配合支持。

四、自本公告发布之日起，任何单位和个人不得在征收范围内实施下列行为。

（一）办理户籍分户、入户；

（二）办理工商营业执照、税务登记证；

（三）办理土地、房屋权属变更，改变土地、房屋用途；

（四）设立或改变土地房屋租赁、抵押关系；

（五）对房屋进行新建、扩建、改建、翻建、装修；

（六）抢栽抢种花木、果树、种苗等地上附着物；

（七）建窑、建坟、挖沙、采石、采矿、取土等；

（八）对自来水、污水、道路等基础设施工程开工建设或继续建设；

（九）其他影响征收补偿安置的相关活动。

对擅自实施上述行为的，在补偿安置时一律不予补偿。

五、本项目土地、房屋征收工作由______市______街道办事处具体负责实施。

六、本公告在拟征收土地涉及的街道和村（社区）予以张贴，村（社区居）委会应及时将本公告内容通知被征地的单位和个人。

特此公告。

附件：______________项目征收红线图

________市人民政府

____年____月____日

四、关于社会稳定风险评估报告的批复

______市人民政府

关于同意《______________项目土地房屋征收

社会稳定风险评估报告》的批复

______市______街道办事处：

你办事处《关于申请批复______________项目土地房屋征收社会稳定

风险评估报告的请示》（____办〔____〕号）收悉。根据《中华人民共和国土地管理法》《国有土地上房屋征收与补偿条例》《福建省发展和改革委员会关于印发重大固定资产投资项目社会稳定风险评估暂行办法的通知》（闽发改投资〔2013〕826号）精神。经研究，同意评估报告提出的社会稳定风险结论，等级为低风险等级，可以开展土地房屋征收工作。

请你办事处严格按照有关规定，切实落实土地房屋征收风险防范与化解措施，做好项目建设过程中社会稳定风险的全程跟踪，在确保稳定的前提下顺利实施。一是加强政策的宣传，营造良好的社会舆论氛围；二是加强征收补偿安置资金监管使用；三是加强风险预警，征迁工作人员应全程跟踪项目征迁，做到和谐征迁，保障项目全过程治安安全；四是减少施工期间的扰民；五是加强被征地群众的就业培训，做好被征地群众的社会保障工作。

________市人民政府

____年____月____日

五、关于补偿方案的征求意见通知

______市人民政府关于________________项目土地房屋征收补偿安置实施方案征求意见的公告

因________________项目建设需要，拟征收________________项目范围内土地、房屋及其地上附属物（具体以征收红线图为准）。根据《中华人民共和国土地管理法》《国有土地上房屋征收与补偿条例》等有关规定，结合本区域实际情况，并组织有关部门对________________项目土地房屋征收补偿安置实施方案进行论证，现予以公布，征求公众意见。

一、征求意见期限：____年____月____日至____年____月____日。

二、补偿登记：本项目所涉及的土地、房屋被征收人应在规定的签约期限内持土地、房屋等相关权利证明材料办理补偿登记。

三、异议反馈：被征收人如需提交意见，应在征求意见期限内，以书面形式提交或信函方式邮寄至征收实施单位______市______街道办事处，同时附带本人身份证明和房屋权属书证材料（或房屋所在地基层组织出具的证明）。

联系单位：______________________________

联系电话：______________________________

联系地址：______________________________

特此公告。

附件：________________项目土地房屋征收补偿安置实施方案（征求意见稿）

______市人民政府

____年____月____日

六、征收决定

______市人民政府关于____________项目国有土地上房屋征收的决定

因公共利益需要，根据《国有土地上房屋征收与补偿条例》（国务院第590号令）、《福建省实施〈国有土地上房屋征收与补偿条例〉办法》（省政府第138号令）等有关规定，经研究，决定对________________项目范围内国有土地上的房屋及其附属物实施征收，征收范围内国有土地使用权同时收回。有关事项如下：

一、征收范围

涉及______街道______社区、______社区，东至______、南至______，

西至______、北至______。具体以附件1《________________项目征收红线图》为准。

二、房屋征收部门

房屋征收部门为______市住房和城乡建设局。

三、房屋征收实施单位

房屋征收实施单位为______市______街道办事处，承担征收范围内房屋征收与补偿具体工作。

四、房屋征收补偿方案

详见附件2《________________项目土地和房屋征收补偿实施方案》。

五、签约期限

签约期限自______年____月____日起至______年____月____日止。具体签约事宜由房屋征收实施单位办理。签约期限开始前，被征收人可提前签约腾空房屋。

六、行政复议、诉讼权利

被征收人如对本决定不服的，可在本决定发布之日起60日内向______市人民政府申请行政复议，或在本决定发布之日起6个月内向人民法院提起行政诉讼。行政复议、行政诉讼期间，本决定不停止执行。

特此决定。

附件：1. ________________项目征收红线图

2. ________________项目土地和房屋征收补偿实施方案

________市人民政府

____年____月____日

（此件主动公开）

七、征收决定的通告

______市人民政府关于________________项目国有土地上房屋征收的通告

因公共利益需要，______市人民政府作出《______市人民政府关于________________项目国有土地上房屋征收的决定》（文号），决定对________________项目范围内国有土地上的房屋及其附属物实施征收，根据《国有土地上房屋征收与补偿条例》有关规定，现将有关事项通告如下：

一、征收范围

涉及______街道______社区、______社区，东至______、南至______，西至______、北至______。具体以附件1《______________项目征收红线图》为准。

二、房屋征收部门

房屋征收部门为______市住房和城乡建设局。

三、房屋征收实施单位

房屋征收实施单位______市______街道办事处，承担征收范围内房屋征收与补偿具体工作。

四、房屋征收补偿方案

详见附件2《________________项目土地和房屋征收补偿实施方案》。

五、签约期限

签约期限自____年____月____日起至____年____月____日止。具体签约事宜由房屋征收实施单位办理。签约期限开始前，被征收人可提前签约腾空房屋。

六、行政复议、诉讼权利

被征收人如对《______市人民政府关于________________项目国有土

地上房屋征收的决定》（文号）不服的，可在本通告发布之日起60日内向______市人民政府申请行政复议，或在本通告发布之日起6个月内向人民法院提起行政诉讼。

特此通告。

附件：1. ________________项目征收红线图

2. ________________项目土地和房屋征收补偿实施方案

______市人民政府

____年____月____日

（此件主动公开）

八、协商选定评估机构的通告

关于协商选定________________项目房地产价格评估机构的通告

________________项目被征收人：

因________________项目建设需要，______市人民政府____年____月____日作出《______市人民政府关于________________项目国有土地上房屋征收的决定》（文号），并于同日作出《______市人民政府关于________________项目国有土地上房屋征收的通告》（文号）。根据国务院《国有土地上房屋征收与补偿条例》第二十条、住建部《国有土地上房屋征收评估办法》第四条、《福建省实施〈国有土地上房屋征收与补偿条例〉办法》第十七条、《泉州市国有土地上房屋征收与补偿规定》第十八条的规定，现将协商选定评估机构的有关事项通知如下：

请被征收人在____年____月____日前，从泉州市住房和城乡建设局2019年公布的《在泉州从事房屋征收估价房地产评估机构名录库》中，自行集体协商选定一家房地产价格评估机构，超过半数的被征收人签字选定的房地产价格评估机构，视为被征收人集体协商选定。同时，参与选定的被征收人应将选定的结果书面提交征收实施单位______市______街道办事处，落款请注明被征收人姓名、住址、联系电话、身份证号码等基本信息。逾期未提交书面意见，视作不能协商选定。如不能协商选定房地产价格评估机构的，将由______市住房和城乡建设局通过随机选定的方式确定。

联系人：________，联系电话：________，联系地址：______________。

特此通告。

附件：2019年度在泉州市从事房屋征收估价房地产评估机构名录库

______市住房和城乡建设局

______年____月____日

（此件主动公开）

九、关于公开选定评估机构的通知

关于公开招选___________项目评估机构的通告

因___________项目建设需要，______市人民政府______年____月____日作出《______市人民政府关于______________项目国有土地上房屋征收的决定》（文号），并于同日作出《______市人民政府关于______________项目国有土地上房屋征收的通告》（文号）。根据国务院《国有土地上房屋征收与补偿条例》第二十条、《福建省实施〈国有土地上房屋征收与补偿条例〉办法》第十七条、《泉州市国有土地上房屋征收与补偿规定》第十八条、《南安市人民政府关于印发南安市国有土地上房屋征收与补偿指导意见的通知》的规定，本局于______年_____月_____日向____________项目被征收人发布《关于协商选定____________________项目房地产价格评估机构的通告》（文号）自行协商选定房地产价格评估机构的有关事项，协商选定的时间截止至______年_____月_____日前，现期限已届满，未收到被征收人提交的书面意见。为此，为确保对被征收房屋公平、公正的补偿，本局决定向社会公开招选____________________项目被征收房屋分户评估的房地产价格评估机构。现就有关事宜通告如下：

一、评估内容及要求

1. 评估内容：____________项目被征收房屋的价值、被征收房屋室内二次装修价值等，并出具价格评估报告。

2. 评估基准日：_____年_____月_____日。

3. 提交评估报告时间和数量：依委托合同约定。

4. 评估费用：依《福建省房地产估价行业收费指导意见》（闽房协估经委〔2016〕8号）及现行最新文件规定收费标准计取，具体以委托合同为准。

二、评估机构资格要求

1. 依法取得工商营业执照，且在泉州市行政区域内注册登记并具有独立法人资格的企业；泉州区域外的房地产价格评估机构，在本市应设立有分支机构并取得主管部门备案证明；

2. 入选泉州市住房和城乡建设局2019年公布的《在泉州从事房屋征收估价房地产评估机构名录库》；

3. 同时具有二级（含二级）以上房地产价格评估资质和资产评估资质；

4. 单位法定代表人（或授权委托人）必须持本人身份证报名；

5. 近三年未受到行政处罚；

6. 具备国有土地上房屋征收评估经验。

三、报名时间及地点

报名起止日期：自通告之日起至____年____月____日____时____分止，逾期不予接收。

报名地点：________________。

四、报名资料

报名单位须到报名地点提交资料。报名资料含报名表和以下文件的复印件：

1. 房地产价格评估机构报名表；

2. 机构营业执照副本复印件；泉州区域外的评估机构，还应提供泉州分支机构营业执照副本复印件；

3. 房地产价格评估机构资质复印件和资产评估资质复印件；拟签字的注册房地产估价师的资格证书复印件、资产评估师资格证书复印件；

4. 法定代表人身份证明书；委托报名的，须提供法定代表人签名并盖章的授权委托书；法人和被委托人身份证的复印件；

5. 泉州市房屋征收与房地产评估行业协会出具的近三年在本市无不良执业记录证明材料（自发布选定公告之日前三年内）；

6. 近三年在本市从事资产评估无不良执业记录并出具相关证明材料；

7. 近三年未受到行政处罚证明文件（信用中国网页截图）；

8. 从事土地房屋征收评估的经验（如合同等）；

9. 详细联系方式（包括机构地址、传真号码和联系人手机号码）。

以上报名材料需加盖单位公章，注明与原件相符，并装订成册。

五、评估机构选取方式

1. 在报名截止时间时参加报名的房地产价格评估机构少于3家或符合资格条件不足3家，招标人将依法重新组织招选。

2. 我局将从符合报名条件的评估机构中，采取随机摇号的方式公开进行选定，确定1家房地产价格评估机构为中选的________________项目被征收房屋分户评估的房地产价格评估机构。

3. 评估机构法定代表人或其委托代理人应随带本人身份证原件（若是委托代理人还应随带授权委托书原件）按时签到并进行核验，选定时不能出具以上证件、资料的，均视为自动放弃参加招选资格。

4. 各评估机构代表现场随机抽取单位代码球并当场签字确认，由招标人代表随机抽取中选单位，抽取只进行一次，抽取出的号码相对应的评估机构即为中选单位。

5. 具体选定时间为____年____月____日上午____：____，选定地点为________________，届时请准时参加。同时被征收人代表、______市______街道办事处代表及其他有关部门代表可以到场监督。

六、其他事项

中选单位放弃中选、因不可抗力提出不能履行合同，或中选单位的中选资格被相关行政主管部门确认无效的，可以直接从原参加招选房地产评估机构中重新随机抽取，确定新的中选单位，也可以重新组织招选，并报本项目的行政主管部门备案。

七、联系方式

联系人：______，电话：______________，联系地址：_____________。

特此通告。

附件：1. 评估机构报名表

2. 授权委托书

3. 2019年度在泉州从事房屋征收估价房地产评估机构名录库

______市住房和城乡建设局

______年____月____日

（此件主动公开）

十、继承具结保证书

____________项目
房产继承具结保证书

<table>
<tr><td>被征收人</td><td colspan="3"></td></tr>
<tr><td>房屋坐落</td><td></td><td>图编号</td><td></td></tr>
<tr><td>附件材料</td><td colspan="3">1. 房屋产权材料；2. 房屋产权继承辈分关系证明；3. 继承人身份证复印件；4. 原房屋产权人死亡证明。</td></tr>
<tr><td colspan="4">因原土地房屋产权人已去世，现土地房屋的合法继承人在平等、自愿的基础上，经充分协商一致，同意由______继承该土地房屋产权，并负责办理征收补偿安置、安置房产权登记等相关事宜，其他合法继承人自愿放弃该土地房产的继承权，特此具结保证。具结保证人保证所提供的相关书证材料均系合法、真实有效，不存在伪造或欺诈或故意隐瞒其他继承人，也未侵犯到他人合法权益。如今后产生土地房产征收或继承纠纷，由具结保证人承担一切法律责任，与征收人、征收实施单位无关。
具结保证人：
继承人（签字）：
放弃继承人（签字）：
年　月　日</td></tr>
<tr><td>所在居委会证明意见</td><td colspan="3">经调查核实，具结人的签名、盖章及具结书的内容真实。
村（居）委会（签字盖章）：
年　月　日</td></tr>
<tr><td>征收组意见</td><td colspan="3">本具结书在居委会见证后情况属实。
经办人（签字）：
年　月　日</td></tr>
</table>

十一、授权委托书

授权委托书

委　托　人：________________

身份证号码：________________　性　　别：________________

联系电话：________________　联系地址：________________

受　托　人：________________　与委托人关系：________________

身份证号码：________________　性　　别：________________

联系电话：________________　联系地址：________________

委托人土地房屋坐落于（图编号:），位于________________项目征收范围内，属委托人完全产权（或共有产权）。为便于办理该土地房屋征收补偿安置事宜，现授权受托人作为本人代理人，全权负责办理被征收土地房屋的一切征收补偿安置事宜（包括但不限于签收相关文件材料、进行房屋面积、装修档次核对，签订《征收补偿安置协议书》，办理选房安置等相关事宜），但补偿款项仍由委托人自行领取。

受托人在办理上述委托事务过程中所签署的一切文件和处理与之有关的一切事务，均视为本人之行为，本人均予以承认并承担一切法律后果，委托期限自本委托书签署之日起至征收补偿安置事宜办理完毕之日止，在委托期限内本授权委托原则上不可撤销。委托人如确有特殊原因需变更或取消委托事项，应及时书面通知有关单位；如延迟通知的，所有责任均由委托人自行承担。

委托人（签字）：

受托人（签字）：

委托日期：____年____月____日

所在居委会证明意见

本授权委托书委托人、受托人签字属实。

居委会（签字盖章）：

____年____月____日

十二、房屋分割析产具结书

______________项目
土地房屋分割（析产）具结书

<table>
<tr><td colspan="3">土地房屋权利人</td><td colspan="6"></td></tr>
<tr><td colspan="3">土地房屋坐落</td><td colspan="6"></td></tr>
<tr><td colspan="3">四　至</td><td colspan="6">东至________，西至________，南至________，北至________</td></tr>
<tr><td colspan="3">土地房屋权属文件</td><td colspan="6"></td></tr>
<tr><td rowspan="8">房屋分割方案</td><td rowspan="2">图号</td><td rowspan="2">姓　名</td><td rowspan="2">身份证号码</td><td colspan="4">房屋面积（m^2）</td><td rowspan="2">埋地面积（m^2）</td></tr>
<tr><td>登记面积</td><td>测量面积</td><td>可补偿面积</td><td>材料费补贴面积</td></tr>
<tr><td></td><td></td><td></td><td></td><td></td><td></td><td></td><td></td></tr>
<tr><td></td><td></td><td></td><td></td><td></td><td></td><td></td><td></td></tr>
<tr><td></td><td></td><td></td><td></td><td></td><td></td><td></td><td></td></tr>
<tr><td></td><td></td><td></td><td></td><td></td><td></td><td></td><td></td></tr>
<tr><td colspan="2">合计</td><td></td><td></td><td></td><td></td><td></td><td></td></tr>
<tr><td>具结保证</td><td colspan="8">房产分割（析产）人所提供的相关产权材料及具结书客观、真实，以上房产分割（析产）方案经各方共同协商确定，系各方真实意思表示，不会侵犯其他权利人合法权益。今后如因该房产分割（析产）而产生产权纠纷，房产分割（析产）人自愿承担一切法律责任，与征收人无关。房产分割（析产）人保证析产后不再申请享受相关过渡保障和居住条件保障。本具结书由房产分割（析产）人各执一份，一份送征收人存档，作为签署征收补偿安置协议书的依据。</td></tr>
</table>

续表

具结保证人（签字）： 年 月 日
经调查核实，具结人的签名、盖章及具结书的内容真实。 社区居委会（签字盖章）： 年 月 日

十三、征收补偿协议（住宅）

土地房屋征收补偿安置协议书

甲方（征收实施单位）：________________

联系地址：________________

法定代表人：________________，委托代理人：________________

乙方（被征收人）：________________

身份证号码：________________，联系电话：________________

联系地址：________________

委托代理人：________________，身份证号码：________________

联系地址：________________，联系电话：________________

因项目需要，______市人民政府决定组织实施征收乙方的土地、房屋、房屋附属物及地上建筑物、构筑物、附着物（以下统称被征收土地房屋），甲方系土地房屋征收实施单位。为积极稳妥推进征收补偿安置工作，甲、乙双方根据有关法律、法规、政策及《实施方案》的规定，在公平公正、诚实信用、平等自愿、协商一致的基础上，就乙方被征收土地房屋的补偿安置事宜达成如下协议条款：

第一条　被征收土地房屋及补偿的基本情况

经审查乙方提交的产权书证材料，结合实地现状测量结果，根据《实施方案》确定的认定原则，确认如下：

1. 乙方被征收土地房屋坐落：______________________________。

2. 乙方被征收土地房屋的基本情况、征收补偿费用具体项目及金额等详见附件。

第二条　补偿方式

1. 【　】货币补偿。

2. 【　】产权调换。

3. 【　】部分货币补偿和部分产权调换相结合。

补偿方式一经确定，不得随意变更。

第三条　安置型商品房房款计算

选择产权调换或部分货币补偿和部分产权调换相结合的补偿方式，安置型商品房房款计算按如下方式确定：

1. 私人自建住宅、商品套房和集资套房、商业用房及一类、二类“住改非用房”按照“期房安置、等面积调换、差价互补、严控扩购”原则。

2. 乙方产权调换面积及等面积调换后应交纳的安置型商品房房款金额详见附件《土地、住宅面积认定补偿表》。

3. 安置型商品房房款不包括安置型商品房的电视、电信、宽带、燃气等开户费、物业管理费、住宅专项维修基金及政府相关部门规定应由业主缴纳的其他费用。

4. 乙方应在被征收土地房屋腾空并交付甲方后，方可参加抽取选房顺序号。

第四条　款项结算支付

1. 【　】乙方选择全部货币补偿的，甲方应在乙方签订协议并经财务审核合格之日起15日内，向乙方支付征收补偿费用人民币____仟____佰____拾____万____仟____佰____拾____元____角____分（￥____），但乙方必须提供必备材料配合甲方办理发放手续，否则甲方有权暂缓付款且不需承担任何责任。

2. 乙方选择产权调换或部分货币补偿和部分产权调换相结合的，其选择产权调换部分的“房屋室内装修补偿款”暂不予以发放，待选房安置结算完成之日起15日内予以发放；其余征收补偿费用与等面积产权调换后应交纳的安置型商品房房款金额结算抵扣后的余额，按如下方式支付或缴交：

（1）【 】甲方应在乙方签订协议并经财务审核合格之日起15日内，向乙方支付征收补偿费用余额人民币____仟____佰____拾____万____仟____佰____拾____元____角____分（￥____），但乙方必须提供必备材料配合甲方办理发放手续，否则甲方有权暂缓付款且不需承担任何责任；

（2）【 】乙方应在甲方通知缴款之日起15日内向甲方缴交安置型商品房补差款人民币____佰____拾____万____仟____佰____拾____元____角____分（￥____）。

上述金额的结算详见附件《财务结算表》。

第五条 临时安置费、搬迁补助费、按期签约奖励金、停产停业补助费等

1. 乙方自行过渡的，甲方应根据乙方选择的补偿方式，对照《实施方案》的规定，确定乙方应得的临时安置费、搬迁补助费、按期签约奖励金、停产停业补助费等，具体金额见附件《财务结算表》。

2. 乙方使用甲方提供的过渡周转房的，只按《实施方案》确定标准发放搬迁补助费，所有建筑面积不再发放住宅临时安置费。乙方应就过渡周转房的使用与甲方另行签订协议，遵守过渡周转房的管理使用规定，并在甲方规定的期限内腾退过渡周转房。

搬迁补助费、第一期临时安置费，甲方应在乙方腾空房屋交付验收，且经财务审核合格之日起15日内发放给乙方。

第六条 房屋腾空验收

1. 自乙方签订本协议之日起，被征收土地房屋归甲方所有。乙方应在签订本协议之日起____日内将房屋腾空交付甲方验收拆除，腾空交付后不得回迁。自验收之日或腾空期限届满之日起，甲方有权在未经履行任何法律程序的情况下，直接组织进行房屋腾空并委托施工单位对房屋及附属物实施拆除作业。如乙方尚有部分物品放置在房屋内而没有申请延期搬离的，则视为乙方已放弃该物品的所有权，甲方有权直接采取必要措施予以清理。乙方对甲方采取的一切处理行为无任何异议，自愿放弃一切可能的索赔或起诉权利。

2. 乙方将房屋腾空交付甲方验收后，不得擅自拆除已由甲方给予补偿的物品（如房屋附属物、门窗和水电设施等）。否则，甲方有权取消乙方已享受或可享受的补助、奖励、照顾、保障措施；如造成甲方损失的，甲方有权从补偿款中直接扣除相应款项作为赔偿。

3. 房屋腾空前，乙方应负责付清该房屋的水费、电费、物业管理费、电信、广电及其他因使用该房屋产生的相关费用。

第七条 安置型商品房质量标准

安置型商品房为符合国家质量安全标准的商品房。

第八条 乙方的承诺与保证

1. 乙方确认：

（1）【 】被征收土地房屋目前没有设定任何他项权利限制。

（2）【 】被征收土地房屋已设定他项权利限制，目前尚未解除，具体情况为____________________________；乙方承诺在签订本协议后及时与相关权利人按照法律规定协商解除该他项权利限制，并将结果书面报备甲方。在该他项权利限制未解除前，乙方无权要求甲方支付任何补偿款。同时，因乙方解除该他项权利限制不当或存在隐瞒欺骗行为所产生的一切法律后果均由乙方自行承担，所造成的一切经济损失均由乙方负责赔偿。

2. 乙方向甲方提供的产权书证材料及其他相关证明材料的原件，由甲方另行出具《书证材料收件收据》。乙方保证该书证材料均属客观、真实、有效，不存在伪造、欺骗、隐瞒，也未侵犯他人合法权益。如有虚假，乙方应承担一切法律责任并赔偿由此造成的一切直接和间接经济损失。

3. 乙方保证其对被征收土地房屋具有处分权，保证有权签订本协议，保证被征收土地房屋不存在任何产权纠纷，否则乙方应负责予以解决并承担由此产生的一切法律责任；产权纠纷争议解决之前，甲方有权暂缓发放、兑现各项补偿、补助款项和安置权利，如因产权纠纷争议给甲方造成任何经济损失的，乙方负责予以全额赔偿。

第九条 违约责任

1. 因甲方原因未按期向乙方支付补偿款的，甲方应按逾期付款金额的每日万分之一支付逾期付款违约金。

2. 因乙方原因未按期向甲方缴清安置型商品房补差价款的，乙方应按逾期缴款金额的每日万分之一支付逾期付款违约金。

3. 因甲方原因造成过渡期限自公告的签约期限届满次日起超出36个月的，甲方按《实施方案》有关规定承担违约责任。

4. 乙方存在下列情形之一的，甲方有权取消相关的补助、奖励、照顾、保障措施；涉及需调整认定结果、补偿安置结果或协议内容的，乙方授权甲方在本协议和相关文书表格中据实对相关内容直接修改并加盖校对章，该修改内容视为双方协商一致的结果；涉及住宅临时安置费的，甲方有权重新计算住宅临时安置费的发放时间或者停止支付住宅临时安置费；涉及占用临时过渡周转房的，乙方应参照市场价格支付租金且甲方有权采取强制措施腾退过渡周转房：

（1）乙方提交虚假书证材料的；

（2）乙方签订协议后拒绝腾空房屋的；

（3）乙方腾空房屋后又私自回迁的；

（4）乙方未按时腾退临时过渡周转房的。

第十条　强制措施

乙方未按照本协议约定履行义务，经甲方催告后不履行，甲方有权作出要求乙方履行本协议的书面决定。乙方收到书面决定后仍不履行的，甲方有权向人民法院申请强制执行。

第十一条　文书送达

乙方及其委托代理人保证本协议所填写的地址、电话和传真是真实有效的。甲方可通过挂号邮件形式按上述地址邮寄文件及各种书面通知。如乙方变更地址，需于变更之日起五日内书面通知甲方，否则由此引起的有关事项无法通知的后果由乙方承担。对于征收补偿及选房安置的有关告知和通知，甲方可通过在有关媒体刊登、发布公告的形式通知乙方，公告发出时间即为送达时间。

第十二条　其他事项

1. 本协议未明确事宜，按《实施方案》相关规定执行。

2. 本协议附件及甲方通知乙方选房时所签订的《安置协议书》，均作为本协议有效组成部分，与本协议具有同等法律效力。

3. 乙方填写《安置型商品房户型意向表》后不得更改，今后选房时应严格按照《安置型商品房户型意向表》中载明的意向户型进行选房，否则，甲方有权不予选房。

4. 本协议及相关附件中的有关数据，如出现计算错漏或与实际情况不符，由甲方根据原始文件材料进行审核并以核实后的数据为准；乙方授权甲方在本协议和相关表格中据实对相关内容直接修改并加盖校对章，该修改内容视为双方协商一致的结果。

5. 本协议自甲、乙双方签字盖章之日起生效。本协议壹式肆份，甲方执叁份，乙方执壹份，各份具有同等法律效力。

（签署页）

甲方（盖章）：　　　　　　　　　　乙方（签字）：

法定代表人（签字）：　　　　　　　委托代理人（签字）：

委托代理人（签字）：

签订时间：　　　年　月　日

本协议附件包括：

【　】《土地房屋现状测绘成果图》；

【　】《土地、住宅面积认定补偿表》；

【　】《商业用房（店面）、住改非用房认定补偿表》；

【　】《套房认定补偿表》；

【　】《房屋附属物、地上附着物及农业生产配套设施补偿表》；

【　】《安置型商品房户型意向表》；

【　】《财务结算表》。

十四、征收补偿协议（工业用房）

土地房屋征收补偿安置协议书

甲　　方（征收实施单位）：________________________________

联系地址：____

法定代表人：____________________，委托代理人：______________

乙　　方（被征收人）：__________________________________

统一社会信用代码：______________，联系电话：________________

联系地址：____

委托代理人：____________________，身份证号码：______________

联系地址：________________________，联系电话：__________________

因项目需要，______市人民政府决定组织实施征收乙方的土地、房屋、房屋附属物及地上建筑物、构筑物、附着物（以下统称被征收土地房屋），甲方系土地房屋征收实施单位。为积极稳妥推进征收补偿安置工作，甲、乙双方根据有关法律、法规、政策及《实施方案》的规定，在公平公正、诚实信用、平等自愿、协商一致的基础上，就乙方被征收土地房屋的补偿安置事宜达成如下协议条款：

第一条　被征收土地房屋的基本情况

经审查乙方提交的产权书证材料，结合实地现状测量结果，根据《实施方案》确定的认定原则，确认如下：

1. 乙方被征收土地房屋坐落：________________________。

2. 被征收土地房屋基本情况详见附件。

第二条　补偿金额、各项奖励、补助金额及支付方式

1. 被征收土地房屋补偿金额、各项奖励及补助金额合计人民币______。具体补偿、奖励、补助项目及金额详见附件。

2. 甲方应在乙方签订协议并经财务审核合格之日起30日内，将乙方应得的各项补偿、奖励及补助款支付给乙方，但乙方必须提供必备材料配合甲方办理发放手续，否则甲方有权暂缓付款且不需承担任何责任。

第三条　安置办法

乙方自行解决安置。

第四条　腾空交付验收

1. 自乙方签订本协议之日起，被征收土地房屋归甲方所有。乙方应在本协议签订之日起____日内将工业用房腾空交付甲方验收拆除，腾空交付后不得回迁。自验收之日或腾空期限届满之日起，甲方有权在未经履行任何法律程序的情况下，直接组织进行房屋腾空并委托施工单位对工业用房及附属物实施拆除作业。如乙方尚有部分物品放置在工业厂房区域内而没有申请延期搬离的，则视为乙方已放弃该物品的所有权，甲方有权直接采取必要措施予以清理。乙方对甲方采取的一切处理行为无任何异议，自愿放弃一切可能的索赔或起诉权利。

2. 乙方将工业用房腾空交付甲方验收后，不得擅自拆除已由甲方给予补偿的物品（如房屋附属物、门窗、水电设施、已登记补偿的设备设施等）。否则，甲方有权取消乙方可享受或已享受的优惠、奖励、补助；如造成甲方损失的，甲方有权从补偿款中直接扣除相应款项作为赔偿。

3. 房屋腾空前，乙方应付清该工业用房的水费、电费、电信、广电、税收、规费及其他因生产、经营活动产生的相关费用。

第五条　乙方的承诺与保证

1. 乙方确认：

（1）【　】被征收土地房屋目前没有设定任何他项权利限制。

（2）【　】被征收土地房屋已设定他项权利限制，目前尚未解除，具体情况为______________。乙方承诺在签订本协议后及时与相关权利人按照法律规定协商解除该他项权利限制，并将结果书面报备甲方。在该他项权利限制未解除前，乙方无权要求甲方支付任何款项。同时，因乙方解除该他项权利限制不当或存在隐瞒欺骗行为所产生的一切法律后果均由乙方自行承担，所造成的一切经济损失均由乙方负责赔偿。

2. 乙方向甲方提供的产权书证材料及其他相关证明材料的原件，由甲方另行出具《书证材料收件收据》。乙方保证该书证材料均属客观、真实、有效，不存在伪造、欺骗、隐瞒，也未侵犯他人合法权益。如有虚假，乙方应承担相应的法律责任并赔偿由此造成的直接和间接经济损失。

3. 乙方保证对被征收房屋具有处分权，保证有权签订本协议且该授权已履行法律和乙方内部组织机构所规定的必备程序，保证被征收土地房屋不存在任何产权纠纷，否则乙方应负责予以解决并承担由此产生的法律责任；如因此给甲方造成经济损失的，乙方负责予以全额赔偿。

第六条 违约责任

1. 因甲方原因未按期向乙方支付款项的，甲方应按逾期付款金额的每日万分之一支付逾期付款违约金。

2. 乙方存在下列情形之一的，甲方有权取消优惠奖励补助事项，涉及需调整认定结果、补偿结果或协议内容的，乙方授权甲方在本协议和相关文书表格中据实对相关内容直接修改并加盖校对章，该修改内容视为双方协商一致的结果：

（1）乙方提交虚假书证材料的；

（2）乙方签订协议后拒绝按时腾空房屋的；

（3）乙方腾空房屋后又私自回迁的。

第七条 强制措施

乙方未按照本协议约定履行义务，经甲方催告后不履行，甲方有权作出要求乙方履行本协议的书面决定。乙方收到书面决定后仍不履行的，甲方有权向人民法院申请强制执行。

第八条 文书送达

乙方保证其在本协议填写的地址、电话和传真是真实有效的。甲方可通过邮件形式按上述地址邮寄文件及各种书面通知。如乙方变更地址，需于变更之日起5日内书面通知甲方，否则导致有关事项无法通知的后果由乙方承担。对于征收补偿的有关告知和通知，甲方也可通过在媒体刊登、发布公告的形式通知乙方，公告发出时间即为送达时间。

第九条 其他事项

1. 本协议未明确事宜，按《实施方案》相关规定执行。

2. 本协议附件均作为本协议有效组成部分，与本协议具有同等法律效力。

3. 本协议及相关附件中的有关数据，如出现计算错漏或与实际情况不符，由甲方根据原始文件材料进行审核并以核实后的数据为准；乙方授权甲方在本协议和相关表格中据实对相关内容直接修改并加盖校对章，该修改内容视为双方协商一致的结果。

4. 本协议自甲、乙双方签字盖章之日起生效。本协议壹式肆份，甲方执叁份，乙方执壹份，具有同等法律效力。

（签署页）

甲方（盖章）： 乙方（盖章）：

法定代表人（签字）： 法定代表人（签字）：

委托代理人（签字）： 委托代理人（签字）：

签订时间：______年____月____日

本协议附件包括：

【 】《土地房屋现状测绘成果图》；

【 】《工业用房补偿计算表》；

【 】《房屋附属物、地上附着物及农业生产配套设施补偿表》；

【 】《财务结算表》。

十五、征收补偿协议（空地）

土地征收补偿协议书

甲方（征收实施单位）：________________________________

联系地址：________________________________

法定代表人：__________________，委托代理人：______________

乙方（被征收人）：________________________________

身份证号码（统一社会信用代码）：________________________

联系电话：________________________，联系地址：__________________

委托代理人：______________________，身份证号码：________________

联系地址：________________________，联系电话：__________________

因项目需要，______市人民政府决定组织实施征收乙方的土地及地上附着物（以下统称被征收土地），甲方系土地房屋征收实施单位。为积极稳妥推进征收补偿安置工作，甲、乙双方根据有关法律、法规、政策及《实施方案》的规定，在公平公正、诚实信用、平等自愿、协商一致的基础上，就乙方被征收土地的补偿事宜达成如下协议条款：

第一条　被征收土地补偿的基本情况

根据乙方提供的书证材料，双方确认被征收土地面积为______平方米，补偿金额为____亿____仟____佰____拾____万____仟____佰____拾____元____角____分（¥____），具体详见附件。

第二条　款项支付

甲方应在乙方签订本协议并经财务审核合格之日起30日内，一次性付清被征收土地补偿款。

第三条　土地交付

自本协议签订之日起，即视为乙方已将被征收土地交付给甲方，双方不再另行办理交接手续。

第四条　违约责任

1. 因甲方原因未按期向乙方支付土地补偿款的，甲方应按逾期付款金额的每日万分之一支付逾期付款违约金。

2. 因乙方原因导致甲方无法接收并使用土地的，乙方应按被征收土地补偿款的每日万分之一支付违约金；逾期超过30日以上的，甲方有权自行采取一切强制措施，且所产生的一切费用由乙方自行承担。

第五条　强制措施

乙方未按照本协议约定履行义务，经甲方催告后不履行，甲方有权作出要求乙方履行本协议的书面决定。乙方收到书面决定后仍不履行的，甲方有权向人民法院申请强制执行。

第六条 文书送达

乙方及其委托代理人保证本协议所填写的地址、电话和传真是真实有效的。甲方可通过挂号邮件形式按上述地址邮寄文件及各种书面通知。如乙方变更地址，需于变更之日起5日内书面通知甲方，否则由此引起的有关事项无法通知的后果由乙方承担。

第七条 其他事项

1. 本协议未明确事宜，按《实施方案》相关规定执行。

2. 本协议附件作为本协议有效组成部分，与本协议具有同等法律效力。

3. 本协议自甲、乙双方签字盖章之日起生效。本协议壹式肆份，甲方执叁份，乙方执壹份，各份具有同等法律效力。

甲方（盖章）： 乙方（盖章）：

法定代表人（签字）： 法定代表人（签字）：

委托代理人（签字）： 委托代理人（签字）：

签订时间：____年____月____日

本协议附件包括：

【 】《土地房屋现状测绘成果图》；

【 】《宗地图》；

【 】《土地补偿表》；

【 】《财务结算表》。

十六、集体土地征收报批相关文书

关于申请启动__________项目（地块）征收（使用）土地的请示

______市人民政府：

因建设项目（地块）符合《中华人民共和国土地管理法》第四十五条规定情形，经市人民政府同意并已完成选址，现申请启动对该建设项目用地范围内的土地进行征收（使用），拟征收（使用）的范围和目的如下：

一、拟征收（使用）土地面积：________________________。

二、拟征收（使用）土地范围：________________________。

东、西、南、北。

具体位置详见建设用地红线范围。

三、涉及的村集体经济组织（单位）分别为：____________。

四、征地目的：本次征收（使用）土地用于____________，符合《中华人民共和国土地管理法》第四十五条规定。

申请人：____________

（土地征收实施单位）

______年____月____日

征收土地预公告张贴情况说明

晋征启告〔20____〕____号

张贴文书	土地征收启动公告
张贴人 （签名）	
张贴时间	
《公告》照片 〈近景照片〉	〈远景照片〉
张贴见证人（签名）：	村（居）盖章：

备注：土地征收公告应在拟征收土地所在的乡镇（街道）和村（居）、村民小组范围内张贴，拍摄时间以照片上的时间为准。

土地征收勘测调查汇总表

镇（街道）村（居）（公章）　　　土地所有权证号：　　　　　　　调查时间：　　年　月　日

拟征收土地现状地类			土地面积（公顷）	区片等级	涉及的土地使用权人	备　注
农用地	耕地				涉及张____、王____、李____等共____户（含土地承包权人、宅基地使用权人、房屋使用权人）	
		小计				
	小计					
建设用地						
	小计					
未利用地						
	小计					
合　计						
全村总人口（人）				全村土地面积（公顷）		全村耕地面积（公顷）

拟征地现状的面积、地类和地上附着物等调查情况已经被征地集体经济组织及被征地农民确认，被征地集体经济组织及被征地农民无异议。

勘测调查人（三人以上签字）：　　　　镇（街）政府（签章）：国土资源所（签章）：

勘测调查单位：　　　　被征地农民代表签字（三人以上签字）：　　　　村（居）委会（签章）：

土地征收调查表（一户一表）

勘测调查人员：________（签字）　被征地农户：________（签字捺印）

勘测调查单位：________（公章）　____年____月____日

<table>
<tr><td colspan="3">征地项目名称</td><td colspan="3"></td></tr>
<tr><td colspan="3">被征地农户</td><td></td><td>所在村（居）</td><td></td></tr>
<tr><td colspan="3">住　　址</td><td colspan="3"></td></tr>
<tr><td colspan="3">家庭人口</td><td></td><td>联系方式</td><td></td></tr>
<tr><td colspan="3">征收土地面积</td><td>公顷</td><td>其中耕地</td><td>公顷</td></tr>
<tr><td colspan="3">产权证</td><td colspan="3"></td></tr>
<tr><td rowspan="6">农用地</td><td colspan="2">名称</td><td colspan="2">面积（公顷）</td><td>区片等级</td></tr>
<tr><td rowspan="3">耕地</td><td></td><td colspan="2"></td><td></td></tr>
<tr><td></td><td colspan="2"></td><td></td></tr>
<tr><td></td><td colspan="2"></td><td></td></tr>
<tr><td colspan="2"></td><td colspan="2"></td><td></td></tr>
<tr><td colspan="2"></td><td colspan="2"></td><td></td></tr>
<tr><td rowspan="2">建设用地</td><td colspan="2"></td><td colspan="2"></td><td></td></tr>
<tr><td colspan="2"></td><td colspan="2"></td><td></td></tr>
<tr><td rowspan="2">未利用地</td><td colspan="2"></td><td colspan="2"></td><td></td></tr>
<tr><td colspan="2"></td><td colspan="2"></td><td></td></tr>
</table>

续表

	类型	种类	规格	数量
征收土地涉及	青苗			
	地上附着物			
	房屋	用途	规格	建筑面积
备注				

其他权利人：________________（签字捺印）

注：1. 本表原则上以农户为单位进行填写，土地由村级集体经济组织统一经营的，应以村级集体经济组织为权利人进行填写；

2. 被征地农户填写户主姓名，户主因故委托家庭成员签字应出具委托书；

3. 涉及流转、出租等相关情况的，转出方应如实反馈，受转（租）方应在本表签字捺印，并在备注栏予以说明；

4. 当年生的农作物数量按面积填写；

5. 被征地农户因故不能签字或拒绝签字的，在备注栏内说明；

6. 本表一式四份，分别由镇政府（街道）、村（居）委会、被征地农民、其他权利人存档。

关于______项目拟征收土地现状调查情况的报告

______市人民政府：

我镇（街道）于____年____月____日至____年____月____日对__________________项目用地组织开展拟征收土地现状调查，现将有关情况报告如下：

经现场调查、清点、核实，该项目拟征收土地______公顷，其中农用地______公顷（耕地______公顷）、建设用地______公顷、未利用地______公顷，共涉及______个村集体经济组织、______户农民（如拟征收土地未承包到户的，请在此表述）。拟征地现状的面积、地类和地上附着物等调查情况已经被征地集体经济组织及被征地农民确认，被征地集体经济组织及被征地农民无异议。我镇（街道）对征地现状调查情况的真实性负责，具体详见土地征收勘测调查汇总表。

专此报告

__________镇人民政府（街道办事处）

____年____月____日

关于申请审批__________项目（地块）土地征收社会稳定风险评估报告的请示

______市人民政府：

项目（地块）征收土地预公告发布（____征预告〔20____〕____号）后，我单位于____年____月____日委托中介机构（____________事务所）开展征地社会稳定风险评估工作，经中介机构（____________事务所）调查评估后，于____年____月____日向我单位出具征地社会稳定风险评估报告，现请示如下：

项目征地社会稳定风险评估报告出具的风险等级为低风险，我单位通过前期调查，也认为该项目征地拆迁风险低，建议实施土地征收，恳请市人民政府对征地社会稳定风险评估等级进行确认，明确风险防控与化解措施，出具确认批复。

妥否，请批示！

附：《项目征地社会稳定风险评估报告》

申请人：____________

（土地征收实施单位）

______年____月____日

征地补偿安置方案的公告张贴情况说明

______征安告〔20____〕____号

<table>
<tr><td>张贴文书</td><td colspan="2">征地补偿安置方案的公告</td></tr>
<tr><td>张贴人
（签名）</td><td colspan="2"></td></tr>
<tr><td>张贴时间</td><td colspan="2"></td></tr>
<tr><td colspan="2">《公告》照片

〈近景照片〉</td><td>〈远景照片〉</td></tr>
<tr><td colspan="2">张贴见证人（签名）：</td><td>村（居）盖章：</td></tr>
</table>

备注：征地补偿安置方案的公告应在拟征收土地所在的乡镇（街道）和村（居）、村民小组范围内张贴，拍摄时间以照片上的时间为准。

村民代表会议纪要

____年____月____日，我村（居）在召开村（居）民代表会议，通报征收本村（居）集体土地的有关事项，会议由________主持、负责记录。有关情况纪要如下：

因晋江市____________项目（____________地块）建设需征收我村（社）集体土地____亩。晋江市____________项目（____________地块）的征地补偿安置方案（____征安告〔____〕____号），已于____年____月____日至____年____月____日在我村（居）______公示栏公告，经我村（居）代表讨论研究后作出决议如下：

一、对拟征土地的权属、地类、面积，农村村民住宅、其他地上附着物和青苗等的权属、种类、数量以及被征地农民社会保障内容无异议，同意____________________项目（地块）征收我村集体土地，按此报有权机关批准。

二、对征地补偿安置方案和被征地农民社会保障意见无异议，放弃听证。

三、本次征地根据晋江市____________项目（____________地块）的征地补偿安置方案进行补偿安置，最终以征地补偿协议为准。

本次会议应到人数____人，实到人数____人，符合规定要求，其他未参加会议的代表由村（居）委会负责告知。

村（居）委会

______年____月____日

村（居）民代表会议签到表

项目（地块）：__________　　　　　　时间：____年____月____日

序号	签名	序号	签名	序号	签名
1		16		31	
2		17		32	
3		18		33	
4		19		34	
5		20		35	
6		21		36	
7		22		37	
8		23		38	
9		24		39	
10		25		40	
11		26		41	
12		27		42	
13		28			
14		29			
15		30			
以上村（居）代表计________人，实到________人					

回　执　函

______市人民政府：

______市_______________项目（_______________地块）的征地补偿安置方案公告（____征安告〔______〕______号），已于______年____月____日至______年____月____日在我村__________公示栏公告____日，根据《村民组织法》有关规定，我村已组织召开相关会议并征求各当事人意见，现回复如下：

一、对拟征土地的权属、地类、面积，农村村民住宅、其他地上附着物和青苗等的权属、种类、数量以及被征地农民社会保障内容无异议，同意按此报有权机关批准。

二、对征地补偿安置方案和被征地农民社会保障意见，我村及各当事人无异议，同意放弃听证。

__________镇人民政府（街道办事处）______村（居）

______年____月____日

晋江市项目土地征收补偿协议签订情况汇总表

填报时间：______年____月____日

序号	被征地村（单位）	农户姓名（经营者）	土地类别及面积（m^2）						青苗及地上附着物（m^2）					补偿资金到位情况（元）			涉及拆迁农户是否安置到位		是否已签订协议		备注
			水田	旱地	其他农用地	建设用地	未利用地	小计	青苗	房屋	临时建筑	空坪	小计	补偿金额	已发放到位金额	尚未发放金额	是	否	是	否	
1	**村																				
2																					
3																					
4																					
5																					
6																					
7																					
8																					
9																					
10																					
11	**村																				
12																					
13																					
14																					
	合计																				

征地实施单位（盖章）：______________ 被征地单位审核（盖章）：______________ 所在镇（街）审核（盖章）：______________

填报人：______________

（项目或批次名称）征地报批前程序
履行情况责任确认表

填表单位：＿＿＿＿＿＿人民政府（盖章）　　　　填报人：＿＿＿＿

拟用地位置		＿＿镇＿＿村	＿＿镇＿＿村	……
征收土地启动公告	时间			
	方式			
社会稳定风险评估	时间			
	结论			
拟征收土地现状调查	时间			
	权属、地类、面积、地上附着物是否清晰无争议			
	调查结果是否经所有权人、使用权人确认			
征地补偿安置方案	编制时间			
	公告时间			
	公告方式			
征地听证	是否申请听证			
	组织听证时间			
	听证提出问题是否已协调解决			
补偿登记	应补偿登记数量			
	已补偿登记数量			
征地补偿安置协议	签订时间			
	应签订数量			
	已签订数量			

审核人（镇、街道主要负责人）：＿＿（签字）　审查人（国土资源所负责人）：＿＿（签章）

备注：1. 本确认表所填内容务必保证客观真实。

2. 本确认表内容涉及的有关原始资料和档案由填表的镇（街道）保存。

项目征地补偿资金足额到位证明

项目的征地补偿资金专用账户设立在________________银行，用户名：__________，账号为：____________。该账户内有人民币____________元作为该项目的征地补偿资金，现上述资金已足额预存到位，征地补偿资金已落实。

特此证明。

______镇人民政府（街道办事处）

______年____月____日

十七、已抵押被征收土地房屋征收补偿工作方案

已抵押被征收土地房屋征收补偿工作方案

为积极稳妥快速推进____________项目土地房屋征收补偿工作，保护被征收人和抵押权人的合法权益，根据《中华人民共和国民法典》等有关法律法规规定，结合《____________项目征收补偿安置实施方案》，就征收范围内已抵押被征收土地房屋的征收补偿工作，制定本工作方案。

一、基本原则

（一）被征收土地房屋设定抵押权的，原则上应由被征收人与抵押权人自行协商注销抵押权；被征收人与抵押权人无法协商注销抵押权的，则应严格按照本方案流程进行征收。

（二）各征迁工作组应仔细查明被征收房屋是否设定抵押权，杜绝被征收人隐瞒抵押事实并以无手续房屋进行签约的情况，防止被征收人领取补偿

款后未优先偿还抵押债务导致抵押权人因抵押权无法实现向征收人主张损失赔偿。

二、工作流程

（一）征迁工作组入户调查时应要求被征收人出示产权手续原件，特别是针对被征收企业、国有土地上房屋。

（二）对可能涉及抵押的，征迁工作组工作人员应主动到市档案馆、不动产登记中心查询被征收土地房屋的产权及抵押情况，综合协调组负责开具查询介绍信。

（三）征迁工作组根据查询情况，落实抵押权人的具体经办人员或负责人，并书面通知抵押权人抵押物已纳入征收范围，同时要求抵押权人提供抵押合同、产权证、他项权证等材料复印件并加盖公章，填写《被征收土地房屋设定抵押情况登记表》。

（四）征迁工作组组织召开协调会（或由指挥部协调市金融局召开协调会），要求各银行配合征收工作并主动申报抵押情况，协调被征收人与抵押权人协商解决注销抵押权事宜。

（五）征迁工作组根据被征收人及抵押权人提供的产权手续复印件先行签约并送档审核，动迁公司工作人员应在征收系统中勾选“已抵押”栏。同时，四个档案袋封面均应以显著字体标注“已抵押”，经业务审核、财务审核后暂不发放征收补偿款。

（六）如被征收人自行解决注销抵押权事宜，应将不动产权证书、房屋所有权证、土地使用证等原件交至征迁工作组，征迁工作组、动迁公司负责将原件补送附入原件档并通知融资运营组抵押权已注销。

（七）如被征收人无法自行解决注销抵押权事宜，被征收人应向征迁工作组提交《征收补偿款支付具结保证书》，委托指挥部将征收补偿款项支付至抵押权人指定还款账户，用于偿还抵押贷款；抵押权人应向征迁工作组提交《抵押权人具结保证书》，付款请求报告应载明同意征收抵押土地房屋，并承诺收到指挥部支付的征收补偿款后立即注销抵押权，将不动产权证书或土地使用权证、房屋所有权证原件交付给征收人，同时抵押权人应对指定还款账户采取监管查控措施，避免被征收人转移征收补偿款。

（八）征迁工作组、动迁公司应将《征收补偿款支付具结保证书》《抵押权人具结保证书》等相关材料一式四份分别附入征迁档案，其中原件应附入原件档，复印件分别附入财务档、动迁档、被征收人档，在业务审核、财务审核完成后，主动衔接融资运营组将征收补偿款优先汇入指定还款账户，抵押权人注销抵押权后将产权证原件交付至征迁工作组。

（九）征迁工作组、动迁公司负责将原件补送附入原件档并通知融资运营组抵押权已注销。

（十）融资运营组向被征收人发放剩余征收补偿款（如有）。

三、工作要求

（一）征迁工作组应做好被征收房屋抵押权的摸底调查工作，负责对接抵押权人，并按照本方案处理抵押权事宜；

（二）征迁业务组做好业务指导工作；

（三）综合协调组配合做好开具介绍信、协调市金融局等相关部门；

（四）融资运营组应严格把关款项发放工作；

（五）法律顾问负责配合征迁业务组做好业务指导工作、配合征迁工作组处理相关法律问题；

（六）动迁公司应确保在签约时勾选“已抵押”栏，配合各征迁工作组做好档案整理、补送手续。

附件一：关于抵押物纳入征收范围告知书

附件二：被征收土地房屋抵押情况登记表

附件三：征收补偿款支付具结保证书

附件四：抵押权人具结保证书

附件一

关于抵押物纳入征收范围告知书

致：

因项目建设需要，被征收人______位于________________的土地房屋（权属证书类型及编号：____________）已纳入征收范围。经初步了解，上述被征收土地房屋可能已设定抵押权，贵单位为抵押权人。为积极稳妥快速推进项目土地房屋征收补偿工作，保护被征收人和抵押权人的合法权益，防止被征收人领取补偿款后未优先偿还抵押债务导致抵押权无法实现，根据《中华人民共和国民法典》等相关法律法规规定，特告知如下：

一、请贵单位及时与被征收人（抵押人）协商另行提供新的担保措施，或者要求债务人和抵押人先行清偿债务，或协商以征收补偿款优先偿还债务以解除抵押。

二、请贵单位在收到本告知书之日起3日内向________________项目建设指挥部相关征迁工作组申报抵押情况，提供抵押合同、产权证、他项权证等材料复印件并加盖公章，填写《被征收土地房屋设定抵押情况登记表》，并指派业务联系人负责配合后续征迁流程。

三、如贵单位未及时申报抵押情况，未及时采取措施保障抵押权的实现，相关法律责任由贵单位自行承担。

所属征迁工作组：____________

联系地址：__________________

联系人：____________________

联系电话：__________________

____________________项目建设指挥部

______年____月____日

附件二

被征收土地房屋抵押情况登记表

______年____月____日

抵押人 (被征收人)		图纸编号	
抵押土地 房屋坐落			
抵押产权书证 名称及编号			
抵押权人 (贷款银行)			
贷款额度		还款期限	
尚欠本息 (截至申报之日)			
银行联系人		联系电话	

备注：本登记表由抵押权人填写并加盖公章。

附件三

征收补偿款支付具结保证书

因________________项目需要，具结人位于______市______街道______社区的土地房屋（图编号：__________）被______市自然资源局依法征收。具结人作为被征收人，已于______年____月____日与______市自然资源局签订《土地房屋征收补偿安置协议书》（协议编号：____________），征收补偿款总金额为人民币________元（小写：¥______）。由于征收前，具结人已将上述被征收土地房屋权属证书抵押给____________，现具结人请求征收人将征收补偿款____________元（小写：¥______）转入具结人在抵押权人处开设的如下银行账户：

账户名称：____________________；

开户银行：____________________；

账　　户：____________________。

征收人向上述账户转入款项，均视为向具结人支付《土地房屋征收补偿安置协议书》项下的征收补偿款，具结人均予以承认并承担相应法律后果。同时，具结人及投资股东保证：具结人请求征收人将征收补偿款转入具结人开设的上述银行账户确系具结人及投资股东的真实意思表示，不存在任何胁迫；日后如因本付款行为发生任何争议或纠纷，均由具结人和投资股东自行承担一切法律责任，与征收人无关。且具结人及投资股东承诺：待征收补偿款转入后，具结人将第一时间还清抵押权人借款本息，解除抵押权取回土地房屋权属证书原件，并委托抵押权人将取回的土地房屋权属证书原件直接交由征收人处理。

特此具结。

具结人（签章）：____________________

法定代表人：____________________

______年____月____日

附件四

抵押权人具结保证书

因____________项目需要，被征收人位于______市______街道______社区的土地和房屋（图编号：______________）被依法征收。由于征收前，被征收人已将上述被征收土地房屋权属证书抵押给我单位，现经被征收人申请，拟将上述土地房屋征收补偿款人民币_________元整（小写：¥______）转入被征收人在我单位开设的如下银行账户：

账户名称：____________________；

开户银行：____________________；

账　　户：____________________。

在此，我单位具结保证：我单位对征收抵押土地房屋无异议，同时我单位将持续关注及监管上述银行账户，在征收补偿款转入后，我单位将积极配合被征收人办理还款手续，解除上述被征收土地房屋的抵押权。若因我单位监管不力，导致被征收人转移款项，未能还清借款解除抵押权的，由我单位自行承担责任，与征收人无关。同时，我单位承诺：我单位将在征收补偿款汇入上述账户之日起五日内会同被征收人办理抵押权注销登记手续，并及时将土地房屋权属原件直接交给征收人，由征收人收回处理。

特此具结。

具体业务联系人：_____________，联系电话：_____________。

具结人（签章）：____________________

法定代表人：____________________

______年____月____日

十八、选房安置授权委托书

选房安置授权委托书

委托人：____________________，身份证号码：____________________。

受托人：____________________，身份证号码：____________________。

委托人系____________________项目第______号《土地房屋征收补偿安置协议书》项下的被征收人。本人因故无法按照规定时限亲自前往选房中心现场选房，为便于相关选房安置事宜的办理，现授权受委托人作为代理人，全权负责上述《土地房屋征收补偿安置协议书》项下的一切选房安置事宜，包括但不限于：代为签收、领取与房屋安置有关的文件；代为参加选房并签署选房相关文件；代为进行财务结算、交纳相关费用；代为接收、管理安置房并办理相关手续；代为领取补偿余款；代为申办、领取房屋权属证书；等等。

代理人在选房安置全过程中所签署的一切文件和处理与之有关的一切事务，本人均予以承认，并承担相应法律后果。

委托期限自本委托书签署之日起至选房安置、办证工作完成之日止，本委托事务不因委托人死亡而提前终止。在委托期限内该授权委托是不可撤销的；如确因特殊事由需变更或取消委托事项，本人保证及时书面通知有关单位，如迟延通知的，所有责任均由本人自行承担。代理人有转委托权。

委托人（签字）：______________受委托人（签字）：______________

安置组见证情况属实（签字）：__________________

______年____月____日

十九、家庭成员分家析产赠与具结书

__________________项目安置房

<table>
<tr><td colspan="2">被征收人</td><td colspan="2"></td><td>被征收人配偶</td><td></td></tr>
<tr><td colspan="2">征收协议号</td><td colspan="2"></td><td>安置协议号</td><td></td></tr>
<tr><td colspan="2">可安置面积</td><td colspan="2"></td><td>实际安置面积</td><td></td></tr>
<tr><td rowspan="5">房产分割方案</td><td>承受人姓　名</td><td colspan="2">安置小区、房号</td><td colspan="2">实际安置面积（m^2）</td></tr>
<tr><td></td><td colspan="2"></td><td colspan="2"></td></tr>
<tr><td></td><td colspan="2"></td><td colspan="2"></td></tr>
<tr><td></td><td colspan="2"></td><td colspan="2"></td></tr>
<tr><td></td><td colspan="2"></td><td colspan="2"></td></tr>
</table>

续表

具结保证	被征收人自愿将其名下的安置房屋析产赠与各财产分析承受人（简称承受人），各承受人享有分配的对应房产的所有权，并享有或承担对应的面积差价款（具体数额由承受人另行协商确定）。本房产分割（析产）方案经被征收人及其配偶、子女各方共同协商确定，系各方及其亲属真实意思表示，不会侵犯其他权利人合法权益。今后如因该房产分割（析产）而产生的任何纠纷，被征收人及承受人自愿承担一切法律责任，与征收人无关。本具结书由承受人各执一份，送征收人一份存档。	
房产分割（析产）具结保证（签字）	被征收人及配偶签字： 各承受人签字： 年　　月　　日	
安置组经办人/村（居）委会主干（签章）	上述被征收人及配偶、各承受人在村（居）委会主干面前签字并加盖指模，系其真实意思表示。 村（居）委会主干（签章）： 安置组经办人见证情况属实签字： 年　　月　　日	

二十、共有人选房后析产分割具结书

____________项目安置房
共有人选房后析产分割具结书

被征收人			
征收协议号		安置协议号	
可安置面积		实际安置面积	

续表

<table>
<tr><td rowspan="5">房产分割方案</td><td>权利人姓名</td><td colspan="2">安置小区、房号</td><td>实际安置面积（m^2）</td></tr>
<tr><td></td><td colspan="2"></td><td></td></tr>
<tr><td></td><td colspan="2"></td><td></td></tr>
<tr><td></td><td colspan="2"></td><td></td></tr>
<tr><td></td><td colspan="2"></td><td></td></tr>
<tr><td>具结保证</td><td colspan="4">各财产分析共有人（简称共有人）享有分配的对应房产的所有权，并享有或承担对应的面积差价款（具体数额由权利人另行协商确定）。本房产分割（析产）方案经各方及亲属共同协商确定，系各方真实意思表示，不会侵犯其他权利人合法权益。今后如因该房产分割（析产）而产生的任何纠纷，各共有人自愿承担一切法律责任，与征收人无关。本具结书由共有人各执一份，送征收人一份存档。</td></tr>
<tr><td colspan="3">房产分割（析产）
具结保证
（签字）</td><td colspan="2">共有人签字：

年　　月　　日</td></tr>
<tr><td colspan="3">安置组经办人/村（居）委会主干
（签章）</td><td colspan="2">上述共有人在村（居）委会主干面前签字并加盖指模，系其真实意思表示。
村（居）委会主干（签章）：

安置组经办人见证情况属实签字：

年　　月　　日</td></tr>
</table>

二十一、遗失材料具结书

______项目选房安置遗失材料具结书

______（征收人）：

本人______（身份证号码______），因保管不善、不慎遗失与贵单位签订的第____号《土地房屋征收补偿安置协议书》和（或）第____号《选房顺序号》的原件，现已不能完整提供《选房安置实施方案》第____条要求的书证材料。有鉴于此，本人恳请贵单位准许本人在上述材料缺失的情况下参加选房安置。本人并就相关事项陈述与保证如下：

本人未将上述《土地房屋征收补偿安置协议书》及其项下的征收补偿安置权利（即安置房）进行转让、赠与、设定抵押或进行其他任何处置行为；上述《土地房屋征收补偿安置协议书》及其项下的征收补偿安置权利的权属清晰，不存在任何争议或纠纷，不存在被司法机关、行政机关依法裁定、决定查封，或以其他形式进行限制的情形。

上述陈述与保证如有不实或存在隐瞒欺骗，本人愿自行承担一切法律责任并负责自行理顺一切关系；如因此给贵单位造成任何经济损失的，本人负责予以赔偿。因遗失上述书证材料所可能产生的一切法律后果均由本人自行承担，与贵单位无关。特此具结！

具结保证人（签字）：

安置工作组见证（签字）：

______年____月____日

二十二、安置协议（Ⅰ）

协议编号：__________________

选房顺序号：________________

签订时间：______年____月____日

______________项目安置协议书（Ⅰ）

征 收 人：____________（以下简称甲方）

被征收人：____________（以下简称乙方）

根据《__________项目选房安置实施方案》和《土地房屋征收补偿安置协议书》（协议编号：__________），甲、乙双方在平等、自愿、协商一致的基础上，现就乙方房源签认和财务结算的相关事宜达成如下协议条款：

一、房源签认情况

（一）乙方产权调换面积及实际选房面积详见附件一《房源签认表》，其所选安置房的具体情况详见《安置协议书（Ⅱ）》。

（二）安置房的建筑面积由套内建筑面积与公共部位共有分摊建筑面积两部分组成，由具有房产测绘资质的单位依据国家相关房产测绘规范进行测算。现房的建筑面积以房屋实测为准，期房的建筑面积以施工图纸测算面积为依据。

二、补差价款结算

（一）全部采取现房安置的，安置房应补差价款采取“一次性结算、一次性结清”方式；涉及店面期房安置的，安置房应补差价款采取“一次性结算、分时段结清”方式，具体详见附件二《财务结算表》。

（二）现房部分和期房部分各自的应补差价款，根据《晋江市城北组团改建项目选房安置实施办法》相关条款的规定执行。

（三）安置房款不包括：(1) 乙方办理房屋产权证应缴纳的契税、印花税、工本费、登记费、交易手续费等费用；(2) 水、电、燃气、电视、电信、宽带等开户费；(3) 物业管理费；(4) 政府相关部门规定的应由乙方缴纳的住宅专项维修资金及其他相关费用。

（四）属于乙方应向甲方缴纳补差价款的，现房部分的应补差价款应在房源签认之日起20日内缴清；期房部分的应补差价款可与现房部分的应补差价款一并缴清，也可在甲方公告期房交房之日起20日内缴清。甲方指定收取补差价款的银行账户详见《缴款通知书》。

如安置房属于多人共有的（即乙方签约主体属于多人），所有被征收人应对补差价款的缴交承担连带责任，不得以乙方内部之间的款项分割为由要求免除对应补差价款的缴交义务。

（五）属于甲方应退还乙方安置房差价款的，甲方应在乙方房源签认之日起20日内汇入乙方开设的临时安置补助费存折账户。

三、期房面积误差处理

如乙方所选期房的选房面积在交房时与实测面积产生误差的，双方同意按实测面积为依据进行面积确认及面积差异处理；误差面积按实结算，多还少补，结算单价按《____________________项目选房安置实施方案》相关条款规定执行。

四、安置房交付

各有关单位根据国家有关规定完成单体竣工验收和消防验收。

五、安置房交接

乙方在规定时限内缴清安置房应补差价款后，甲方向乙方出具《户型清单》和《交房通知书》。乙方应在15日内凭该材料与安置房所在小区物业服务公司办理安置房交接手续。乙方办理房屋交接手续后，即视为甲方已经履行完毕征收人对安置房的交付责任，且该安置房状况符合双方约定的标准。安置房所在小区物业服务公司负责将《房屋使用说明书》和《房屋质量保证书》交付给乙方。乙方应与小区物业服务公司签订《业主临时规约》和《前期物业管理委托协议书》，自觉遵守小区物业管理有关规定。

六、办证收件

在安置房具备办证条件后，由甲方通知乙方提交办证相关材料（具体以办证部门的要求为准），并协助乙方办理产权登记。届时，乙方应及时缴交办理房屋所有权证时应缴纳的相关税、费并提供相关办证必备材料，否则，因此导致办证延误或无法办证的，一切后果由乙方自行承担。

七、违约责任

（一）乙方未在规定时限内向甲方缴清安置房应补差价款的，视为乙方自愿放弃所选安置房，甲方有权对所选安置房另行处置并取消乙方选房号，待整体正常选房工作结束后由甲方另行调配安置。乙方对甲方的一切处置行为不持异议。

（二）乙方未按规定办理安置房交接手续或逾期办理交接手续的，则甲方向乙方交付安置房的责任仅限于将安置房的钥匙放置于该安置房所在的物业服务公司，并被视为甲方已依照约定向乙方合格交付安置房，甲方对乙方所选安置房不负保管责任。乙方应自行向物业服务公司办理接房手续并承担物业服务费。同时，乙方逾期办理房屋交接手续导致延期办理房屋权属登记的责任由乙方自行承担。

（三）任何一方违约造成另一方经济损失的，守约方可追究违约方一切法律责任。

八、其他事项

（一）乙方及其代理人应保证本合同所填写的联系地址和电话号码是真实有效的。甲方将以挂号邮件形式按上述地址邮寄文件及各种书面通知。如乙方变更地址，需于变更之日起5日内书面通知甲方，否则由此引起的本合同有关事项无法通知的后果由乙方承担。对于交房和办理产权证的通知，甲方可通过在有关媒体刊登、发布公告的形式通知乙方，公告发出时间为通知送达时间。

（二）本协议在履行过程中发生的争议，双方应本着友好协商的原则妥善解决；协商不成的，任何一方均有权向甲方住所地具有管辖权的人民法院提起诉讼。

（三）本协议未尽事项，甲、乙双方同意按照《____________________项目选房安置实施办法》有关条款的规定执行。

（四）本协议及其附件作为界定和约束甲、乙双方因选房安置相关事宜所产生的权利义务的依据，不作为乙方对安置房具有处分权及可对安置房进行买卖的依据。

（五）本协议的附件作为本协议有效组成部分之一，与本协议具有同等法律效力。

（六）本协议经甲、乙双方签订之日起生效。本协议壹式肆份，甲方执叁份、乙方执壹份（注：待乙方全额缴清应补差价款后领取），各份具有同等法律效力。

附件一：《房源签认表》

附件二：《财务结算表》

【签约提示】

甲方已提醒乙方注意对本协议各项条款内容作出全面、细致、准确的了解，并已应乙方的要求作出相应的说明；乙方对本协议所有条款的含义及相应的法律后果已全部知晓，并予以充分、准确无误的理解。本协议一经签订即视为双方对所有条款含义认识一致。

甲　　方：____________________　乙　　方：____________________

授权代表：____________________　委托代理人：____________________

联系电话：____________________

联系地址：____________________

二十三、安置协议（Ⅱ）

协议编号：____________________

签订时间：______年____月____日

______________项目安置协议书（Ⅱ）

征 收 人：____________________（以下简称甲方）

被征收人：____________________（以下简称乙方）

甲、乙双方在平等、自愿、协商一致的基础上，现就乙方在《土地房屋征收补偿安置协议书》项下所进行的选房安置的相关事宜，达成如下协议条款：

一、乙方所选取的安置房坐落于______________项目小区，建筑面积______平方米，其中公共部位共有分摊建筑面积______平方米。具体详见本协议附件《安置房户型平面图》。

二、本协议仅作为乙方办理本协议项下安置房房屋登记（包括所有权登记、预告登记等）时应提交的材料之一，不作为其他任何用途。

三、甲、乙双方因房源签认及财务结算相关事宜所产生的权利义务，仍以《____________项目安置协议书（Ⅰ）》的约定为准，本协议作为其有效组成部分之一。

四、本协议自甲、乙双方签订之日起生效。本协议壹式陆份，甲方执伍份、乙方执壹份（注：待乙方缴清本协议项下安置房应补差价款后领取），各份具有同等法律效力。

附件：《安置房户型平面图》

甲方：____________________　　乙方：____________________

授权代表：________________　　委托代理人：______________

联系电话：________________

联系地址：________________

第四部分

常用法律法规汇总

一、中华人民共和国土地管理法（2019修正）

中华人民共和国土地管理法

（1986年6月25日第六届全国人民代表大会常务委员会第十六次会议通过　根据1988年12月29日第七届全国人民代表大会常务委员会第五次会议《关于修改〈中华人民共和国土地管理法〉的决定》第一次修正　1998年8月29日第九届全国人民代表大会常务委员会第四次会议修订　根据2004年8月28日第十届全国人民代表大会常务委员会第十一次会议《关于修改〈中华人民共和国土地管理法〉的决定》第二次修正　根据2019年8月26日第十三届全国人民代表大会常务委员会第十二次会议《关于修改〈中华人民共和国土地管理法〉、〈中华人民共和国城市房地产管理法〉的决定》第三次修正）

目　　录

第一章　总　　则
第二章　土地的所有权和使用权
第三章　土地利用总体规划
第四章　耕地保护
第五章　建设用地
第六章　监督检查
第七章　法律责任
第八章　附　　则

第一章　总　　则

第一条　为了加强土地管理，维护土地的社会主义公有制，保护、开发土地资源，合理利用土地，切实保护耕地，促进社会经济的可持续发展，根据宪法，制定本法。

第二条　中华人民共和国实行土地的社会主义公有制，即全民所有制和劳动群众集体所有制。

全民所有，即国家所有土地的所有权由国务院代表国家行使。

任何单位和个人不得侵占、买卖或者以其他形式非法转让土地。土地使用权可以依法转让。

国家为了公共利益的需要，可以依法对土地实行征收或者征用并给予补偿。

国家依法实行国有土地有偿使用制度。但是，国家在法律规定的范围内划拨国有土地使用权的除外。

第三条　十分珍惜、合理利用土地和切实保护耕地是我国的基本国策。各级人民政府应当采取措施，全面规划，严格管理，保护、开发土地资源，制止非法占用土地的行为。

第四条　国家实行土地用途管制制度。

国家编制土地利用总体规划，规定土地用途，将土地分为农用地、建设用地和未利用地。严格限制农用地转为建设用地，控制建设用地总量，对耕地实行特殊保护。

前款所称农用地是指直接用于农业生产的土地，包括耕地、林地、草地、农田水利用地、养殖水面等；建设用地是指建造建筑物、构筑物的土地，包括城乡住宅和公共设施用地、工矿用地、交通水利设施用地、旅游用地、军事设施用地等；未利用地是指农用地和建设用地以外的土地。

使用土地的单位和个人必须严格按照土地利用总体规划确定的用途使用

土地。

第五条 国务院自然资源主管部门统一负责全国土地的管理和监督工作。

县级以上地方人民政府自然资源主管部门的设置及其职责，由省、自治区、直辖市人民政府根据国务院有关规定确定。

第六条 国务院授权的机构对省、自治区、直辖市人民政府以及国务院确定的城市人民政府土地利用和土地管理情况进行督察。

第七条 任何单位和个人都有遵守土地管理法律、法规的义务，并有权对违反土地管理法律、法规的行为提出检举和控告。

第八条 在保护和开发土地资源、合理利用土地以及进行有关的科学研究等方面成绩显著的单位和个人，由人民政府给予奖励。

第二章 土地的所有权和使用权

第九条 城市市区的土地属于国家所有。

农村和城市郊区的土地，除由法律规定属于国家所有的以外，属于农民集体所有；宅基地和自留地、自留山，属于农民集体所有。

第十条 国有土地和农民集体所有的土地，可以依法确定给单位或者个人使用。使用土地的单位和个人，有保护、管理和合理利用土地的义务。

第十一条 农民集体所有的土地依法属于村农民集体所有的，由村集体经济组织或者村民委员会经营、管理；已经分别属于村内两个以上农村集体经济组织的农民集体所有的，由村内各该农村集体经济组织或者村民小组经营、管理；已经属于乡（镇）农民集体所有的，由乡（镇）农村集体经济组织经营、管理。

第十二条 土地的所有权和使用权的登记，依照有关不动产登记的法律、行政法规执行。

依法登记的土地的所有权和使用权受法律保护，任何单位和个人不得侵犯。

第十三条 农民集体所有和国家所有依法由农民集体使用的耕地、林地、草地，以及其他依法用于农业的土地，采取农村集体经济组织内部的家庭承包方式承包，不宜采取家庭承包方式的荒山、荒沟、荒丘、荒滩等，可以采取招标、拍卖、公开协商等方式承包，从事种植业、林业、畜牧业、渔业生产。家庭承包的耕地的承包期为三十年，草地的承包期为三十年至五十年，林地的承包期为三十年至七十年；耕地承包期届满后再延长三十年，草地、林地承包期届满后依法相应延长。

国家所有依法用于农业的土地可以由单位或者个人承包经营，从事种植业、林业、畜牧业、渔业生产。

发包方和承包方应当依法订立承包合同，约定双方的权利和义务。承包经营土地的单位和个人，有保护和按照承包合同约定的用途合理利用土地的义务。

第十四条 土地所有权和使用权争议，由当事人协商解决；协商不成的，由人民政府处理。

单位之间的争议，由县级以上人民政府处理；个人之间、个人与单位之间的争议，由乡级人民政府或者县级以上人民政府处理。

当事人对有关人民政府的处理决定不服的，可以自接到处理决定通知之日起三十日内，向人民法院起诉。

在土地所有权和使用权争议解决前，任何一方不得改变土地利用现状。

第三章 土地利用总体规划

第十五条 各级人民政府应当依据国民经济和社会发展规划、国土整治和资源环境保护的要求、土地供给能力以及各项建设对土地的需求，组织编制土地利用总体规划。

土地利用总体规划的规划期限由国务院规定。

第十六条 下级土地利用总体规划应当依据上一级土地利用总体规划编制。

地方各级人民政府编制的土地利用总体规划中的建设用地总量不得超过上一级土地利用总体规划确定的控制指标，耕地保有量不得低于上一级土地利用总体规划确定的控制指标。

省、自治区、直辖市人民政府编制的土地利用总体规划，应当确保本行政区域内耕地总量不减少。

第十七条 土地利用总体规划按照下列原则编制：

（一）落实国土空间开发保护要求，严格土地用途管制；

（二）严格保护永久基本农田，严格控制非农业建设占用农用地；

（三）提高土地节约集约利用水平；

（四）统筹安排城乡生产、生活、生态用地，满足乡村产业和基础设施用地合理需求，促进城乡融合发展；

（五）保护和改善生态环境，保障土地的可持续利用；

（六）占用耕地与开发复垦耕地数量平衡、质量相当。

第十八条 国家建立国土空间规划体系。编制国土空间规划应当坚持生态优先，绿色、可持续发展，科学有序统筹安排生态、农业、城镇等功能空间，优化国土空间结构和布局，提升国土空间开发、保护的质量和效率。

经依法批准的国土空间规划是各类开发、保护、建设活动的基本依据。已经编制国土空间规划的，不再编制土地利用总体规划和城乡规划。

第十九条 县级土地利用总体规划应当划分土地利用区，明确土地用途。

乡（镇）土地利用总体规划应当划分土地利用区，根据土地使用条件，确定每一块土地的用途，并予以公告。

第二十条 土地利用总体规划实行分级审批。

省、自治区、直辖市的土地利用总体规划，报国务院批准。

省、自治区人民政府所在地的市、人口在一百万以上的城市以及国务院指定的城市的土地利用总体规划，经省、自治区人民政府审查同意后，报国务院批准。

本条第二款、第三款规定以外的土地利用总体规划，逐级上报省、自治区、直辖市人民政府批准；其中，乡（镇）土地利用总体规划可以由省级人民政府授权的设区的市、自治州人民政府批准。

土地利用总体规划一经批准，必须严格执行。

第二十一条 城市建设用地规模应当符合国家规定的标准，充分利用现有建设用地，不占或者尽量少占农用地。

城市总体规划、村庄和集镇规划，应当与土地利用总体规划相衔接，城市总体规划、村庄和集镇规划中建设用地规模不得超过土地利用总体规划确定的城市和村庄、集镇建设用地规模。

在城市规划区内、村庄和集镇规划区内，城市和村庄、集镇建设用地应当符合城市规划、村庄和集镇规划。

第二十二条 江河、湖泊综合治理和开发利用规划，应当与土地利用总体规划相衔接。在江河、湖泊、水库的管理和保护范围以及蓄洪滞洪区内，土地利用应当符合江河、湖泊综合治理和开发利用规划，符合河道、湖泊行洪、蓄洪和输水的要求。

第二十三条 各级人民政府应当加强土地利用计划管理，实行建设用地总量控制。

土地利用年度计划，根据国民经济和社会发展计划、国家产业政策、土地利用总体规划以及建设用地和土地利用的实际状况编制。土地利用年度计划应当对本法第六十三条规定的集体经营性建设用地作出合理安排。土地利用年度计划的编制审批程序与土地利用总体规划的编制审批程序相同，一经审批下达，必须严格执行。

第二十四条 省、自治区、直辖市人民政府应当将土地利用年度计划的执行情况列为国民经济和社会发展计划执行情况的内容，向同级人民代表大会报告。

第二十五条 经批准的土地利用总体规划的修改，须经原批准机关批准；未经批准，不得改变土地利用总体规划确定的土地用途。

经国务院批准的大型能源、交通、水利等基础设施建设用地，需要改变土地利用总体规划的，根据国务院的批准文件修改土地利用总体规划。

经省、自治区、直辖市人民政府批准的能源、交通、水利等基础设施建设用地，需要改变土地利用总体规划的，属于省级人民政府土地利用总体规划批准权限内的，根据省级人民政府的批准文件修改土地利用总体规划。

第二十六条 国家建立土地调查制度。

县级以上人民政府自然资源主管部门会同同级有关部门进行土地调查。土地所有者或者使用者应当配合调查，并提供有关资料。

第二十七条 县级以上人民政府自然资源主管部门会同同级有关部门根据土地调查成果、规划土地用途和国家制定的统一标准，评定土地等级。

第二十八条 国家建立土地统计制度。

县级以上人民政府统计机构和自然资源主管部门依法进行土地统计调查，定期发布土地统计资料。土地所有者或者使用者应当提供有关资料，不得拒报、迟报，不得提供不真实、不完整的资料。

统计机构和自然资源主管部门共同发布的土地面积统计资料是各级人民政府编制土地利用总体规划的依据。

第二十九条 国家建立全国土地管理信息系统，对土地利用状况进行动态监测。

第四章 耕地保护

第三十条 国家保护耕地，严格控制耕地转为非耕地。

国家实行占用耕地补偿制度。非农业建设经批准占用耕地的，按照“占多少，垦多少”的原则，由占用耕地的单位负责开垦与所占用耕地的数量和质量相当的耕地；没有条件开垦或者开垦的耕地不符合要求的，应当按照省、自治区、直辖市的规定缴纳耕地开垦费，专款用于开垦新的耕地。

省、自治区、直辖市人民政府应当制定开垦耕地计划，监督占用耕地的单位按照计划开垦耕地或者按照计划组织开垦耕地，并进行验收。

第三十一条 县级以上地方人民政府可以要求占用耕地的单位将所占用耕地耕作层的土壤用于新开垦耕地、劣质地或者其他耕地的土壤改良。

第三十二条 省、自治区、直辖市人民政府应当严格执行土地利用总体规划和土地利用年度计划，采取措施，确保本行政区域内耕地总量不减少、质量不降低。耕地总量减少的，由国务院责令在规定期限内组织开垦与所减少耕地的数量与质量相当的耕地；耕地质量降低的，由国务院责令在规定期限内组织整治。新开垦和整治的耕地由国务院自然资源主管部门会同农业农村主管部门验收。

个别省、直辖市确因土地后备资源匮乏，新增建设用地后，新开垦耕地的数量不足以补偿所占用耕地的数量的，必须报经国务院批准减免本行政区域内开垦耕地的数量，易地开垦数量和质量相当的耕地。

第三十三条 国家实行永久基本农田保护制度。下列耕地应当根据土地利用总体规划划为永久基本农田，实行严格保护：

（一）经国务院农业农村主管部门或者县级以上地方人民政府批准确定的粮、棉、油、糖等重要农产品生产基地内的耕地；

（二）有良好的水利与水土保持设施的耕地，正在实施改造计划以及可以改造的中、低产田和已建成的高标准农田；

（三）蔬菜生产基地；

（四）农业科研、教学试验田；

（五）国务院规定应当划为永久基本农田的其他耕地。

各省、自治区、直辖市划定的永久基本农田一般应当占本行政区域内耕地的百分之八十以上，具体比例由国务院根据各省、自治区、直辖市耕地实际情况规定。

第三十四条 永久基本农田划定以乡（镇）为单位进行，由县级人民政府自然资源主管部门会同同级农业农村主管部门组织实施。永久基本农田应当落实到地块，纳入国家永久基本农田数据库严格管理。

乡（镇）人民政府应当将永久基本农田的位置、范围向社会公告，并设立保护标志。

第三十五条 永久基本农田经依法划定后，任何单位和个人不得擅自占用或者改变其用途。国家能源、交通、水利、军事设施等重点建设项目选址确实难以避让永久基本农田，涉及农用地转用或者土地征收的，必须经国务院批准。

禁止通过擅自调整县级土地利用总体规划、乡（镇）土地利用总体规划等方式规避永久基本农田农用地转用或者土地征收的审批。

第三十六条 各级人民政府应当采取措施，引导因地制宜轮作休耕，改良土壤，提高地力，维护排灌工程设施，防止土地荒漠化、盐渍化、水土流失和土壤污染。

第三十七条 非农业建设必须节约使用土地，可以利用荒地的，不得占用耕地；可以利用劣地的，不得占用好地。

禁止占用耕地建窑、建坟或者擅自在耕地上建房、挖砂、采石、采矿、取土等。

禁止占用永久基本农田发展林果业和挖塘养鱼。

第三十八条 禁止任何单位和个人闲置、荒芜耕地。已经办理审批手续的非农业建设占用耕地，一年内不用而又可以耕种并收获的，应当由原耕种该幅耕地的集体或者个人恢复耕种，也可以由用地单位组织耕种；一年以上未动工建设的，应当按照省、自治区、直辖市的规定缴纳闲置费；连续二年未使用的，经原批准机关批准，由县级以上人民政府无偿收回用地单位的土地使用权；该幅土地原为农民集体所有的，应当交由原农村集体经济组织恢复耕种。

在城市规划区范围内，以出让方式取得土地使用权进行房地产开发的闲置土地，依照《中华人民共和国城市房地产管理法》的有关规定办理。

第三十九条 国家鼓励单位和个人按照土地利用总体规划，在保护和改善生态环境、防止水土流失和土地荒漠化的前提下，开发未利用的土地；适宜开发为农用地的，应当优先开发成农用地。

国家依法保护开发者的合法权益。

第四十条 开垦未利用的土地，必须经过科学论证和评估，在土地利用总体规划划定的可开垦的区域内，经依法批准后进行。禁止毁坏森林、草原开垦耕地，禁止围湖造田和侵占江河滩地。

根据土地利用总体规划，对破坏生态环境开垦、围垦的土地，有计划有步骤地退耕还林、还牧、还湖。

第四十一条 开发未确定使用权的国有荒山、荒地、荒滩从事种植业、林业、畜牧业、渔业生产的，经县级以上人民政府依法批准，可以确定给开发单位或者个人长期使用。

第四十二条 国家鼓励土地整理。县、乡（镇）人民政府应当组织农村集体经济组织，按照土地利用总体规划，对田、水、路、林、村综合整治，提高耕地质量，增加有效耕地面积，改善农业生产条件和生态环境。

地方各级人民政府应当采取措施，改造中、低产田，整治闲散地和废弃地。

第四十三条 因挖损、塌陷、压占等造成土地破坏，用地单位和个人应当按照国家有关规定负责复垦；没有条件复垦或者复垦不符合要求的，应当缴纳土地复垦费，专项用于土地复垦。复垦的土地应当优先用于农业。

第五章　建 设 用 地

第四十四条　建设占用土地，涉及农用地转为建设用地的，应当办理农用地转用审批手续。

永久基本农田转为建设用地的，由国务院批准。

在土地利用总体规划确定的城市和村庄、集镇建设用地规模范围内，为实施该规划而将永久基本农田以外的农用地转为建设用地的，按土地利用年度计划分批次按照国务院规定由原批准土地利用总体规划的机关或者其授权的机关批准。在已批准的农用地转用范围内，具体建设项目用地可以由市、县人民政府批准。

在土地利用总体规划确定的城市和村庄、集镇建设用地规模范围外，将永久基本农田以外的农用地转为建设用地的，由国务院或者国务院授权的省、自治区、直辖市人民政府批准。

第四十五条　为了公共利益的需要，有下列情形之一，确需征收农民集体所有的土地的，可以依法实施征收：

（一）军事和外交需要用地的；

（二）由政府组织实施的能源、交通、水利、通信、邮政等基础设施建设需要用地的；

（三）由政府组织实施的科技、教育、文化、卫生、体育、生态环境和资源保护、防灾减灾、文物保护、社区综合服务、社会福利、市政公用、优抚安置、英烈保护等公共事业需要用地的；

（四）由政府组织实施的扶贫搬迁、保障性安居工程建设需要用地的；

（五）在土地利用总体规划确定的城镇建设用地范围内，经省级以上人民政府批准由县级以上地方人民政府组织实施的成片开发建设需要用地的；

（六）法律规定为公共利益需要可以征收农民集体所有的土地的其他情形。

前款规定的建设活动，应当符合国民经济和社会发展规划、土地利用总体规划、城乡规划和专项规划；第（四）项、第（五）项规定的建设活动，还应当纳入国民经济和社会发展年度计划；第（五）项规定的成片开发并应当符合国务院自然资源主管部门规定的标准。

第四十六条 征收下列土地的，由国务院批准：

（一）永久基本农田；

（二）永久基本农田以外的耕地超过三十五公顷的；

（三）其他土地超过七十公顷的。

征收前款规定以外的土地的，由省、自治区、直辖市人民政府批准。

征收农用地的，应当依照本法第四十四条的规定先行办理农用地转用审批。其中，经国务院批准农用地转用的，同时办理征地审批手续，不再另行办理征地审批；经省、自治区、直辖市人民政府在征地批准权限内批准农用地转用的，同时办理征地审批手续，不再另行办理征地审批，超过征地批准权限的，应当依照本条第一款的规定另行办理征地审批。

第四十七条 国家征收土地的，依照法定程序批准后，由县级以上地方人民政府予以公告并组织实施。

县级以上地方人民政府拟申请征收土地的，应当开展拟征收土地现状调查和社会稳定风险评估，并将征收范围、土地现状、征收目的、补偿标准、安置方式和社会保障等在拟征收土地所在的乡（镇）和村、村民小组范围内公告至少三十日，听取被征地的农村集体经济组织及其成员、村民委员会和其他利害关系人的意见。

多数被征地的农村集体经济组织成员认为征地补偿安置方案不符合法律、法规规定的，县级以上地方人民政府应当组织召开听证会，并根据法律、法规的规定和听证会情况修改方案。

拟征收土地的所有权人、使用权人应当在公告规定期限内，持不动产权属证明材料办理补偿登记。县级以上地方人民政府应当组织有关部门测算并落实有关费用，保证足额到位，与拟征收土地的所有权人、使用权人就补偿、安置等签订协议；个别确实难以达成协议的，应当在申请征收土地时如实说明。

相关前期工作完成后，县级以上地方人民政府方可申请征收土地。

第四十八条　征收土地应当给予公平、合理的补偿，保障被征地农民原有生活水平不降低、长远生计有保障。

征收土地应当依法及时足额支付土地补偿费、安置补助费以及农村村民住宅、其他地上附着物和青苗等的补偿费用，并安排被征地农民的社会保障费用。

征收农用地的土地补偿费、安置补助费标准由省、自治区、直辖市通过制定公布区片综合地价确定。制定区片综合地价应当综合考虑土地原用途、土地资源条件、土地产值、土地区位、土地供求关系、人口以及经济社会发展水平等因素，并至少每三年调整或者重新公布一次。

征收农用地以外的其他土地、地上附着物和青苗等的补偿标准，由省、自治区、直辖市制定。对其中的农村村民住宅，应当按照先补偿后搬迁、居住条件有改善的原则，尊重农村村民意愿，采取重新安排宅基地建房、提供安置房或者货币补偿等方式给予公平、合理的补偿，并对因征收造成的搬迁、临时安置等费用予以补偿，保障农村村民居住的权利和合法的住房财产权益。

县级以上地方人民政府应当将被征地农民纳入相应的养老等社会保障体系。被征地农民的社会保障费用主要用于符合条件的被征地农民的养老保险等社会保险缴费补贴。被征地农民社会保障费用的筹集、管理和使用办法，由省、自治区、直辖市制定。

第四十九条　被征地的农村集体经济组织应当将征收土地的补偿费用的收支状况向本集体经济组织的成员公布，接受监督。

禁止侵占、挪用被征收土地单位的征地补偿费用和其他有关费用。

第五十条 地方各级人民政府应当支持被征地的农村集体经济组织和农民从事开发经营，兴办企业。

第五十一条 大中型水利、水电工程建设征收土地的补偿费标准和移民安置办法，由国务院另行规定。

第五十二条 建设项目可行性研究论证时，自然资源主管部门可以根据土地利用总体规划、土地利用年度计划和建设用地标准，对建设用地有关事项进行审查，并提出意见。

第五十三条 经批准的建设项目需要使用国有建设用地的，建设单位应当持法律、行政法规规定的有关文件，向有批准权的县级以上人民政府自然资源主管部门提出建设用地申请，经自然资源主管部门审查，报本级人民政府批准。

第五十四条 建设单位使用国有土地，应当以出让等有偿使用方式取得；但是，下列建设用地，经县级以上人民政府依法批准，可以以划拨方式取得：

（一）国家机关用地和军事用地；

（二）城市基础设施用地和公益事业用地；

（三）国家重点扶持的能源、交通、水利等基础设施用地；

（四）法律、行政法规规定的其他用地。

第五十五条 以出让等有偿使用方式取得国有土地使用权的建设单位，按照国务院规定的标准和办法，缴纳土地使用权出让金等土地有偿使用费和其他费用后，方可使用土地。

自本法施行之日起，新增建设用地的土地有偿使用费，百分之三十上缴中央财政，百分之七十留给有关地方人民政府。具体使用管理办法由国务院财政部门会同有关部门制定，并报国务院批准。

第五十六条 建设单位使用国有土地的，应当按照土地使用权出让等有偿使用合同的约定或者土地使用权划拨批准文件的规定使用土地；确需改变该幅土地建设用途的，应当经有关人民政府自然资源主管部门同意，报原批准用地的人民政府批准。其中，在城市规划区内改变土地用途的，在报批前，应当先经有关城市规划行政主管部门同意。

第五十七条　建设项目施工和地质勘查需要临时使用国有土地或者农民集体所有的土地的，由县级以上人民政府自然资源主管部门批准。其中，在城市规划区内的临时用地，在报批前，应当先经有关城市规划行政主管部门同意。土地使用者应当根据土地权属，与有关自然资源主管部门或者农村集体经济组织、村民委员会签订临时使用土地合同，并按照合同的约定支付临时使用土地补偿费。

临时使用土地的使用者应当按照临时使用土地合同约定的用途使用土地，并不得修建永久性建筑物。

临时使用土地期限一般不超过二年。

第五十八条　有下列情形之一的，由有关人民政府自然资源主管部门报经原批准用地的人民政府或者有批准权的人民政府批准，可以收回国有土地使用权：

（一）为实施城市规划进行旧城区改建以及其他公共利益需要，确需使用土地的；

（二）土地出让等有偿使用合同约定的使用期限届满，土地使用者未申请续期或者申请续期未获批准的；

（三）因单位撤销、迁移等原因，停止使用原划拨的国有土地的；

（四）公路、铁路、机场、矿场等经核准报废的。

依照前款第（一）项的规定收回国有土地使用权的，对土地使用权人应当给予适当补偿。

第五十九条　乡镇企业、乡（镇）村公共设施、公益事业、农村村民住宅等乡（镇）村建设，应当按照村庄和集镇规划，合理布局，综合开发，配套建设；建设用地，应当符合乡（镇）土地利用总体规划和土地利用年度计划，并依照本法第四十四条、第六十条、第六十一条、第六十二条的规定办理审批手续。

第六十条 农村集体经济组织使用乡（镇）土地利用总体规划确定的建设用地兴办企业或者与其他单位、个人以土地使用权入股、联营等形式共同举办企业的，应当持有关批准文件，向县级以上地方人民政府自然资源主管部门提出申请，按照省、自治区、直辖市规定的批准权限，由县级以上地方人民政府批准；其中，涉及占用农用地的，依照本法第四十四条的规定办理审批手续。

按照前款规定兴办企业的建设用地，必须严格控制。省、自治区、直辖市可以按照乡镇企业的不同行业和经营规模，分别规定用地标准。

第六十一条 乡（镇）村公共设施、公益事业建设，需要使用土地的，经乡（镇）人民政府审核，向县级以上地方人民政府自然资源主管部门提出申请，按照省、自治区、直辖市规定的批准权限，由县级以上地方人民政府批准；其中，涉及占用农用地的，依照本法第四十四条的规定办理审批手续。

第六十二条 农村村民一户只能拥有一处宅基地，其宅基地的面积不得超过省、自治区、直辖市规定的标准。

人均土地少、不能保障一户拥有一处宅基地的地区，县级人民政府在充分尊重农村村民意愿的基础上，可以采取措施，按照省、自治区、直辖市规定的标准保障农村村民实现户有所居。

农村村民建住宅，应当符合乡（镇）土地利用总体规划、村庄规划，不得占用永久基本农田，并尽量使用原有的宅基地和村内空闲地。编制乡（镇）土地利用总体规划、村庄规划应当统筹并合理安排宅基地用地，改善农村村民居住环境和条件。

农村村民住宅用地，由乡（镇）人民政府审核批准；其中，涉及占用农用地的，依照本法第四十四条的规定办理审批手续。

农村村民出卖、出租、赠与住宅后，再申请宅基地的，不予批准。

国家允许进城落户的农村村民依法自愿有偿退出宅基地，鼓励农村集体经济组织及其成员盘活利用闲置宅基地和闲置住宅。

国务院农业农村主管部门负责全国农村宅基地改革和管理有关工作。

第六十三条　土地利用总体规划、城乡规划确定为工业、商业等经营性用途，并经依法登记的集体经营性建设用地，土地所有权人可以通过出让、出租等方式交由单位或者个人使用，并应当签订书面合同，载明土地界址、面积、动工期限、使用期限、土地用途、规划条件和双方其他权利义务。

前款规定的集体经营性建设用地出让、出租等，应当经本集体经济组织成员的村民会议三分之二以上成员或者三分之二以上村民代表的同意。

通过出让等方式取得的集体经营性建设用地使用权可以转让、互换、出资、赠与或者抵押，但法律、行政法规另有规定或者土地所有权人、土地使用权人签订的书面合同另有约定的除外。

集体经营性建设用地的出租，集体建设用地使用权的出让及其最高年限、转让、互换、出资、赠与、抵押等，参照同类用途的国有建设用地执行。具体办法由国务院制定。

第六十四条　集体建设用地的使用者应当严格按照土地利用总体规划、城乡规划确定的用途使用土地。

第六十五条　在土地利用总体规划制定前已建的不符合土地利用总体规划确定的用途的建筑物、构筑物，不得重建、扩建。

第六十六条　有下列情形之一的，农村集体经济组织报经原批准用地的人民政府批准，可以收回土地使用权：

（一）为乡（镇）村公共设施和公益事业建设，需要使用土地的；

（二）不按照批准的用途使用土地的；

（三）因撤销、迁移等原因而停止使用土地的。

依照前款第（一）项规定收回农民集体所有的土地的，对土地使用权人应当给予适当补偿。

收回集体经营性建设用地使用权，依照双方签订的书面合同办理，法律、行政法规另有规定的除外。

第六章 监督检查

第六十七条 县级以上人民政府自然资源主管部门对违反土地管理法律、法规的行为进行监督检查。

县级以上人民政府农业农村主管部门对违反农村宅基地管理法律、法规的行为进行监督检查的，适用本法关于自然资源主管部门监督检查的规定。

土地管理监督检查人员应当熟悉土地管理法律、法规，忠于职守、秉公执法。

第六十八条 县级以上人民政府自然资源主管部门履行监督检查职责时，有权采取下列措施：

（一）要求被检查的单位或者个人提供有关土地权利的文件和资料，进行查阅或者予以复制；

（二）要求被检查的单位或者个人就有关土地权利的问题作出说明；

（三）进入被检查单位或者个人非法占用的土地现场进行勘测；

（四）责令非法占用土地的单位或者个人停止违反土地管理法律、法规的行为。

第六十九条 土地管理监督检查人员履行职责，需要进入现场进行勘测、要求有关单位或者个人提供文件、资料和作出说明的，应当出示土地管理监督检查证件。

第七十条 有关单位和个人对县级以上人民政府自然资源主管部门就土地违法行为进行的监督检查应当支持与配合，并提供工作方便，不得拒绝与阻碍土地管理监督检查人员依法执行职务。

第七十一条 县级以上人民政府自然资源主管部门在监督检查工作中发现国家工作人员的违法行为，依法应当给予处分的，应当依法予以处理；自己无权处理的，应当依法移送监察机关或者有关机关处理。

第七十二条 县级以上人民政府自然资源主管部门在监督检查工作中发现土地违法行为构成犯罪的，应当将案件移送有关机关，依法追究刑事责任；尚不构成犯罪的，应当依法给予行政处罚。

第七十三条 依照本法规定应当给予行政处罚，而有关自然资源主管部门不给予行政处罚的，上级人民政府自然资源主管部门有权责令有关自然资源主管部门作出行政处罚决定或者直接给予行政处罚，并给予有关自然资源主管部门的负责人处分。

第七章　法 律 责 任

第七十四条 买卖或者以其他形式非法转让土地的，由县级以上人民政府自然资源主管部门没收违法所得；对违反土地利用总体规划擅自将农用地改为建设用地的，限期拆除在非法转让的土地上新建的建筑物和其他设施，恢复土地原状，对符合土地利用总体规划的，没收在非法转让的土地上新建的建筑物和其他设施；可以并处罚款；对直接负责的主管人员和其他直接责任人员，依法给予处分；构成犯罪的，依法追究刑事责任。

第七十五条 违反本法规定，占用耕地建窑、建坟或者擅自在耕地上建房、挖砂、采石、采矿、取土等，破坏种植条件的，或者因开发土地造成土地荒漠化、盐渍化的，由县级以上人民政府自然资源主管部门、农业农村主管部门等按照职责责令限期改正或者治理，可以并处罚款；构成犯罪的，依法追究刑事责任。

第七十六条 违反本法规定，拒不履行土地复垦义务的，由县级以上人民政府自然资源主管部门责令限期改正；逾期不改正的，责令缴纳复垦费，专项用于土地复垦，可以处以罚款。

第七十七条 未经批准或者采取欺骗手段骗取批准，非法占用土地的，由县级以上人民政府自然资源主管部门责令退还非法占用的土地，对违反土地利用总体规划擅自将农用地改为建设用地的，限期拆除在非法占用的土地上新建的建筑物和其他设施，恢复土地原状，对符合土地利用总体规划的，没收在非法占用的土地上新建的建筑物和其他设施，可以并处罚款；对非法占用土地单位的直接负责的主管人员和其他直接责任人员，依法给予处分；构成犯罪的，依法追究刑事责任。

超过批准的数量占用土地，多占的土地以非法占用土地论处。

第七十八条 农村村民未经批准或者采取欺骗手段骗取批准，非法占用土地建住宅的，由县级以上人民政府农业农村主管部门责令退还非法占用的土地，限期拆除在非法占用的土地上新建的房屋。

超过省、自治区、直辖市规定的标准，多占的土地以非法占用土地论处。

第七十九条 无权批准征收、使用土地的单位或者个人非法批准占用土地的，超越批准权限非法批准占用土地的，不按照土地利用总体规划确定的用途批准用地的，或者违反法律规定的程序批准占用、征收土地的，其批准文件无效，对非法批准征收、使用土地的直接负责的主管人员和其他直接责任人员，依法给予处分；构成犯罪的，依法追究刑事责任。非法批准、使用的土地应当收回，有关当事人拒不归还的，以非法占用土地论处。

非法批准征收、使用土地，对当事人造成损失的，依法应当承担赔偿责任。

第八十条 侵占、挪用被征收土地单位的征地补偿费用和其他有关费用，构成犯罪的，依法追究刑事责任；尚不构成犯罪的，依法给予处分。

第八十一条 依法收回国有土地使用权当事人拒不交出土地的，临时使用土地期满拒不归还的，或者不按照批准的用途使用国有土地的，由县级以上人民政府自然资源主管部门责令交还土地，处以罚款。

第八十二条　擅自将农民集体所有的土地通过出让、转让使用权或者出租等方式用于非农业建设，或者违反本法规定，将集体经营性建设用地通过出让、出租等方式交由单位或者个人使用的，由县级以上人民政府自然资源主管部门责令限期改正，没收违法所得，并处罚款。

第八十三条　依照本法规定，责令限期拆除在非法占用的土地上新建的建筑物和其他设施的，建设单位或者个人必须立即停止施工，自行拆除；对继续施工的，作出处罚决定的机关有权制止。建设单位或者个人对责令限期拆除的行政处罚决定不服的，可以在接到责令限期拆除决定之日起十五日内，向人民法院起诉；期满不起诉又不自行拆除的，由作出处罚决定的机关依法申请人民法院强制执行，费用由违法者承担。

第八十四条　自然资源主管部门、农业农村主管部门的工作人员玩忽职守、滥用职权、徇私舞弊，构成犯罪的，依法追究刑事责任；尚不构成犯罪的，依法给予处分。

第八章　附　　则

第八十五条　外商投资企业使用土地的，适用本法；法律另有规定的，从其规定。

第八十六条　在根据本法第十八条的规定编制国土空间规划前，经依法批准的土地利用总体规划和城乡规划继续执行。

第八十七条　本法自 1999 年 1 月 1 日起施行。

二、中华人民共和国土地管理法实施条例（2021 修订）

中华人民共和国土地管理法实施条例

（1998 年 12 月 27 日中华人民共和国国务院令第 256 号发布 根据 2011 年 1 月 8 日《国务院关于废止和修改部分行政法规的决定》第一次修订 根据 2014 年 7 月 29 日《国务院关于修改部分行政法规的决定》第二次修订 2021 年 7 月 2 日中华人民共和国国务院令第 743 号第三次修订）

第一章　总　　则

第一条　根据《中华人民共和国土地管理法》（以下简称《土地管理法》），制定本条例。

第二章　国土空间规划

第二条　国家建立国土空间规划体系。

土地开发、保护、建设活动应当坚持规划先行。经依法批准的国土空间规划是各类开发、保护、建设活动的基本依据。

已经编制国土空间规划的，不再编制土地利用总体规划和城乡规划。在编制国土空间规划前，经依法批准的土地利用总体规划和城乡规划继续执行。

第三条　国土空间规划应当细化落实国家发展规划提出的国土空间开发保护要求，统筹布局农业、生态、城镇等功能空间，划定落实永久基本农田、生态保护红线和城镇开发边界。

国土空间规划应当包括国土空间开发保护格局和规划用地布局、结构、用途管制要求等内容，明确耕地保有量、建设用地规模、禁止开垦的范围等要求，统筹基础设施和公共设施用地布局，综合利用地上地下空间，合理确定并严格控制新增建设用地规模，提高土地节约集约利用水平，保障土地的可持续利用。

第四条　土地调查应当包括下列内容：

（一）土地权属以及变化情况；

（二）土地利用现状以及变化情况；

（三）土地条件。

全国土地调查成果，报国务院批准后向社会公布。地方土地调查成果，经本级人民政府审核，报上一级人民政府批准后向社会公布。全国土地调查成果公布后，县级以上地方人民政府方可自上而下逐级依次公布本行政区域的土地调查成果。

土地调查成果是编制国土空间规划以及自然资源管理、保护和利用的重要依据。

土地调查技术规程由国务院自然资源主管部门会同有关部门制定。

第五条　国务院自然资源主管部门会同有关部门制定土地等级评定标准。

县级以上人民政府自然资源主管部门应当会同有关部门根据土地等级评定标准，对土地等级进行评定。地方土地等级评定结果经本级人民政府审核，报上一级人民政府自然资源主管部门批准后向社会公布。

根据国民经济和社会发展状况，土地等级每五年重新评定一次。

第六条　县级以上人民政府自然资源主管部门应当加强信息化建设，建立统一的国土空间基础信息平台，实行土地管理全流程信息化管理，对土地利用状况进行动态监测，与发展改革、住房和城乡建设等有关部门建立土地管理信息共享机制，依法公开土地管理信息。

第七条　县级以上人民政府自然资源主管部门应当加强地籍管理，建立健全地籍数据库。

第三章 耕地保护

第八条 国家实行占用耕地补偿制度。在国土空间规划确定的城市和村庄、集镇建设用地范围内经依法批准占用耕地，以及在国土空间规划确定的城市和村庄、集镇建设用地范围外的能源、交通、水利、矿山、军事设施等建设项目经依法批准占用耕地的，分别由县级人民政府、农村集体经济组织和建设单位负责开垦与所占用耕地的数量和质量相当的耕地；没有条件开垦或者开垦的耕地不符合要求的，应当按照省、自治区、直辖市的规定缴纳耕地开垦费，专款用于开垦新的耕地。

省、自治区、直辖市人民政府应当组织自然资源主管部门、农业农村主管部门对开垦的耕地进行验收，确保开垦的耕地落实到地块。划入永久基本农田的还应当纳入国家永久基本农田数据库严格管理。占用耕地补充情况应当按照国家有关规定向社会公布。

个别省、直辖市需要易地开垦耕地的，依照《土地管理法》第三十二条的规定执行。

第九条 禁止任何单位和个人在国土空间规划确定的禁止开垦的范围内从事土地开发活动。

按照国土空间规划，开发未确定土地使用权的国有荒山、荒地、荒滩从事种植业、林业、畜牧业、渔业生产的，应当向土地所在地的县级以上地方人民政府自然资源主管部门提出申请，按照省、自治区、直辖市规定的权限，由县级以上地方人民政府批准。

第十条 县级人民政府应当按照国土空间规划关于统筹布局农业、生态、城镇等功能空间的要求，制定土地整理方案，促进耕地保护和土地节约集约利用。

县、乡（镇）人民政府应当组织农村集体经济组织，实施土地整理方案，对闲散地和废弃地有计划地整治、改造。土地整理新增耕地，可以用作建设所占用耕地的补充。

鼓励社会主体依法参与土地整理。

第十一条　县级以上地方人民政府应当采取措施，预防和治理耕地土壤流失、污染，有计划地改造中低产田，建设高标准农田，提高耕地质量，保护黑土地等优质耕地，并依法对建设所占用耕地耕作层的土壤利用作出合理安排。

非农业建设依法占用永久基本农田的，建设单位应当按照省、自治区、直辖市的规定，将所占用耕地耕作层的土壤用于新开垦耕地、劣质地或者其他耕地的土壤改良。

县级以上地方人民政府应当加强对农业结构调整的引导和管理，防止破坏耕地耕作层；设施农业用地不再使用的，应当及时组织恢复种植条件。

第十二条　国家对耕地实行特殊保护，严守耕地保护红线，严格控制耕地转为林地、草地、园地等其他农用地，并建立耕地保护补偿制度，具体办法和耕地保护补偿实施步骤由国务院自然资源主管部门会同有关部门规定。

非农业建设必须节约使用土地，可以利用荒地的，不得占用耕地；可以利用劣地的，不得占用好地。禁止占用耕地建窑、建坟或者擅自在耕地上建房、挖砂、采石、采矿、取土等。禁止占用永久基本农田发展林果业和挖塘养鱼。

耕地应当优先用于粮食和棉、油、糖、蔬菜等农产品生产。按照国家有关规定需要将耕地转为林地、草地、园地等其他农用地的，应当优先使用难以长期稳定利用的耕地。

第十三条　省、自治区、直辖市人民政府对本行政区域耕地保护负总责，其主要负责人是本行政区域耕地保护的第一责任人。

省、自治区、直辖市人民政府应当将国务院确定的耕地保有量和永久基本农田保护任务分解下达，落实到具体地块。

国务院对省、自治区、直辖市人民政府耕地保护责任目标落实情况进行考核。

第四章 建设用地

第一节 一般规定

第十四条 建设项目需要使用土地的，应当符合国土空间规划、土地利用年度计划和用途管制以及节约资源、保护生态环境的要求，并严格执行建设用地标准，优先使用存量建设用地，提高建设用地使用效率。

从事土地开发利用活动，应当采取有效措施，防止、减少土壤污染，并确保建设用地符合土壤环境质量要求。

第十五条 各级人民政府应当依据国民经济和社会发展规划及年度计划、国土空间规划、国家产业政策以及城乡建设、土地利用的实际状况等，加强土地利用计划管理，实行建设用地总量控制，推动城乡存量建设用地开发利用，引导城镇低效用地再开发，落实建设用地标准控制制度，开展节约集约用地评价，推广应用节地技术和节地模式。

第十六条 县级以上地方人民政府自然资源主管部门应当将本级人民政府确定的年度建设用地供应总量、结构、时序、地块、用途等在政府网站上向社会公布，供社会公众查阅。

第十七条 建设单位使用国有土地，应当以有偿使用方式取得；但是，法律、行政法规规定可以以划拨方式取得的除外。

国有土地有偿使用的方式包括：

（一）国有土地使用权出让；

（二）国有土地租赁；

（三）国有土地使用权作价出资或者入股。

第十八条 国有土地使用权出让、国有土地租赁等应当依照国家有关规定通过公开的交易平台进行交易，并纳入统一的公共资源交易平台体系。除依法可以采取协议方式外，应当采取招标、拍卖、挂牌等竞争性方式确定土地使用者。

第十九条　《土地管理法》第五十五条规定的新增建设用地的土地有偿使用费，是指国家在新增建设用地中应取得的平均土地纯收益。

第二十条　建设项目施工、地质勘查需要临时使用土地的，应当尽量不占或者少占耕地。

临时用地由县级以上人民政府自然资源主管部门批准，期限一般不超过二年；建设周期较长的能源、交通、水利等基础设施建设使用的临时用地，期限不超过四年；法律、行政法规另有规定的除外。

土地使用者应当自临时用地期满之日起一年内完成土地复垦，使其达到可供利用状态，其中占用耕地的应当恢复种植条件。

第二十一条　抢险救灾、疫情防控等急需使用土地的，可以先行使用土地。其中，属于临时用地的，用后应当恢复原状并交还原土地使用者使用，不再办理用地审批手续；属于永久性建设用地的，建设单位应当在不晚于应急处置工作结束六个月内申请补办建设用地审批手续。

第二十二条　具有重要生态功能的未利用地应当依法划入生态保护红线，实施严格保护。

建设项目占用国土空间规划确定的未利用地的，按照省、自治区、直辖市的规定办理。

第二节　农用地转用

第二十三条　在国土空间规划确定的城市和村庄、集镇建设用地范围内，为实施该规划而将农用地转为建设用地的，由市、县人民政府组织自然资源等部门拟订农用地转用方案，分批次报有批准权的人民政府批准。

农用地转用方案应当重点对建设项目安排、是否符合国土空间规划和土地利用年度计划以及补充耕地情况作出说明。

农用地转用方案经批准后，由市、县人民政府组织实施。

第二十四条 建设项目确需占用国土空间规划确定的城市和村庄、集镇建设用地范围外的农用地，涉及占用永久基本农田的，由国务院批准；不涉及占用永久基本农田的，由国务院或者国务院授权的省、自治区、直辖市人民政府批准。具体按照下列规定办理：

（一）建设项目批准、核准前或者备案前后，由自然资源主管部门对建设项目用地事项进行审查，提出建设项目用地预审意见。建设项目需要申请核发选址意见书的，应当合并办理建设项目用地预审与选址意见书，核发建设项目用地预审与选址意见书。

（二）建设单位持建设项目的批准、核准或者备案文件，向市、县人民政府提出建设用地申请。市、县人民政府组织自然资源等部门拟订农用地转用方案，报有批准权的人民政府批准；依法应当由国务院批准的，由省、自治区、直辖市人民政府审核后上报。农用地转用方案应当重点对是否符合国土空间规划和土地利用年度计划以及补充耕地情况作出说明，涉及占用永久基本农田的，还应当对占用永久基本农田的必要性、合理性和补划可行性作出说明。

（三）农用地转用方案经批准后，由市、县人民政府组织实施。

第二十五条 建设项目需要使用土地的，建设单位原则上应当一次申请，办理建设用地审批手续，确需分期建设的项目，可以根据可行性研究报告确定的方案，分期申请建设用地，分期办理建设用地审批手续。建设过程中用地范围确需调整的，应当依法办理建设用地审批手续。

农用地转用涉及征收土地的，还应当依法办理征收土地手续。

第三节 土地征收

第二十六条 需要征收土地，县级以上地方人民政府认为符合《土地管理法》第四十五条规定的，应当发布征收土地预公告，并开展拟征收土地现状调查和社会稳定风险评估。

征收土地预公告应当包括征收范围、征收目的、开展土地现状调查的安排等内容。征收土地预公告应当采用有利于社会公众知晓的方式，在拟征收土地所在的乡（镇）和村、村民小组范围内发布，预公告时间不少于十个工作日。自征收土地预公告发布之日起，任何单位和个人不得在拟征收范围内抢栽抢建；违反规定抢栽抢建的，对抢栽抢建部分不予补偿。

土地现状调查应当查明土地的位置、权属、地类、面积，以及农村村民住宅、其他地上附着物和青苗等的权属、种类、数量等情况。

社会稳定风险评估应当对征收土地的社会稳定风险状况进行综合研判，确定风险点，提出风险防范措施和处置预案。社会稳定风险评估应当有被征地的农村集体经济组织及其成员、村民委员会和其他利害关系人参加，评估结果是申请征收土地的重要依据。

第二十七条　县级以上地方人民政府应当依据社会稳定风险评估结果，结合土地现状调查情况，组织自然资源、财政、农业农村、人力资源和社会保障等有关部门拟定征地补偿安置方案。

征地补偿安置方案应当包括征收范围、土地现状、征收目的、补偿方式和标准、安置对象、安置方式、社会保障等内容。

第二十八条　征地补偿安置方案拟定后，县级以上地方人民政府应当在拟征收土地所在的乡（镇）和村、村民小组范围内公告，公告时间不少于三十日。

征地补偿安置公告应当同时载明办理补偿登记的方式和期限、异议反馈渠道等内容。

多数被征地的农村集体经济组织成员认为拟定的征地补偿安置方案不符合法律、法规规定的，县级以上地方人民政府应当组织听证。

第二十九条　县级以上地方人民政府根据法律、法规规定和听证会等情况确定征地补偿安置方案后，应当组织有关部门与拟征收土地的所有权人、使用权人签订征地补偿安置协议。征地补偿安置协议示范文本由省、自治区、直辖市人民政府制定。

对个别确实难以达成征地补偿安置协议的，县级以上地方人民政府应当在申请征收土地时如实说明。

第三十条 县级以上地方人民政府完成本条例规定的征地前期工作后，方可提出征收土地申请，依照《土地管理法》第四十六条的规定报有批准权的人民政府批准。

有批准权的人民政府应当对征收土地的必要性、合理性、是否符合《土地管理法》第四十五条规定的为了公共利益确需征收土地的情形以及是否符合法定程序进行审查。

第三十一条 征收土地申请经依法批准后，县级以上地方人民政府应当自收到批准文件之日起十五个工作日内在拟征收土地所在的乡（镇）和村、村民小组范围内发布征收土地公告，公布征收范围、征收时间等具体工作安排，对个别未达成征地补偿安置协议的应当作出征地补偿安置决定，并依法组织实施。

第三十二条 省、自治区、直辖市应当制定公布区片综合地价，确定征收农用地的土地补偿费、安置补助费标准，并制定土地补偿费、安置补助费分配办法。

地上附着物和青苗等的补偿费用，归其所有权人所有。

社会保障费用主要用于符合条件的被征地农民的养老保险等社会保险缴费补贴，按照省、自治区、直辖市的规定单独列支。

申请征收土地的县级以上地方人民政府应当及时落实土地补偿费、安置补助费、农村村民住宅以及其他地上附着物和青苗等的补偿费用、社会保障费用等，并保证足额到位，专款专用。有关费用未足额到位的，不得批准征收土地。

第四节 宅基地管理

第三十三条 农村居民点布局和建设用地规模应当遵循节约集约、因地制宜的原则合理规划。县级以上地方人民政府应当按照国家规定安排建设用地指标，合理保障本行政区域农村村民宅基地需求。

乡（镇）、县、市国土空间规划和村庄规划应当统筹考虑农村村民生产、生活需求，突出节约集约用地导向，科学划定宅基地范围。

第三十四条 农村村民申请宅基地的，应当以户为单位向农村集体经济组织提出申请；没有设立农村集体经济组织的，应当向所在的村民小组或者村民委员会提出申请。宅基地申请依法经农村村民集体讨论通过并在本集体范围内公示后，报乡（镇）人民政府审核批准。

涉及占用农用地的，应当依法办理农用地转用审批手续。

第三十五条 国家允许进城落户的农村村民依法自愿有偿退出宅基地。乡（镇）人民政府和农村集体经济组织、村民委员会等应当将退出的宅基地优先用于保障该农村集体经济组织成员的宅基地需求。

第三十六条 依法取得的宅基地和宅基地上的农村村民住宅及其附属设施受法律保护。

禁止违背农村村民意愿强制流转宅基地，禁止违法收回农村村民依法取得的宅基地，禁止以退出宅基地作为农村村民进城落户的条件，禁止强迫农村村民搬迁退出宅基地。

第五节 集体经营性建设用地管理

第三十七条 国土空间规划应当统筹并合理安排集体经营性建设用地布局和用途，依法控制集体经营性建设用地规模，促进集体经营性建设用地的节约集约利用。

鼓励乡村重点产业和项目使用集体经营性建设用地。

第三十八条 国土空间规划确定为工业、商业等经营性用途，且已依法办理土地所有权登记的集体经营性建设用地，土地所有权人可以通过出让、出租等方式交由单位或者个人在一定年限内有偿使用。

第三十九条 土地所有权人拟出让、出租集体经营性建设用地的，市、县人民政府自然资源主管部门应当依据国土空间规划提出拟出让、出租的集体经营性建设用地的规划条件，明确土地界址、面积、用途和开发建设强度等。

市、县人民政府自然资源主管部门应当会同有关部门提出产业准入和生态环境保护要求。

第四十条 土地所有权人应当依据规划条件、产业准入和生态环境保护要求等，编制集体经营性建设用地出让、出租等方案，并依照《土地管理法》第六十三条的规定，由本集体经济组织形成书面意见，在出让、出租前不少于十个工作日报市、县人民政府。市、县人民政府认为该方案不符合规划条件或者产业准入和生态环境保护要求等的，应当在收到方案后五个工作日内提出修改意见。土地所有权人应当按照市、县人民政府的意见进行修改。

集体经营性建设用地出让、出租等方案应当载明宗地的土地界址、面积、用途、规划条件、产业准入和生态环境保护要求、使用期限、交易方式、入市价格、集体收益分配安排等内容。

第四十一条 土地所有权人应当依据集体经营性建设用地出让、出租等方案，以招标、拍卖、挂牌或者协议等方式确定土地使用者，双方应当签订书面合同，载明土地界址、面积、用途、规划条件、使用期限、交易价款支付、交地时间和开工竣工期限、产业准入和生态环境保护要求，约定提前收回的条件、补偿方式、土地使用权届满续期和地上建筑物、构筑物等附着物处理方式，以及违约责任和解决争议的方法等，并报市、县人民政府自然资源主管部门备案。未依法将规划条件、产业准入和生态环境保护要求纳入合同的，合同无效；造成损失的，依法承担民事责任。合同示范文本由国务院自然资源主管部门制定。

第四十二条 集体经营性建设用地使用者应当按照约定及时支付集体经营性建设用地价款，并依法缴纳相关税费，对集体经营性建设用地使用权以及依法利用集体经营性建设用地建造的建筑物、构筑物及其附属设施的所有权，依法申请办理不动产登记。

第四十三条 通过出让等方式取得的集体经营性建设用地使用权依法转让、互换、出资、赠与或者抵押的，双方应当签订书面合同，并书面通知土地所有权人。

集体经营性建设用地的出租，集体建设用地使用权的出让及其最高年限、转让、互换、出资、赠与、抵押等，参照同类用途的国有建设用地执行，法律、行政法规另有规定的除外。

第五章 监督检查

第四十四条 国家自然资源督察机构根据授权对省、自治区、直辖市人民政府以及国务院确定的城市人民政府下列土地利用和土地管理情况进行督察：

（一）耕地保护情况；

（二）土地节约集约利用情况；

（三）国土空间规划编制和实施情况；

（四）国家有关土地管理重大决策落实情况；

（五）土地管理法律、行政法规执行情况；

（六）其他土地利用和土地管理情况。

第四十五条 国家自然资源督察机构进行督察时，有权向有关单位和个人了解督察事项有关情况，有关单位和个人应当支持、协助督察机构工作，如实反映情况，并提供有关材料。

第四十六条 被督察的地方人民政府违反土地管理法律、行政法规，或者落实国家有关土地管理重大决策不力的，国家自然资源督察机构可以向被督察的地方人民政府下达督察意见书，地方人民政府应当认真组织整改，并及时报告整改情况；国家自然资源督察机构可以约谈被督察的地方人民政府有关负责人，并可以依法向监察机关、任免机关等有关机关提出追究相关责任人责任的建议。

第四十七条 土地管理监督检查人员应当经过培训，经考核合格，取得行政执法证件后，方可从事土地管理监督检查工作。

第四十八条 自然资源主管部门、农业农村主管部门按照职责分工进行监督检查时，可以采取下列措施：

（一）询问违法案件涉及的单位或者个人；

（二）进入被检查单位或者个人涉嫌土地违法的现场进行拍照、摄像；

（三）责令当事人停止正在进行的土地违法行为；

（四）对涉嫌土地违法的单位或者个人，在调查期间暂停办理与该违法案件相关的土地审批、登记等手续；

（五）对可能被转移、销毁、隐匿或者篡改的文件、资料予以封存，责令涉嫌土地违法的单位或者个人在调查期间不得变卖、转移与案件有关的财物；

（六）《土地管理法》第六十八条规定的其他监督检查措施。

第四十九条 依照《土地管理法》第七十三条的规定给予处分的，应当按照管理权限由责令作出行政处罚决定或者直接给予行政处罚的上级人民政府自然资源主管部门或者其他任免机关、单位作出。

第五十条 县级以上人民政府自然资源主管部门应当会同有关部门建立信用监管、动态巡查等机制，加强对建设用地供应交易和供后开发利用的监管，对建设用地市场重大失信行为依法实施惩戒，并依法公开相关信息。

第六章　法律责任

第五十一条　违反《土地管理法》第三十七条的规定，非法占用永久基本农田发展林果业或者挖塘养鱼的，由县级以上人民政府自然资源主管部门责令限期改正；逾期不改正的，按占用面积处耕地开垦费 2 倍以上 5 倍以下的罚款；破坏种植条件的，依照《土地管理法》第七十五条的规定处罚。

第五十二条　违反《土地管理法》第五十七条的规定，在临时使用的土地上修建永久性建筑物的，由县级以上人民政府自然资源主管部门责令限期拆除，按占用面积处土地复垦费 5 倍以上 10 倍以下的罚款；逾期不拆除的，由作出行政决定的机关依法申请人民法院强制执行。

第五十三条　违反《土地管理法》第六十五条的规定，对建筑物、构筑物进行重建、扩建的，由县级以上人民政府自然资源主管部门责令限期拆除；逾期不拆除的，由作出行政决定的机关依法申请人民法院强制执行。

第五十四条　依照《土地管理法》第七十四条的规定处以罚款的，罚款额为违法所得的 10%以上 50%以下。

第五十五条　依照《土地管理法》第七十五条的规定处以罚款的，罚款额为耕地开垦费的 5 倍以上 10 倍以下；破坏黑土地等优质耕地的，从重处罚。

第五十六条　依照《土地管理法》第七十六条的规定处以罚款的，罚款额为土地复垦费的 2 倍以上 5 倍以下。

违反本条例规定，临时用地期满之日起一年内未完成复垦或者未恢复种植条件的，由县级以上人民政府自然资源主管部门责令限期改正，依照《土地管理法》第七十六条的规定处罚，并由县级以上人民政府自然资源主管部门会同农业农村主管部门代为完成复垦或者恢复种植条件。

第五十七条 依照《土地管理法》第七十七条的规定处以罚款的，罚款额为非法占用土地每平方米100元以上1000元以下。

违反本条例规定，在国土空间规划确定的禁止开垦的范围内从事土地开发活动的，由县级以上人民政府自然资源主管部门责令限期改正，并依照《土地管理法》第七十七条的规定处罚。

第五十八条 依照《土地管理法》第七十四条、第七十七条的规定，县级以上人民政府自然资源主管部门没收在非法转让或者非法占用的土地上新建的建筑物和其他设施的，应当于九十日内交由本级人民政府或者其指定的部门依法管理和处置。

第五十九条 依照《土地管理法》第八十一条的规定处以罚款的，罚款额为非法占用土地每平方米100元以上500元以下。

第六十条 依照《土地管理法》第八十二条的规定处以罚款的，罚款额为违法所得的10%以上30%以下。

第六十一条 阻碍自然资源主管部门、农业农村主管部门的工作人员依法执行职务，构成违反治安管理行为的，依法给予治安管理处罚。

第六十二条 违反土地管理法律、法规规定，阻挠国家建设征收土地的，由县级以上地方人民政府责令交出土地；拒不交出土地的，依法申请人民法院强制执行。

第六十三条 违反本条例规定，侵犯农村村民依法取得的宅基地权益的，责令限期改正，对有关责任单位通报批评、给予警告；造成损失的，依法承担赔偿责任；对直接负责的主管人员和其他直接责任人员，依法给予处分。

第六十四条 贪污、侵占、挪用、私分、截留、拖欠征地补偿安置费用和其他有关费用的，责令改正，追回有关款项，限期退还违法所得，对有关责任单位通报批评、给予警告；造成损失的，依法承担赔偿责任；对直接负责的主管人员和其他直接责任人员，依法给予处分。

第六十五条　各级人民政府及自然资源主管部门、农业农村主管部门工作人员玩忽职守、滥用职权、徇私舞弊的，依法给予处分。

第六十六条　违反本条例规定，构成犯罪的，依法追究刑事责任。

第七章　附　　则

第六十七条　本条例自2021年9月1日起施行。

三、国有土地上房屋征收与补偿条例①

国有土地上房屋征收与补偿条例

（2011年1月19日国务院第141次常务会议通过　2011年1月21日中华人民共和国国务院令第590号公布　自公布之日起施行）

第一章　总　　则

第一条　为了规范国有土地上房屋征收与补偿活动，维护公共利益，保障被征收房屋所有权人的合法权益，制定本条例。

第二条　为了公共利益的需要，征收国有土地上单位、个人的房屋，应当对被征收房屋所有权人（以下称被征收人）给予公平补偿。

第三条　房屋征收与补偿应当遵循决策民主、程序正当、结果公开的原则。

第四条　市、县级人民政府负责本行政区域的房屋征收与补偿工作。

市、县级人民政府确定的房屋征收部门（以下称房屋征收部门）组织实施本行政区域的房屋征收与补偿工作。

---

① 来源于中国政府网：http：//www.gov.cn/zhengce/2020-12/27/content_ 5573775.htm，最后访问时间2022年8月15日。

市、县级人民政府有关部门应当依照本条例的规定和本级人民政府规定的职责分工，互相配合，保障房屋征收与补偿工作的顺利进行。

第五条 房屋征收部门可以委托房屋征收实施单位，承担房屋征收与补偿的具体工作。房屋征收实施单位不得以营利为目的。

房屋征收部门对房屋征收实施单位在委托范围内实施的房屋征收与补偿行为负责监督，并对其行为后果承担法律责任。

第六条 上级人民政府应当加强对下级人民政府房屋征收与补偿工作的监督。

国务院住房城乡建设主管部门和省、自治区、直辖市人民政府住房城乡建设主管部门应当会同同级财政、国土资源、发展改革等有关部门，加强对房屋征收与补偿实施工作的指导。

第七条 任何组织和个人对违反本条例规定的行为，都有权向有关人民政府、房屋征收部门和其他有关部门举报。接到举报的有关人民政府、房屋征收部门和其他有关部门对举报应当及时核实、处理。

监察机关应当加强对参与房屋征收与补偿工作的政府和有关部门或者单位及其工作人员的监察。

第二章 征 收 决 定

第八条 为了保障国家安全、促进国民经济和社会发展等公共利益的需要，有下列情形之一，确需征收房屋的，由市、县级人民政府作出房屋征收决定：

（一）国防和外交的需要；

（二）由政府组织实施的能源、交通、水利等基础设施建设的需要；

（三）由政府组织实施的科技、教育、文化、卫生、体育、环境和资源保护、防灾减灾、文物保护、社会福利、市政公用等公共事业的需要；

（四）由政府组织实施的保障性安居工程建设的需要；

（五）由政府依照城乡规划法有关规定组织实施的对危房集中、基础设施落后等地段进行旧城区改建的需要；

（六）法律、行政法规规定的其他公共利益的需要。

第九条　依照本条例第八条规定，确需征收房屋的各项建设活动，应当符合国民经济和社会发展规划、土地利用总体规划、城乡规划和专项规划。保障性安居工程建设、旧城区改建，应当纳入市、县级国民经济和社会发展年度计划。

制定国民经济和社会发展规划、土地利用总体规划、城乡规划和专项规划，应当广泛征求社会公众意见，经过科学论证。

第十条　房屋征收部门拟定征收补偿方案，报市、县级人民政府。

市、县级人民政府应当组织有关部门对征收补偿方案进行论证并予以公布，征求公众意见。征求意见期限不得少于30日。

第十一条　市、县级人民政府应当将征求意见情况和根据公众意见修改的情况及时公布。

因旧城区改建需要征收房屋，多数被征收人认为征收补偿方案不符合本条例规定的，市、县级人民政府应当组织由被征收人和公众代表参加的听证会，并根据听证会情况修改方案。

第十二条　市、县级人民政府作出房屋征收决定前，应当按照有关规定进行社会稳定风险评估；房屋征收决定涉及被征收人数量较多的，应当经政府常务会议讨论决定。

作出房屋征收决定前，征收补偿费用应当足额到位、专户存储、专款专用。

第十三条　市、县级人民政府作出房屋征收决定后应当及时公告。公告应当载明征收补偿方案和行政复议、行政诉讼权利等事项。

市、县级人民政府及房屋征收部门应当做好房屋征收与补偿的宣传、解释工作。

房屋被依法征收的，国有土地使用权同时收回。

第十四条 被征收人对市、县级人民政府作出的房屋征收决定不服的，可以依法申请行政复议，也可以依法提起行政诉讼。

第十五条 房屋征收部门应当对房屋征收范围内房屋的权属、区位、用途、建筑面积等情况组织调查登记，被征收人应当予以配合。调查结果应当在房屋征收范围内向被征收人公布。

第十六条 房屋征收范围确定后，不得在房屋征收范围内实施新建、扩建、改建房屋和改变房屋用途等不当增加补偿费用的行为；违反规定实施的，不予补偿。

房屋征收部门应当将前款所列事项书面通知有关部门暂停办理相关手续。暂停办理相关手续的书面通知应当载明暂停期限。暂停期限最长不得超过1年。

第三章 补 偿

第十七条 作出房屋征收决定的市、县级人民政府对被征收人给予的补偿包括：

（一）被征收房屋价值的补偿；

（二）因征收房屋造成的搬迁、临时安置的补偿；

（三）因征收房屋造成的停产停业损失的补偿。

市、县级人民政府应当制定补助和奖励办法，对被征收人给予补助和奖励。

第十八条 征收个人住宅，被征收人符合住房保障条件的，作出房屋征收决定的市、县级人民政府应当优先给予住房保障。具体办法由省、自治区、直辖市制定。

第十九条 对被征收房屋价值的补偿，不得低于房屋征收决定公告之日被征收房屋类似房地产的市场价格。被征收房屋的价值，由具有相应资质的房地产价格评估机构按照房屋征收评估办法评估确定。

对评估确定的被征收房屋价值有异议的，可以向房地产价格评估机构申请复核评估。对复核结果有异议的，可以向房地产价格评估专家委员会申请鉴定。

房屋征收评估办法由国务院住房城乡建设主管部门制定，制定过程中，应当向社会公开征求意见。

第二十条　房地产价格评估机构由被征收人协商选定；协商不成的，通过多数决定、随机选定等方式确定，具体办法由省、自治区、直辖市制定。

房地产价格评估机构应当独立、客观、公正地开展房屋征收评估工作，任何单位和个人不得干预。

第二十一条　被征收人可以选择货币补偿，也可以选择房屋产权调换。

被征收人选择房屋产权调换的，市、县级人民政府应当提供用于产权调换的房屋，并与被征收人计算、结清被征收房屋价值与用于产权调换房屋价值的差价。

因旧城区改建征收个人住宅，被征收人选择在改建地段进行房屋产权调换的，作出房屋征收决定的市、县级人民政府应当提供改建地段或者就近地段的房屋。

第二十二条　因征收房屋造成搬迁的，房屋征收部门应当向被征收人支付搬迁费；选择房屋产权调换的，产权调换房屋交付前，房屋征收部门应当向被征收人支付临时安置费或者提供周转用房。

第二十三条　对因征收房屋造成停产停业损失的补偿，根据房屋被征收前的效益、停产停业期限等因素确定。具体办法由省、自治区、直辖市制定。

第二十四条　市、县级人民政府及其有关部门应当依法加强对建设活动的监督管理，对违反城乡规划进行建设的，依法予以处理。

市、县级人民政府作出房屋征收决定前，应当组织有关部门依法对征收范围内未经登记的建筑进行调查、认定和处理。对认定为合法建筑和未超过批准期限的临时建筑的，应当给予补偿；对认定为违法建筑和超过批准期限的临时建筑的，不予补偿。

第二十五条 房屋征收部门与被征收人依照本条例的规定，就补偿方式、补偿金额和支付期限、用于产权调换房屋的地点和面积、搬迁费、临时安置费或者周转用房、停产停业损失、搬迁期限、过渡方式和过渡期限等事项，订立补偿协议。

补偿协议订立后，一方当事人不履行补偿协议约定的义务的，另一方当事人可以依法提起诉讼。

第二十六条 房屋征收部门与被征收人在征收补偿方案确定的签约期限内达不成补偿协议，或者被征收房屋所有权人不明确的，由房屋征收部门报请作出房屋征收决定的市、县级人民政府依照本条例的规定，按照征收补偿方案作出补偿决定，并在房屋征收范围内予以公告。

补偿决定应当公平，包括本条例第二十五条第一款规定的有关补偿协议的事项。

被征收人对补偿决定不服的，可以依法申请行政复议，也可以依法提起行政诉讼。

第二十七条 实施房屋征收应当先补偿、后搬迁。

作出房屋征收决定的市、县级人民政府对被征收人给予补偿后，被征收人应当在补偿协议约定或者补偿决定确定的搬迁期限内完成搬迁。

任何单位和个人不得采取暴力、威胁或者违反规定中断供水、供热、供气、供电和道路通行等非法方式迫使被征收人搬迁。禁止建设单位参与搬迁活动。

第二十八条 被征收人在法定期限内不申请行政复议或者不提起行政诉讼，在补偿决定规定的期限内又不搬迁的，由作出房屋征收决定的市、县级人民政府依法申请人民法院强制执行。

强制执行申请书应当附具补偿金额和专户存储账号、产权调换房屋和周转用房的地点和面积等材料。

第二十九条　房屋征收部门应当依法建立房屋征收补偿档案，并将分户补偿情况在房屋征收范围内向被征收人公布。

审计机关应当加强对征收补偿费用管理和使用情况的监督，并公布审计结果。

第四章　法律责任

第三十条　市、县级人民政府及房屋征收部门的工作人员在房屋征收与补偿工作中不履行本条例规定的职责，或者滥用职权、玩忽职守、徇私舞弊的，由上级人民政府或者本级人民政府责令改正，通报批评；造成损失的，依法承担赔偿责任；对直接负责的主管人员和其他直接责任人员，依法给予处分；构成犯罪的，依法追究刑事责任。

第三十一条　采取暴力、威胁或者违反规定中断供水、供热、供气、供电和道路通行等非法方式迫使被征收人搬迁，造成损失的，依法承担赔偿责任；对直接负责的主管人员和其他直接责任人员，构成犯罪的，依法追究刑事责任；尚不构成犯罪的，依法给予处分；构成违反治安管理行为的，依法给予治安管理处罚。

第三十二条　采取暴力、威胁等方法阻碍依法进行的房屋征收与补偿工作，构成犯罪的，依法追究刑事责任；构成违反治安管理行为的，依法给予治安管理处罚。

第三十三条　贪污、挪用、私分、截留、拖欠征收补偿费用的，责令改正，追回有关款项，限期退还违法所得，对有关责任单位通报批评、给予警告；造成损失的，依法承担赔偿责任；对直接负责的主管人员和其他直接责任人员，构成犯罪的，依法追究刑事责任；尚不构成犯罪的，依法给予处分。

第三十四条 房地产价格评估机构或者房地产估价师出具虚假或者有重大差错的评估报告的，由发证机关责令限期改正，给予警告，对房地产价格评估机构并处5万元以上20万元以下罚款，对房地产估价师并处1万元以上3万元以下罚款，并记入信用档案；情节严重的，吊销资质证书、注册证书；造成损失的，依法承担赔偿责任；构成犯罪的，依法追究刑事责任。

第五章 附 则

第三十五条 本条例自公布之日起施行。2001年6月13日国务院公布的《城市房屋拆迁管理条例》同时废止。本条例施行前已依法取得房屋拆迁许可证的项目，继续沿用原有的规定办理，但政府不得责成有关部门强制拆迁。

四、福建省实施《国有土地上房屋征收与补偿条例》办法[①]

福建省实施《国有土地上房屋征收与补偿条例》办法

（2014年3月25日福建省人民政府令第138号公布 自2014年5月1日起施行）

第一章 总 则

第一条 为了规范国有土地上房屋征收与补偿活动，维护公共利益，保障被征收房屋所有权人的合法权益，根据国务院《国有土地上房屋征收与补偿条例》和其他有关法律、行政法规的规定，结合我省实际，制定本办法。

---

① 来源于福建省人民政府网：http：//www.fujian.gov.cn/zwgk/zfxxgk/zfxxgkzc/fjsgzk/202112/t20211216_ 5794810.htm，最后访问时间2022年8月15日。

第二条　本办法适用于本省行政区域内国有土地上房屋征收与补偿活动。

第三条　上级人民政府应当加强对下级人民政府房屋征收与补偿工作的监督。

省人民政府住房城乡建设主管部门会同同级财政、国土资源、发展改革等有关部门，指导全省房屋征收与补偿工作。

第四条　市、县级人民政府负责本行政区域的国有土地上房屋征收与补偿工作。

市、县级人民政府确定的房屋征收部门（以下称房屋征收部门）负责组织实施本行政区域的房屋征收与补偿工作。设区市房屋征收部门对县（市、区）房屋征收部门实施监督与指导。

市、县级人民政府有关部门应当依照本级人民政府规定的职责分工，互相配合，保障房屋征收与补偿工作的顺利进行。

第五条　房屋征收部门可以委托房屋征收实施单位承担房屋征收与补偿的具体工作。

房屋征收部门委托房屋征收实施单位实施征收工作的，应当与征收实施单位签订委托协议，明确委托范围、权限、期限、工作经费以及其他相关内容。

房屋征收实施单位应当实行规范化管理，具体办法由省人民政府住房城乡建设主管部门制定。

第二章　征收决定

第六条　为了保障国家安全、促进国民经济和社会发展等公共利益需要，属于《国有土地上房屋征收与补偿条例》第八条规定的情形之一，确需征收房屋的建设项目，市、县级人民政府在作出房屋征收决定前，应当组织发展改革、国土资源、规划等有关部门进行论证；经论证，建设项目符合国民经济和社会发展规划、土地利用总体规划、城乡规划和专项规划的，市、县级人民政府应当确定房屋征收范围并予以公布。

第七条 房屋征收范围公布后，在征收范围内的单位和个人，不得实施下列行为：

（一）新建、扩建、改建房屋；

（二）以被征收房屋为住所（或经营场所）申请办理企业（个体工商户）设立或变更登记；

（三）改变房屋用途；

（四）其他不当增加补偿费用的行为。

房屋征收部门应当将征收房屋的具体地址范围、暂停办理期限等事项书面通知规划、国土资源、建设、房管、工商、税务等有关部门。

第八条 房屋征收部门对房屋征收范围内房屋的权属、区位、用途、建筑面积等情况进行调查登记，被征收人应当予以配合。调查结果应当在房屋征收范围内向被征收人公布。

第九条 市、县级人民政府作出房屋征收决定前，应当组织国土资源、规划、房管、建设、工商、税务、城市管理行政执法等有关部门依法对征收范围内未经登记的建筑进行调查、认定和处理。

市、县级人民政府可结合当地实际制定未经登记的建筑认定、处理办法。

第十条 房屋征收部门负责拟定征收补偿方案，征收补偿方案应当包括下列内容：

（一）征收补偿对象及补偿方式；

（二）被征收房屋货币补偿参考价；

（三）签约期限；

（四）用于产权调换房屋的地点、被征收房屋价值与产权调换房屋价值差价计算方法；

（五）搬迁费、临时安置费标准及周转用房数量、地点；

（六）停产停业损失补偿标准；

（七）符合住房保障条件的被征收人住房保障办法；

（八）未经产权登记房屋的认定和处理办法；

（九）其他需要明确的内容。

第十一条　市、县级人民政府应当组织有关部门对征收补偿方案进行论证，论证后的征收补偿方案、征求意见情况和根据公众意见修改的情况，应当及时予以公布。

因旧城区改建需要征收房屋，过半数被征收人认为征收补偿方案不符合《国有土地上房屋征收与补偿条例》和本办法规定的，市、县级人民政府应当组织由被征收人和公众代表参加的听证会，并根据听证会情况修改方案。

第十二条　市、县级人民政府在作出房屋征收决定前，应当由本级人民政府确定的部门或者委托专门机构，通过征求人大代表、政协委员及群众意见、专家评议和有关职能部门论证相结合的办法，对社会稳定风险进行预测和评估，并出具社会稳定风险评估报告。

市、县级人民政府根据社会稳定风险评估报告，决定是否作出房屋征收决定。

第十三条　市、县级人民政府作出房屋征收决定后，应当予以公告。公告应当载明以下内容：

（一）征收决定；

（二）征收部门及委托的征收实施单位名称；

（三）征收补偿方案；

（四）行政复议、行政诉讼权利；

（五）咨询地点、监督电话；

（六）其他需要公告的事项。

第三章 补　　偿

第十四条 对被征收房屋价值的补偿，不得低于房屋征收决定公告之日被征收房屋类似房地产的市场价格。被征收房屋的价值，由具有相应资质的房地产价格评估机构按照国有土地上房屋征收评估办法评估确定或者由房屋征收部门根据征收补偿方案与被征收人协商确定。

第十五条 对评估确定的被征收房屋价值有异议的，可以在收到评估报告 10 日内向原房地产价格评估机构申请复核评估，评估机构应当无偿予以复核评估。对复核结果有异议的，可以在收到复核结果 10 日内向房地产价格评估专家委员会申请鉴定。房地产价格评估专家委员会应当在 10 日内出具鉴定意见。

第十六条 房屋征收评估、鉴定费用由委托人承担。但鉴定改变原评估结果的，鉴定费用由原房地产价格评估机构承担。房屋征收评估、鉴定费用按照政府价格主管部门规定的评估收费标准执行。

房地产价格评估鉴定管理具体办法由省人民政府住房城乡建设主管部门制定。

第十七条 市、县级人民政府公告房屋征收决定后，由房屋征收部门在征收范围内公布房地产价格评估机构的名单、基本信息，并将协商选定房地产价格评估机构的期限等相关事宜告知被征收人。

被征收人应当在规定期限内协商选定房地产价格评估机构；被征收人在规定期限内无法协商一致的，由房屋征收部门组织被征收人采取随机或者投票方式确定。采取随机方式确定的，可在摇号、抽签二者之中选其一。参与投票决定或者随机选定的房地产价格评估机构不得少于 3 家；采用投票方式确定的，参与投票的被征收人数量应当过半数，过半数投票人选择同一房地产价格评估机构的为多数决定。

第十八条 被征收人可以选择货币补偿，也可以选择房屋产权调换。

因城市规划调整确实无法对被征收企业经营性用房实行产权调换的，给予货币补偿。

第十九条　征收个人住宅，被征收人符合城镇住房保障条件的，作出房屋征收决定的市、县级人民政府应当按照下列原则优先给予住房保障：

（一）被征收人选择货币补偿的，根据被征收人的申请优先给予配租保障性住房；

（二）被征收人选择房屋产权调换的，被征收房屋建筑面积不足当地廉租房保障标准的，按不低于当地廉租房保障标准进行安置。增加的产权调换房屋面积部分，被征收人应当按照征收补偿方案确定的价格补交差价。

第二十条　被征收住宅为国有直管公房，承租人可以继续承租产权调换房屋。符合当地政府公房购买规定的，承租人还可以选择购买公房产权。

征收单位自管公房的，参照前款规定执行。

第二十一条　因征收房屋造成搬迁的，房屋征收部门应当向被征收人支付搬迁费。

对被征收房屋实行货币补偿或现房产权调换的，房屋征收部门应当支付6个月的临时安置费。

对被征收房屋实行期房产权调换的，过渡期限不得超过3年，在签约期限内签订协议并搬迁的，过渡期限自签约期限结束之日起计算，超过签约期限签订协议搬迁的，过渡期限自搬迁之日起开始计算。在过渡期限内，房屋征收部门应当按规定标准支付被征收人临时安置费，但已经提供周转用房的除外；除不可抗力外，逾期安置的，房屋征收部门应当从逾期之月起对自行过渡的被征收人支付双倍临时安置费，对提供周转用房的被征收人按规定标准支付临时安置费。逾期安置期间，遇临时安置费标准调整的，应当自调整之月起按调整后标准发放临时安置费。

搬迁费和临时安置费标准由市、县人民政府制定。

第二十二条 符合下列条件的，应当给予被征收人停产停业损失补偿：

（一）被征收房屋具有房屋权属证明或者经有关部门认定为合法建筑；

（二）被征收房屋为非住宅用房；

（三）有合法、有效的相关生产经营行政许可证照，且行政许可证照上载明的住所（营业场所）为被征收房屋；

（四）已办理税务登记并具有纳税凭证。

第二十三条 停产停业损失补偿标准，根据经营者近3年平均净利润确定，不足3年的以全部生产经营期间平均净利润确定。净利润根据税务部门出具的税后利润额证明材料确定；税务部门无法出具证明的，根据具备相应资质的会计师事务所出具的企业年度审计报告确定。

实行产权调换的，被征收人停产停业损失补偿期限按照实际停产停业期限计算；实行货币补偿的，被征收人停产停业损失补偿期限按照6个月计算。

第二十四条 产权调换的房屋，应当符合国家和本省的房屋设计标准，水、电等配套设施齐全，经竣工验收合格后方可交付使用。

产权调换房屋未进行初装修的，房屋征收部门应给予被征收人适当装修补偿，装修补偿标准由市、县人民政府制定。

第二十五条 建设单位、勘察单位、设计单位、施工单位、工程监理单位依法对产权调换房屋工程质量负责。市、县级人民政府建设行政主管部门对产权调换房屋工程质量实施监督管理。

第二十六条 市、县级人民政府作出的房屋征收补偿决定所确定的搬迁期限不得少于15日。

第二十七条 房屋被征收后，房屋征收部门应当及时向土地、房屋权属登记机构提供办理土地及房屋权属注销登记所需材料，土地、房屋权属登记机构应当及时办理土地及房屋权属注销登记；房屋征收部门应当及时提供被征收人申请办理产权调换房屋的土地房屋权属证书登记所需材料。

第四章 附 则

第二十八条 违反国有土地上房屋征收与补偿有关规定、应当承担法律责任的，依照国务院《国有土地上房屋征收与补偿条例》的规定执行。

第二十九条 法律、法规、规章对征收外国领事馆房屋、军事设施、华侨房屋、教堂、寺庙、文物古迹、历史文化保护区内的建筑物等另有规定的，依照有关的法律、法规、规章执行。

第三十条 本办法自2014年5月1日起施行。

五、福建省住房和城乡建设厅关于印发《福建省国有土地上房屋征收与补偿工作流程》的通知①

福建省住房和城乡建设厅关于印发《福建省国有土地上房屋征收与补偿工作流程》的通知

（2012年8月16日）

福州市住房保障与房产管理局，漳州、泉州、三明、莆田、南平、宁德、龙岩市住房和城乡建设局，厦门市国土资源与房产管理局，平潭综合实验区环境与国土资源局：

为了进一步规范我省国有土地上房屋征收与补偿工作流程，维护被征收人合法权益，推进和谐征迁，保障建设项目顺利实施，我厅制定了《福建省国有土地上房屋征收与补偿工作流程》，现印发给你们，请结合本地实际执行。

---

① 来源于福建省住房和城乡建设厅官网：https：//zjt. fujian. gov. cn/hygl/fdc/wjhb/201208/t20120816_ 2862320. htm，最后访问时间2022年8月15日。

福建省国有土地上房屋征收与补偿工作流程

为了规范福建省国有土地上房屋征收与补偿（以下简称房屋征收）行为，维护被征收人合法权益，保障建设项目顺利实施，根据国务院《国有土地上房屋征收与补偿条例》（以下简称《条例》），制定本工作流程。

第一部分　房屋征收申请

一、纳入国民经济和社会发展年度计划。

每年12月底前，市、县级人民政府应按照《条例》要求组织发展改革、财政、建设、城乡规划、国土资源、房产管理等部门，研究下一年度保障性安居工程建设、旧城区改建计划。将建设计划纳入当地国民经济和社会发展年度计划。年度计划经市、县级政府审议后，报相应级别人大决定。

二、征收申请材料。

项目业主向房屋征收部门提出房屋征收申请时，应按照《条例》要求，提交下列材料：

1. 相关部门出具的建设活动符合国民经济和社会发展规划的证明材料，其中保障性安居工程建设、旧城区改建等项目还应提供纳入市、县级国民经济和社会发展年度计划的证明材料。

2. 相关部门出具的建设活动符合城乡规划和专项规划的证明材料及征收范围红线图。

3. 相关部门出具的建设活动符合土地利用总体规划的证明材料。

4. 征收补偿费用证明。

5. 需要提交的其他材料。

三、对项目业主申请事项进行审查。

房屋征收部门在接到房屋征收申请后，应及时组织审查，并告知申请人审查意见。

第二部分　房屋征收决定

四、通知有关部门暂停办理相关手续。

房屋征收范围确定后3个工作日内，房屋征收部门向有关部门送达暂停办理新建、扩建、改建房屋和改变房屋用途相关手续通知书。

五、委托房屋征收实施单位。

1. 房屋征收部门与受委托的征收实施单位签订委托协议书。

2. 受委托的单位应当自行完成受委托的事项，不得将受委托的事项再委托给其他单位和个人。

3. 征收部门要加强对受委托单位实施征收具体工作的监督和指导，对委托范围内事项所产生的后果承担法律责任。

六、征收补偿费按时到位。

1. 房屋征收实施单位在征收部门规定的时间内对被征收房屋进行调查，编制房屋征收补偿费用概算。

2. 房屋征收部门收到征收实施单位编制的征收补偿费用概算后10个工作日内对概算进行审核。

3. 项目业主根据房屋征收部门要求，在5个工作日内将补偿费用足额汇入房屋征收部门专户存储。

七、征收范围建筑物调查、登记、处理。

对房屋调查登记，依法认定、处理未经产权登记的建筑物。

1. 房屋征收部门或其委托的征收实施单位对征收范围内房屋及土地使用权的权属、区位、用途、建筑面积等情况进行调查登记。

2. 市、县级人民政府牵头组织土地、规划、房管、城市综合执法等有关部门依法对征收范围内未经登记的建筑进行调查、认定和处理。

3. 房屋征收部门在房屋征收范围内发布被征收房屋调查结果。

八、上报征收补偿方案。

1. 房屋征收部门或房屋征收实施单位要进行社会调查、入户调查，了解被征收人对安置补偿的意向、房屋市场价格行情。

2. 房屋征收实施单位代拟征收补偿方案。

3. 房屋征收部门对征收实施单位代拟的征收补偿方案进行审核及修改。

4. 房屋征收部门将修改完善后的征收补偿方案报送政府。

九、组织对征收补偿方案论证。

市、县级人民政府收到征收补偿方案后，应当组织有关部门对征收补偿方案是否符合本条例及其他有关法律法规的规定进行论证。

十、公布征收补偿方案，征求意见。

1. 市、县级人民政府在房屋征收范围内公布论证通过的征收补偿方案，并征求公众意见。征求意见的期限不少于30日。

2. 房屋征收部门做好意见的收集和整理工作。

3. 征求意见期满之日起5个工作日内，房屋征收部门向政府提交征求意见和补偿方案修改情况的报告。

十一、公布征求意见和补偿方案修改情况。

市、县级人民政府对征求意见情况和征收补偿方案修改情况审查后，于5个工作日内公布。

十二、依法召开听证会。

1. 旧城区改建项目半数以上被征收人认为征收补偿方案不符合《条例》规定的，市、县级人民政府应当组织被征收人和公众代表召开听证会。

2. 房屋征收部门根据听证会情况修改征收补偿方案。

十三、实施社会稳定风险评估。

在补偿方案征求意见期间，市县级人民政府或其委托的单位应当按照有关规定进行社会稳定风险评估，并在补偿方案确定后3个工作日内完成风险评估报告。

十四、作出征收决定。

市、县级政府根据征收前期工作、社会稳定风险评估等情况，作出征收、暂缓征收或不征收的决定。

涉及房屋征收户数较多的，经市、县级人民政府常务会议讨论决定。

十五、发布房屋征收公告。

市、县级人民政府作出房屋征收决定之日起3个工作日内，在征收房屋范围内和征收部门网站发布房屋征收公告，公告应当载明征收补偿方案。被征收人对征收决定不服的，可以依法申请行政复议，也可以依法提起行政诉讼。

十六、起诉、应诉。

当被征收人对征收决定不服，申请行政复议或者提起诉讼时，市、县级人民政府房屋征收部门代政府做好应诉工作。

十七、做好宣传解释。

房屋征收部门及房屋征收实施单位向被征收人做好房屋征收与补偿的宣传、解释工作。

第三部分　房屋征收补偿

十八、选择房地产价格评估机构。

1. 房屋征收部门在房屋征收范围内公示房地产价格评估机构名录库，并发布选择评估机构公告。

2. 被征收人应当在房屋征收部门确定的期限内（不少于5日）自行协商选定房地产价格评估机构；协商不成的，可以将50%以上被征收人选定的房地产价格评估机构视为多数人意见确定评估机构。

3. 被征收人就评估机构的选定在规定的时间内无法形成多数意见的，由房屋征收部门通过公开摇号方式随机选定。

4. 房屋征收部门应当在摇号前5日内在征收范围内公布摇号时间和地

点。公开摇号时，被征收人代表、被征收房屋所在地基层政府、有关部门代表可以到场监督。

十九、对被征收房屋价值进行评估。

1. 评估机构按规定选派房地产估价师进行实地查勘。

2. 依据住房城乡建设部《国有土地上房屋征收评估办法》确定被征收房屋的价值，出具房地产评估报告。

3. 评估机构公示评估结果，接受咨询和监督。

二十、申请复核评估及鉴定。

1. 房屋征收部门和被征收人对评估结果有异议的，在接到评估报告之日起10日内提出书面复核申请。

2. 评估机构自收到书面复核申请之日起10日内对评估结果进行复核并出具复核意见。

3. 当事人对复核意见有异议的，可以在收到复核意见之日起10日内向房地产价格评估专家委员会提出鉴定申请。

4. 房地产价格评估专家委员会应从专家名录库中抽取3人以上单数专家，组成鉴定小组，对估价报告进行鉴定，并出具书面鉴定意见。

二十一、签订房屋征收补偿协议。

1. 房屋征收实施单位与被征收人核算征收房屋补偿费用等。

2. 协商搬迁期限、过渡期限等具体补偿与安置事项。

3. 房屋征收部门与被征收人签订书面的房屋征收补偿协议。

二十二、按协议先补偿后搬迁。

1. 房屋征收实施单位按照房屋征收补偿协议的约定，完成对被征收人的补偿事项。

2. 被征收人在房屋征收补偿协议约定的期限内，完成搬迁事项，并及时向房屋征收实施单位交付被征收房屋。

3. 实行产权调换的，被征收人在征收部门或其委托的征收实施单位的组织下按征收补偿方案确定的原则抽取选房顺序号。

二十三、补偿协议纠纷处理。

1. 对不履行补偿协议的，房屋征收部门或被征收人依法向人民法院提起诉讼。

2. 依法院判决书执行。

人民法院对补偿协议纠纷案件的判决书生效后，当事人应按判决书执行。一方当事人拒绝履行的，另一方可以依法申请人民法院强制执行。

二十四、作出补偿决定，发布公告。

1. 在征收补偿方案确定的签约期限内，达不成征收补偿协议的，房屋征收部门应当书面通知被征收人进行最后一次协商，协商通知书应当载明协商的时间、地点。

2. 协商不成的，房屋征收部门向市、县级人民政府提出作出补偿决定的申请，并提交相关材料。市、县级人民政府在收到房屋征收部门的申请后，按照征收补偿方案作出补偿决定。并在房屋征收范围内予以公告。被征收人对补偿决定不服的，可以依法申请行政复议，也可以依法提起行政诉讼。

二十五、对补偿决定的起诉、应诉。

当被征收人对补偿决定不服，申请行政复议或者提起行政诉讼时，市县级人民政府法制部门代政府做好应诉工作。

二十六、申请强制执行。

被征收人在法定期限内不申请行政复议或者提起行政诉讼，又不履行补偿决定的，市、县级人民政府可以自期限届满之日起三个月内，申请人民法院强制执行。

市、县级人民政府申请人民法院强制执行前，应当催告当事人履行义务。催告书送达十日后当事人仍未履行义务的，市、县级人民政府可以向所在地有管辖权的人民法院申请强制执行。

1. 房屋征收部门代政府起草《强制执行申请书》，并准备相关材料。

2. 市、县级人民政府向房屋所在地人民法院提交《强制执行申请书》及相关材料。

3. 人民法院裁定不予执行的，可以自收到裁定之日起 15 日内向上一级人民法院申请复议。

4. 人民法院裁定准予执行的，根据裁定要求做好（或配合法院）强制执行的组织实施工作。

二十七、对建筑物实施拆除。

1. 房屋征收部门应当委托具有相应资质的建筑施工单位，依照国务院《建设工程安全生产管理条例》等规定，对需要拆除的建筑物实施拆除。

2. 施工单位应采取围挡作业等安全措施，对建筑物进行拆除，并在约定的期限内完成对建筑物拆除任务。

第四部分　土地移交和归档

二十八、征收房屋所占土地移交。

整个房屋拆除完毕形成净地后，房屋征收部门应当将土地移交市、县级政府有关部门。

二十九、建立房屋征收补偿专项档案。

1. 房屋征收决定作出后，房屋登记部门应及时办理被征收房屋产权注销手续；房屋征收实施单位应在房屋征收项目完成后 15 日内，向房屋征收部门移交补偿协议等相关文件、资料。

2. 房屋征收部门归集征收补偿协议等文件、资料，按规范化标准建立健全档案资料。

第五部分　公布补偿结果与审计

三十、向被征收人公布分户补偿信息。

房屋征收部门在房屋征收范围内向被征收人公布分户补偿信息。

三十一、审计机关公布审计结果。

1. 房屋征收项目完成后，房屋征收部门应及时向审计机关提交房屋征收补偿费管理使用情况等文件、资料。

2. 审计机关对征收补偿费管理和使用情况进行审计，并公布审计结果。

六、泉州市国有土地上房屋征收与补偿规定（2019年修订）①

泉州市国有土地上房屋征收与补偿规定（2019年修订）

第一章　总　　则

一、为了规范泉州市国有土地上房屋征收与补偿活动，维护公共利益，保障被征收房屋所有权人的合法权益，根据国务院《国有土地上房屋征收与补偿条例》（国务院令第590号）《福建省实施〈国有土地上房屋征收与补偿条例〉办法》（省政府令第138号）和其他法律、行政法规的有关规定，结合我市实际，制定本规定。

二、各县（市、区）人民政府负责本辖区内房屋征收与补偿工作，并确定房屋征收部门负责具体组织实施本辖区内国有土地上房屋征收与补偿工作。

三、泉州市住房和城乡建设局为市房屋征收部门，负责制定中心市区国有土地上房屋征收补偿安置指导意见，统一中心市区国有土地上房屋征收补偿安置政策，并监督、指导各县（市、区）国有土地上房屋征收与补偿工作。

各县（市、区）房屋征收部门应当根据上级有关法规及补偿政策拟定

---

① 来源于泉州市住房和城乡建设局官网：http：//zfjsj.quanzhou.gov.cn/zwgk/zcfg/gfxwj/202111/t20211118_2654178.htm，最后访问时间2022年8月15日

本辖区内国有土地上房屋征收项目的房屋征收补偿安置方案。

四、各县（市、区）发改、公安、审计、财政、资源规划、城市管理等部门应当依照《国有土地上房屋征收与补偿条例》（国务院令第590号）的规定和各自职责，互相配合，保障房屋征收与补偿工作的顺利进行。

发改、资源规划等部门应当依照《国有土地上房屋征收与补偿条例》的规定制定国民经济和社会发展规划（包括年度计划）、土地利用总体规划、城乡规划和专项规划。

五、房屋征收部门可以委托房屋征收项目所在地街道办事处（乡镇人民政府）作为房屋征收实施单位，承担房屋征收与补偿的具体工作。

房屋征收部门可以通过公开招投标等竞争方式向具备承担相应工作能力的社团组织或中介机构购买服务，由其承担房屋征收法律服务、调查摸底、劳动力服务等具体工作。

六、从事房屋征收工作的人员应当具备与其岗位相适应的专业知识，熟练掌握房屋征收相关法律、法规、规章等规定和其他业务知识，应当参加房屋征收业务培训考试。

七、房屋征收与补偿应当遵循决策民主、程序正当、结果公开原则，依法实行信息公开，鼓励推广运用电子信息技术。

第二章　征收决定

八、房屋征收决定作出前，应当组织对项目进行成本概算，确保房屋征收补偿安置资金按时到位，保证被征收人得到合法、合理、及时、公正的补偿。

房屋征收成本概算纳入项目概算。其中，被征收房屋拆除回收残值纳入征收成本，一并结算。中心市区房屋征收项目按成本概算逐步实行“总额控制、包干负责”制度。

九、属于《国有土地上房屋征收与补偿条例》第八条规定的情形之一，确需征收房屋的建设项目，市、县级人民政府在作出房屋征收决定前，应当组织发改、资源规划等有关部门进行论证，并出具论证意见；经论证，建设项目符合国民经济和社会发展规划、土地利用总体规划、城乡规划和专项规划的，由市、县级人民政府确定房屋征收范围并予以公布。

十、房屋征收部门拟定征收补偿方案，报市、县级人民政府。区人民政府作出房屋征收决定前，区房屋征收部门应当将征收补偿方案及方案论证意见等相关资料报市房屋征收部门备案。

市、县级人民政府应当组织有关部门对征收补偿方案进行论证，并在房屋征收范围内和房屋征收信息平台上公布论证后的征收补偿方案，征求公众意见。征求意见期限不得少于30日。被征收人需提交意见的，应当持本人身份证明和房屋权属书证材料在征求意见期限内以书面形式提出。

十一、市、县级人民政府应当将征求意见情况和根据公众意见修改的情况，及时在房屋征收范围内和房屋征收信息平台上公布。

因旧城区改建需要征收房屋，过半数被征收人在征收补偿方案征求意见期限内认为征收补偿方案不符合规定的，市、县级人民政府应当组织由被征收人和被征收房屋所在地街道办事处（乡镇人民政府）、社区居委会（村委会）等公众代表参加的听证会。房屋征收部门应当根据听证会情况修改方案，并将修改方案报市、县级人民政府。

十二、市、县级人民政府作出房屋征收决定前应当组织成立由发改、资源规划、住建、城市管理、司法行政、政法、信访、项目所在街道办事处（乡镇人民政府）等部门共同参与的项目社会稳定风险评估小组，或委托专门机构，通过征求人大代表、政协委员及群众意见、专家评议和有关职能部门论证相结合的办法，对征收项目社会稳定风险进行评估，并出具《社会稳定风险评估报告》。

房屋征收决定涉及被征收人500户（含500户）以上的，应当经政府常务会议讨论决定。

十三、市、县级人民政府作出房屋征收决定前，征收补偿费用应当足额到位、专户存储到房屋征收部门指定的账户内，专款专用。

十四、市、县级人民政府作出征收决定前，房屋征收部门应当发布房屋征收预告，组织对征收范围内房屋的权属、区位、用途、建筑面积、未登记产权情况等进行调查登记。

房屋征收部门应当将调查登记结果及时在征收范围内向被征收人公布。被征收人对公布的调查结果有异议的应当书面向房屋征收部门提出，房屋征收部门应当进行核实并公布核实结果。

十五、被征收人应当配合房屋征收部门的调查登记工作，如实陈述被征收房屋的权属情况，并提供被征收房屋权属材料复印件。被征收人拒不如实陈述或拒不提供被征收房屋的权属材料的，房屋征收部门应当组织到有关档案部门调取被征收房屋权属证据材料。各级档案部门应当配合并出示有关证明材料。对查无权属资料记载的，房屋征收部门可以按未经登记的房屋进行认定处理，由此造成的损失由被征收人自行负责。

被征收人拒绝配合房屋征收部门调查登记工作的，房屋征收部门可以不予奖励。被征收人提供虚假书证材料的，依法追究有关责任。

十六、市、县级人民政府作出征收决定的项目，项目所在地人民政府应当成立未经登记房屋调查认定处理工作组，成员由城市管理、资源规划、住建、市场监管、税务、项目所在地街道办事处（乡镇人民政府）、社区（村）等部门组成，负责对未经登记房屋进行调查认定处理。对认定为合法建筑和未超过批准期限的临时建筑的，应当给予补偿；对认定为违法建筑和超过批准期限的临时建筑的，原则上不予补偿。

十七、市、县级人民政府作出房屋征收决定后，应当于作出房屋征收决定之日起 3 个工作日内在房屋征收范围内和房屋征收信息平台上公告。

房屋征收公告应当载明征收补偿方案和行政复议、行政诉讼权利等事项。

第三章 补 偿

十八、房屋征收决定公告后，房屋征收部门应当在征收范围内公布房地产价格评估机构名单、基本信息，并将协商选定房地产价格评估机构的期限等相关事宜告知被征收人。

被征收人应当在规定期限内协商选定房地产价格评估机构；被征收人在规定时间内无法协商选定房地产价格评估机构的，由房屋征收部门组织被征收人采取随机或者投票方式确定。采取随机方式确定的，可在摇号、抽签二者之中选其一。参与投票决定或者随机选定的房地产价格评估机构不得少于3家。采用投票方式确定的，参与投票的被征收人数量应当过半数，过半数投票人选择同一房地产价格评估机构的为多数决定。

采取随机或者投票方式确定房地产价格评估机构的，房屋征收部门应当在公开选定前5日内，在征收范围内公布选定时间和地点。公开选定时，被征收人代表、被征收房屋所在地基层政府、有关部门代表可以到场监督。

十九、市住房和城乡建设局应当向社会公布一批综合实力强、社会信誉好、具有相应资质的房地产价格评估机构，供被征收人选择。

二十、被征收人或者房屋征收部门对房屋评估价值有异议的，可以自收到估价报告之日起10日内向原房地产价格评估机构申请复核。对复核结果仍有异议的，可以自收到复核结果10日内向市房地产价格评估专家委员会申请鉴定。

房屋征收鉴定费用参照政府价格主管部门规定的征收评估收费标准执行。

二十一、房屋征收与补偿应当以有效的土地使用权契证或房屋所有权契证为计户依据。被征收人可以选择货币补偿，也可以选择房屋产权调换。

被征收房屋实行产权调换的，房屋征收部门、被征收人应当根据签订的房屋征收补偿协议、搬迁交房的先后顺序进行选房，并按规定结清差价。

因城市规划调整确实无法对被征收企业经营性用房实行产权调换的，给予货币补偿。

二十二、推进房屋征收货币化安置。市、县（市）人民政府可以根据本地实际情况，制定出台鼓励被征收人选择货币补偿方式的具体政策。

二十三、产权调换的房屋应当提前规划，按期建设，符合国家和我省的房屋设计标准，水、电等配套设施齐全，经竣工验收合格后方可交付使用。产权调换房屋的住宅专项维修资金按《泉州市住宅专项维修资金管理规定》执行。

安置房建设可采取政府统一建设或回购等方式，市财政出资的房屋征收项目，剩余的安置房由政府统筹安排，用于其他房屋征收项目的安置或周转用房等。

二十四、房屋征收补偿协议由房屋征收部门与被征收房屋所有权人订立。被征收房屋存在租赁关系的，被征收人应当与承租人依照合同法的有关规定，自行协商被征收房屋的腾空搬迁问题。

二十五、征收个人住宅，被征收人符合城镇住房保障条件的，作出征收决定的市、县级人民政府应当按照下列原则给予住房保障：

（一）被征收人选择货币补偿的，根据被征收人的申请优先给予配租保障性住房；

（二）被征收人选择房屋产权调换的，被征收房屋建筑面积不足当地廉租房保障标准的，按不低于当地廉租房保障标准进行安置。增加的产权调换房屋面积部分，被征收人应当按照征收补偿方案确定的价格补交差价。

二十六、因征收房屋造成搬迁的，房屋征收部门应当向被征收人支付搬迁费。

被征收人选择货币补偿或现房产权调换的，房屋征收部门应当支付6个月的临时安置费。

被征收人选择产权调换的，产权调换过渡期限不得超过3年，在签约期限内签订协议并搬迁的，过渡期限自签约期限结束之日起计算，超过签约期限签订协议搬迁的，过渡期限自搬迁之日起开始计算。在过渡期限内，房屋征收部门应当按规定的标准支付被征收人临时安置费，但已提供周转用房的除外；除不可抗力和被征收人原因外，超过规定过渡期限的，房屋征收部门应当从逾期之月起对自行过渡的被征收人双倍支付临时安置费，对提供周转用房的被征收人支付临时安置费。逾期安置期间，遇临时安置费标准调整的，应当自调整之月起按调整后标准发放临时安置费。

房屋征收项目遇逾期安置的，房屋征收部门应当向作出房屋征收决定的市、县级人民政府报告。

各区搬迁费和临时安置费的具体标准（含最低、最高标准）由市人民政府统一制定。县（市）搬迁费和临时安置费的具体标准（含最低、最高标准）由县（市）人民政府结合本地实际制定。

二十七、因征收房屋造成停产停业的，停产停业损失的补偿标准被征收人可选择以下标准之一进行补偿：

（一）根据生产经营者近3年的年平均净利润确定。生产经营期限不足3年的，以实际生产经营期限的年平均净利润确定。净利润根据税务部门出具的税后利润额证明材料确定；税务部门无法出具证明的，根据具备相应资质的会计师事务所出具的企业年度审计报告确定。

（二）根据被征收非住宅房屋所在区位，按被征收非住宅建筑面积每平方米的标准，分地段分档次给予停产停业损失补偿。具体分类标准由各县（市、区）人民政府根据各自房屋征收项目的实际自行确定。

二十八、实行产权调换的，被征收人停产停业损失补偿期限按照实际停产停业期限计算；实行货币补偿的，被征收人停产停业损失补偿期限按照6个月计算。

二十九、房屋征收部门与被征收人在征收补偿方案确定的签约期限内达不成补偿协议的，或者被征收房屋所有权人不明确的，由房屋征收部门报请作出房屋征收决定的市、县级人民政府依法作出补偿决定，并在房屋征收范围内予以公告。补偿决定所确定的搬迁期限不得少于 15 日。房屋征收部门在报请市、县级人民政府依法作出补偿决定前，应当书面通知被征收人进行最后一次协商。协商通知书应当载明协商的时间、地点。

对所有权人不明确的被征收房屋拆除前，房屋征收部门应当就被征收房屋的有关事项向公证机关办理证据保全。

三十、补偿决定作出后，被征收人在法定期限内不申请行政复议或者不提起行政诉讼，在补偿决定规定的期限内又不搬迁的，由市、县级人民政府依法申请房屋所在地人民法院强制执行。

强制执行前，房屋征收部门应当提供产权调换房和周转用房的地点和面积，并附具补偿金额和专户存储账号。

人民法院强制执行后，被征收人仍拒绝接受被征收房屋货币补偿款或产权调换房的，被征收房屋货币补偿款或产权调换安置房由市、县级房屋征收部门统一监管。

三十一、市、县级房屋征收部门应当依法建立房屋征收补偿档案，并将分户补偿情况在房屋征收范围公示栏内及房屋征收信息平台上向被征收人公布，公布期限至房屋征收项目结束止。

三十二、房屋征收项目结束后，房屋征收部门组织对房屋征收的所有档案资料进行整理，并及时将其移交市、县级政府档案部门统一保存。

三十三、审计机关应当加强对征收补偿费用管理和使用情况的监督，并公布审计结果。

被征收房屋分户补偿情况公布后，接受群众举报。对有举报情况的，经接受举报部门核查确实违反项目的补偿安置标准的，由接受举报的部门按有关规定处理。

第四章　附　　则

三十四、本规定今后与国家及省相关部门出台的规定或办法不一致的，从其规定。

各县（市）人民政府可参照本规定制定各自辖区内国有土地上房屋征收与补偿规定。

三十五、本规定自公布之日起施行，有效期实施至2024年12月31日，原《泉州市人民政府关于印发泉州市国有土地上房屋征收与补偿暂行规定的通知》（泉政文〔2015〕139号）同时废止。本规定施行前已依法取得房屋拆迁许可证或县（市、区）人民政府依法作出征收决定的项目，继续沿用原有规定办理。本规定施行后由县（市、区）人民政府依法作出征收决定的项目适用本规定。

七、住房和城乡建设部关于印发《国有土地上房屋征收评估办法》的通知[①]

关于印发《国有土地上房屋征收评估办法》的通知

（2011年6月3日）

各省、自治区住房城乡建设厅，直辖市住房城乡建设委员会（房地局），新疆生产建设兵团建设局：

根据《国有土地上房屋征收与补偿条例》，我部制定了《国有土地上房屋征收评估办法》。现印发给你们，请遵照执行。

附件：国有土地上房屋征收评估办法

---

① 来源于住房和城乡建设部官网：https：//www. mohurd. gov. cn/gongkai/fdzdgknr/tzgg/201106/20110607_ 203498. html，最后访问时间2022年8月15日。

附件

国有土地上房屋征收评估办法

第一条 为规范国有土地上房屋征收评估活动，保证房屋征收评估结果客观公平，根据《国有土地上房屋征收与补偿条例》，制定本办法。

第二条 评估国有土地上被征收房屋和用于产权调换房屋的价值，测算被征收房屋类似房地产的市场价格，以及对相关评估结果进行复核评估和鉴定，适用本办法。

第三条 房地产价格评估机构、房地产估价师、房地产价格评估专家委员会（以下称评估专家委员会）成员应当独立、客观、公正地开展房屋征收评估、鉴定工作，并对出具的评估、鉴定意见负责。

任何单位和个人不得干预房屋征收评估、鉴定活动。与房屋征收当事人有利害关系的，应当回避。

第四条 房地产价格评估机构由被征收人在规定时间内协商选定；在规定时间内协商不成的，由房屋征收部门通过组织被征收人按照少数服从多数的原则投票决定，或者采取摇号、抽签等随机方式确定。具体办法由省、自治区、直辖市制定。

房地产价格评估机构不得采取迎合征收当事人不当要求、虚假宣传、恶意低收费等不正当手段承揽房屋征收评估业务。

第五条 同一征收项目的房屋征收评估工作，原则上由一家房地产价格评估机构承担。房屋征收范围较大的，可以由两家以上房地产价格评估机构共同承担。

两家以上房地产价格评估机构承担的，应当共同协商确定一家房地产价格评估机构为牵头单位；牵头单位应当组织相关房地产价格评估机构就评估对象、评估时点、价值内涵、评估依据、评估假设、评估原则、评估技术路线、评估方法、重要参数选取、评估结果确定方式等进行沟通，统一标准。

第六条　房地产价格评估机构选定或者确定后，一般由房屋征收部门作为委托人，向房地产价格评估机构出具房屋征收评估委托书，并与其签订房屋征收评估委托合同。

房屋征收评估委托书应当载明委托人的名称、委托的房地产价格评估机构的名称、评估目的、评估对象范围、评估要求以及委托日期等内容。

房屋征收评估委托合同应当载明下列事项：

（一）委托人和房地产价格评估机构的基本情况；

（二）负责本评估项目的注册房地产估价师；

（三）评估目的、评估对象、评估时点等评估基本事项；

（四）委托人应提供的评估所需资料；

（五）评估过程中双方的权利和义务；

（六）评估费用及收取方式；

（七）评估报告交付时间、方式；

（八）违约责任；

（九）解决争议的方法；

（十）其他需要载明的事项。

第七条　房地产价格评估机构应当指派与房屋征收评估项目工作量相适应的足够数量的注册房地产估价师开展评估工作。

房地产价格评估机构不得转让或者变相转让受托的房屋征收评估业务。

第八条　被征收房屋价值评估目的应当表述为“为房屋征收部门与被征收人确定被征收房屋价值的补偿提供依据，评估被征收房屋的价值”。

用于产权调换房屋价值评估目的应当表述为“为房屋征收部门与被征收人计算被征收房屋价值与用于产权调换房屋价值的差价提供依据，评估用于产权调换房屋的价值”。

第九条　房屋征收评估前，房屋征收部门应当组织有关单位对被征收房屋情况进行调查，明确评估对象。评估对象应当全面、客观，不得遗漏、虚构。

房屋征收部门应当向受托的房地产价格评估机构提供征收范围内房屋情况，包括已经登记的房屋情况和未经登记建筑的认定、处理结果情况。调查结果应当在房屋征收范围内向被征收人公布。

对于已经登记的房屋，其性质、用途和建筑面积，一般以房屋权属证书和房屋登记簿的记载为准；房屋权属证书与房屋登记簿的记载不一致的，除有证据证明房屋登记簿确有错误外，以房屋登记簿为准。对于未经登记的建筑，应当按照市、县级人民政府的认定、处理结果进行评估。

第十条 被征收房屋价值评估时点为房屋征收决定公告之日。

用于产权调换房屋价值评估时点应当与被征收房屋价值评估时点一致。

第十一条 被征收房屋价值是指被征收房屋及其占用范围内的土地使用权在正常交易情况下，由熟悉情况的交易双方以公平交易方式在评估时点自愿进行交易的金额，但不考虑被征收房屋租赁、抵押、查封等因素的影响。

前款所述不考虑租赁因素的影响，是指评估被征收房屋无租约限制的价值；不考虑抵押、查封因素的影响，是指评估价值中不扣除被征收房屋已抵押担保的债权数额、拖欠的建设工程价款和其他法定优先受偿款。

第十二条 房地产价格评估机构应当安排注册房地产估价师对被征收房屋进行实地查勘，调查被征收房屋状况，拍摄反映被征收房屋内外部状况的照片等影像资料，做好实地查勘记录，并妥善保管。

被征收人应当协助注册房地产估价师对被征收房屋进行实地查勘，提供或者协助搜集被征收房屋价值评估所必需的情况和资料。

房屋征收部门、被征收人和注册房地产估价师应当在实地查勘记录上签字或者盖章确认。被征收人拒绝在实地查勘记录上签字或者盖章的，应当由房屋征收部门、注册房地产估价师和无利害关系的第三人见证，有关情况应当在评估报告中说明。

第十三条 注册房地产估价师应当根据评估对象和当地房地产市场状

况，对市场法、收益法、成本法、假设开发法等评估方法进行适用性分析后，选用其中一种或者多种方法对被征收房屋价值进行评估。

被征收房屋的类似房地产有交易的，应当选用市场法评估；被征收房屋或者其类似房地产有经济收益的，应当选用收益法评估；被征收房屋是在建工程的，应当选用假设开发法评估。

可以同时选用两种以上评估方法评估的，应当选用两种以上评估方法评估，并对各种评估方法的测算结果进行校核和比较分析后，合理确定评估结果。

第十四条 被征收房屋价值评估应当考虑被征收房屋的区位、用途、建筑结构、新旧程度、建筑面积以及占地面积、土地使用权等影响被征收房屋价值的因素。

被征收房屋室内装饰装修价值，机器设备、物资等搬迁费用，以及停产停业损失等补偿，由征收当事人协商确定；协商不成的，可以委托房地产价格评估机构通过评估确定。

第十五条 房屋征收评估价值应当以人民币为计价的货币单位，精确到元。

第十六条 房地产价格评估机构应当按照房屋征收评估委托书或者委托合同的约定，向房屋征收部门提供分户的初步评估结果。分户的初步评估结果应当包括评估对象的构成及其基本情况和评估价值。房屋征收部门应当将分户的初步评估结果在征收范围内向被征收人公示。

公示期间，房地产价格评估机构应当安排注册房地产估价师对分户的初步评估结果进行现场说明解释。存在错误的，房地产价格评估机构应当修正。

第十七条 分户初步评估结果公示期满后，房地产价格评估机构应当向房屋征收部门提供委托评估范围内被征收房屋的整体评估报告和分户评估报告。房屋征收部门应当向被征收人转交分户评估报告。

整体评估报告和分户评估报告应当由负责房屋征收评估项目的两名以上注册房地产估价师签字，并加盖房地产价格评估机构公章。不得以印章代替签字。

第十八条 房屋征收评估业务完成后，房地产价格评估机构应当将评估报告及相关资料立卷、归档保管。

第十九条 被征收人或者房屋征收部门对评估报告有疑问的，出具评估报告的房地产价格评估机构应当向其作出解释和说明。

第二十条 被征收人或者房屋征收部门对评估结果有异议的，应当自收到评估报告之日起 10 日内，向房地产价格评估机构申请复核评估。

申请复核评估的，应当向原房地产价格评估机构提出书面复核评估申请，并指出评估报告存在的问题。

第二十一条 原房地产价格评估机构应当自收到书面复核评估申请之日起 10 日内对评估结果进行复核。复核后，改变原评估结果的，应当重新出具评估报告；评估结果没有改变的，应当书面告知复核评估申请人。

第二十二条 被征收人或者房屋征收部门对原房地产价格评估机构的复核结果有异议的，应当自收到复核结果之日起 10 日内，向被征收房屋所在地评估专家委员会申请鉴定。被征收人对补偿仍有异议的，按照《国有土地上房屋征收与补偿条例》第二十六条规定处理。

第二十三条 各省、自治区住房城乡建设主管部门和设区城市的房地产管理部门应当组织成立评估专家委员会，对房地产价格评估机构做出的复核结果进行鉴定。

评估专家委员会由房地产估价师以及价格、房地产、土地、城市规划、法律等方面的专家组成。

第二十四条 评估专家委员会应当选派成员组成专家组，对复核结果进行鉴定。专家组成员为 3 人以上单数，其中房地产估价师不得少于二分之一。

第二十五条　评估专家委员会应当自收到鉴定申请之日起10日内，对申请鉴定评估报告的评估程序、评估依据、评估假设、评估技术路线、评估方法选用、参数选取、评估结果确定方式等评估技术问题进行审核，出具书面鉴定意见。

经评估专家委员会鉴定，评估报告不存在技术问题的，应当维持评估报告；评估报告存在技术问题的，出具评估报告的房地产价格评估机构应当改正错误，重新出具评估报告。

第二十六条　房屋征收评估鉴定过程中，房地产价格评估机构应当按照评估专家委员会要求，就鉴定涉及的评估相关事宜进行说明。需要对被征收房屋进行实地查勘和调查的，有关单位和个人应当协助。

第二十七条　因房屋征收评估、复核评估、鉴定工作需要查询被征收房屋和用于产权调换房屋权属以及相关房地产交易信息的，房地产管理部门及其他相关部门应当提供便利。

第二十八条　在房屋征收评估过程中，房屋征收部门或者被征收人不配合、不提供相关资料的，房地产价格评估机构应当在评估报告中说明有关情况。

第二十九条　除政府对用于产权调换房屋价格有特别规定外，应当以评估方式确定用于产权调换房屋的市场价值。

第三十条　被征收房屋的类似房地产是指与被征收房屋的区位、用途、权利性质、档次、新旧程度、规模、建筑结构等相同或者相似的房地产。

被征收房屋类似房地产的市场价格是指被征收房屋的类似房地产在评估时点的平均交易价格。确定被征收房屋类似房地产的市场价格，应当剔除偶然的和不正常的因素。

第三十一条　房屋征收评估、鉴定费用由委托人承担。但鉴定改变原评估结果的，鉴定费用由原房地产价格评估机构承担。复核评估费用由原房地产价格评估机构承担。房屋征收评估、鉴定费用按照政府价格主管部门规定的收费标准执行。

第三十二条 在房屋征收评估活动中，房地产价格评估机构和房地产估价师的违法违规行为，按照《国有土地上房屋征收与补偿条例》、《房地产估价机构管理办法》、《注册房地产估价师管理办法》等规定处罚。违反规定收费的，由政府价格主管部门依照《中华人民共和国价格法》规定处罚。

第三十三条 本办法自公布之日起施行。2003 年 12 月 1 日原建设部发布的《城市房屋拆迁估价指导意见》同时废止。但《国有土地上房屋征收与补偿条例》施行前已依法取得房屋拆迁许可证的项目，继续沿用原有规定。

八、关于进一步做好国有土地上房屋征收与补偿工作的实施意见[①]

关于进一步做好国有土地上房屋征收与补偿工作的实施意见

（2012 年 10 月 24 日 闽建〔2012〕13 号）

各设区市人民政府，平潭综合实验区管委会：

为进一步贯彻落实《国有土地上房屋征收与补偿条例》（以下简称《条例》），规范房屋征收与补偿行为，保障被征收房屋所有权人（以下简称"被征收人"）合法权益，促进和谐征收，经省政府同意，现就做好我省国有土地上房屋征收与补偿工作提出如下实施意见。

一、市、县（区）人民政府负责本行政区域的房屋征收与补偿工作。市、县（区）人民政府确定的房屋征收部门（以下称"房屋征收部门"）负责组织实施本行政区域的房屋征收与补偿工作。尚未确定房屋征收部门的

---

① 来源于福建省住房和城乡建设厅官网：https：//zjt. fujian. gov. cn/hygl/fdc/wjhb/201210/t20121031_ 2864101. htm，最后访问时间 2022 年 8 月 15 日。

市、县（区）人民政府要根据《条例》要求尽快确定房屋征收部门。

二、区人民政府作出房屋征收决定前，区房屋征收部门应当将征收补偿方案及方案论证意见等相关资料报所在市房屋征收部门备案。

三、房屋征收部门可以委托征收实施单位承担房屋征收与补偿的具体工作。房屋征收实施单位应当配备与履行房屋征收工作相适应的管理人员、专业技术人员、法律服务人员及其他相关工作人员。

从事房屋征收的工作人员应当具备与其岗位相适应的专业知识，定期接受培训，取得岗位证书。房屋征收实施单位应当实行规范化管理，具体办法由省住房和城乡建设厅制定。

四、市、县（区）人民政府作出房屋征收决定前，应当进行社会稳定风险评估；房屋征收决定涉及被征收人户数较多的，应当经政府常务会议讨论决定。被征收人户数较多的标准由各设区市人民政府制定并公布。

五、市、县（区）人民政府作出房屋征收决定前，应当牵头组织土地、规划、建设、城市综合执法等有关部门依法对征收范围内未经登记的建筑进行调查、认定和处理。各市、县人民政府可结合当地实际，制定未经登记建筑的调查、认定、处理办法。

六、被征收人可以选择以评估方式确定被征收房屋价值，也可以在征收补偿方案确定的签约期限内选择按照征收补偿方案进行补偿；在签约期限内选择按照征收补偿方案进行补偿的，不再进行分户评估。在签约期限内征收部门与被征收人达不成补偿协议，需由作出征收决定的市、县（区）人民政府作出补偿决定的，应当进行分户评估。

七、确定房地产价格评估机构应当遵循以下程序：

（1）房屋征收部门向社会发布征收评估信息；

（2）具有相应资质的房地产价格评估机构报名；

（3）房屋征收部门按照报名先后顺序公布具有相应资质的房地产价格评估机构名单；

（4）被征收人在规定期限内协商选定房地产价格评估机构，并将协商结果书面告知房屋征收部门；

（5）被征收人在规定期限内协商不成的，可以将50%以上被征收人选定的房地产价格评估机构视为多数意见确定评估机构；

（6）被征收人就评估机构的选定在规定的时间内无法形成多数意见的，由房屋征收部门通过公开摇号方式随机选定。房屋征收部门应当在摇号前5日内，在征收范围内公布摇号时间和地点。公开摇号时，被征收人代表、被征收房屋所在地基层政府、有关部门代表可以到场监督。

协商选定评估机构的期限由市、县房屋征收部门规定。

八、征收个人住宅，被征收人选择货币补偿且符合申请廉租房、公共租赁房、经济适用房、限价商品房等条件的，作出房屋征收决定的市、县（区）人民政府应当优先给予配租、配售，被征收人可以不轮候。

九、征收个人住宅，被征收人选择房屋产权调换且被征收房屋建筑面积不足45平方米、家庭成员2人以下的（含2人），按不低于45平方米进行安置；家庭成员3人以上的（含3人），按不低于60平方米进行安置。超过被征收房屋建筑面积的部分，被征收人应按照征收补偿方案规定补交差价。

十、因征收房屋造成搬迁的，房屋征收部门应当向被征收人支付搬迁费；选择房屋产权调换的，产权调换房屋交付前，房屋征收部门应当向被征收人支付临时安置费或者提供周转用房。安置房为高层建筑的，过渡期限一般不超过三年；安置房为多层建筑的，过渡期限一般不超过二年。

在前款规定的过渡期限内，房屋征收部门应当按规定标准支付被征收人临时安置费，但已经提供周转用房的除外。除不可抗力外，超过前款规定过渡期限的，房屋征收部门应当从逾期之月起，对自行过渡的被征收人双倍支付临时安置费，对提供周转用房的被征收人按规定标准支付临时安置费。但征收补偿协议约定逾期临时安置费标准超过上述规定要求的，按协议约定执行。逾期安置期间，遇临时安置费标准调整的，应自调整之月起按调整后标准发放临时安置费。

被征收人选择货币补偿或现房进行产权调换的，房屋征收部门应支付3个月的临时安置费。

搬迁费和临时安置费具体标准由各市、县人民政府制定。

十一、因征收房屋造成停产停业损失的补偿标准，根据生产经营者近三年的年平均净利润确定；生产经营期限不足三年的，以实际生产经营期限的年平均净利润确定。净利润根据企业实际缴纳的所得税推算。

停产停业期限，一般按不低于半年计算。

生产经营者承租房屋从事生产经营活动的，依照其与被征收人的约定分配停产停业损失补偿。

十二、在征收补偿方案确定的签约期限内，达不成征收补偿协议的，房屋征收部门应当书面通知被征收人进行最后一次协商，协商通知书应当载明协商的时间、地点。

仍然协商不成的，由房屋征收部门向市、县（区）人民政府申请作出补偿决定，并提交相关材料。市、县（区）人民政府在收到房屋征收部门的申请后，按照征收补偿方案作出补偿决定，并在房屋征收范围内予以公告。被征收人对补偿决定不服的，可以依法申请行政复议，也可以依法提起行政诉讼。

十三、房屋征收部门提供的产权调换房屋，应当符合国家和本省的房屋质量安全标准，水、电等配套设施齐全。产权调换房屋具备入住条件，方可交付使用。

产权调换房屋未进行初装修的，房屋征收部门应给予被征收人适当装修补偿，装修补偿具体标准由各设区市房屋征收部门制定。

十四、本意见自2012年11月1日起执行。

九、福建省人民政府办公厅关于进一步加强征迁安置房建设和管理工作的通知①

福建省人民政府办公厅关于进一步加强征迁安置房建设和管理工作的通知

（2011年11月11日　闽政办〔2011〕232号）

各市、县（区）人民政府、平潭综合实验区管委会、省人民政府各部门、各直属机构、中央驻闽各机构、各大企业、各高等院校：

近年来，各地加强征迁安置房建设，对妥善安置被征迁户，改善群众居住条件发挥了重要作用。但是，一些地区部分安置房项目建设也出现逾期交房、房屋工程质量等问题，引起省委、省政府高度重视，要求各地要及时采取措施，切实解决安置房建设管理中存在的问题，保障被征迁群众的合法权益。经省政府同意，现就进一步加强安置房建设和管理工作通知如下。

一、加强安置房建设计划，确保安置房用地供应。各地政府在作出土地和房屋征收决定前，应开展调查摸底工作，了解被征迁户安置需求，充分论证安置房建设规模、用地、资金、区位、进度等方面的可行性，合理确定安置房年度建设计划，并与城市近期建设规划和年度土地供应计划相衔接，统筹规划，合理布局，优先建设。安置房不得挪作他用。

因公共利益需要征收的土地和房屋，其安置房建设用地应优先保证，可不需使用旧村复垦新增耕地指标。各地在制定征收项目补偿安置方案时，要针对批准的项目，落实好安置房源。实行异地安置的，应选择交通方便、配套设施较齐全的区域安置。安置房未开工建设的，要明确安置地点，落实具

---

① 来源于福建省人民政府官网：http://www.fujian.gov.cn/zwgk/zxwj/szfbgtwj/201111/t20111118_1179573.htm，最后访问时间2022年8月15日。

体用地和开工时间。对安置房用地不落实、不能与征迁同步实施安置房建设的项目，不得实施征收。

二、落实安置房建设资金，加快实施安置房建设。各地政府在作出土地和房屋征收决定前，必须落实安置房建设资金，足额到位、专户存储、专款专用。各级财政部门会同有关部门要加强对安置房建设资金使用情况的监管，不得挤占、挪用。

各级发改、财政、土地、规划、建设、环保、消防、人防、电力等部门，要主动靠前服务，为安置房项目建设提供“绿色通道”，简化审核审批程序，缩短审批时限，建立联审、容缺预审制度，提高办事效率。安置房参建各方主体要投入足够力量，加强管理，在保证工程质量安全的前提下，加快施工进度。各地政府要高度重视和加强安置房周边基础设施配套建设，基础设施配套建设与安置房统一规划，及时施工，同步建成，保证安置房竣工后能够及时回迁安置。

安置房建设可选择专业化的项目管理单位代建。实行代建制的项目，应明确各方的权利、义务及奖惩规定。代建单位应严格履行代建合同，依照合同约定对代建项目投资、工期、质量、安全等负责；政府及相关部门要加强监督检查和协调服务，提供便利条件，确保安置房建设顺利进行。

三、确保安置房工程质量安全。各地要将安置房工程质量安全管理纳入保障性安居工程统一部署、一并巡查，强化工程质量保障措施。要严格执行抗震设防和建筑节能等强制性标准。项目法人对安置房建设质量负永久责任，其他参建单位按照工程质量管理规定负相应责任。实行建设、勘察、设计、施工、监理等单位负责人和项目相关负责人对项目质量负终身责任，实行在安置房建筑上设置质量责任永久性标牌制度，接受社会监督。全面实行住宅工程质量分户验收制度，未进行分户验收或分户验收不达标的，建设单位不得组织工程竣工验收，建设单位和施工单位要严格按照有关规定对安置房工程质量实施保修。相关部门要加大对工程质量安全监督检查力度，对存在工程质量安全问题或隐患的，对不符合强制性标准的，决不能交付使用，要责令限期整改，整改完毕经验收合格后方能交付使用。对工程建设各方主体违法行为要依法查处。

四、切实做好回迁安置工作。各地在制定和公布征收补偿安置方案时，要明确安置房的地点、户型、面积、单价以及安置房分配方案。要规范签订征收补偿协议，在协议中明确约定交房条件、逾期交房以及被征收户无故不办理回迁手续的相关责任，减少矛盾纠纷。要加快安置房交房进度，已建成的，要及时组织被征迁户回迁，办理交房手续。安置房分配要严格按照分配方案和征迁补偿安置协议进行，分配过程要公开、公正、公平，分配结果要公示。安置房交付使用时，建设单位要向安置户提供《住宅使用说明书》和《住宅质量保证书》，并按规定及时提供安置房办理土地和房屋登记所需材料。房管、国土部门要为安置户及时办理《房屋所有权证》和《土地使用权证》。对安置户提出的安置房质量等问题，要及时妥善处理。

五、落实工作责任。市、县人民政府是征迁安置房建设的责任主体，要把安置房建设和管理工作摆上重要议事日程，加强组织领导，及时协调安置房建设与管理过程中出现的问题，要明确部门责任，明确安置房建设和分配责任单位，切实做到规划到位、资金到位、供地到位、实施到位、监管到位和分配公平。各有关部门要各司其职、各负其责，加强合作，形成合力，共同做好安置房建设和回迁安置工作。设区市人民政府和平潭综合实验区管委会要加强对县（市、区）安置房建设和回迁安置工作的指导、监督、检查。对工作不落实、措施不到位的地区和责任单位，要通报批评，限期整改。

六、妥善处理逾期回迁安置问题。各地政府要立即组织对本地区征迁项目进行逐一排查，全面查清安置房用地未落实、建设进展慢以及已发生逾期回迁安置问题的项目。要在查清问题和项目的基础上，分门别类研究对策，及时采取针对性措施，逐一制订具体的解决方案，落实责任单位和责任人，限期解决。对属于项目建设单位责任的，要督促其尽快整改；对存在征迁双方矛盾纠纷的，要加强协调，及时妥善处理；对安置用地不落实、资金不到位以及涉及被征迁户多、协调难度大的项目，当地政府主要领导要亲自组织研究，加大协调力度，切实采取有力措施。

各地政府要高度重视，抓紧处理逾期回迁安置问题，各设区市、平潭综合实验区管委会要将本通知的落实情况，于2011年12月31日前报送省住房城乡建设厅和省国土资源厅，由省住房城乡建设厅汇总后报省政府办公厅。

十、福建省住房和城乡建设厅关于印发《福建省房屋征收实施单位规范化管理办法》的通知（2022修订）[①]

关于印发《福建省房屋征收实施单位规范化管理办法》的通知

（2022年5月23日　闽建〔2022〕6号）

福州市住房保障和房产管理局，厦门市自然资源和规划局，漳州、泉州、三明、莆田、南平、龙岩、宁德市住房和城乡建设局，平潭综合实验区自然资源与生态环境局：

为推进和谐征收和行业信用管理，保障被征收人合法权益，根据原《福建省房屋征收实施单位规范化管理办法》（闽建〔2017〕1号）实施情况，在广泛征求房屋征收部门和房屋征收实施单位修改建议的基础上，我厅进行了修订。现将修订后的《福建省房屋征收实施单位规范化管理办法》印发给你们，请遵照执行。

附件：《福建省房屋征收实施单位规范化管理办法》

---

① 来源于福建省住房和城乡建设厅官网：https：//zjt. fujian. gov. cn/xxgk/zfxxgkzl/xxgkml/dfxfgzfgzh-gfxwj/gfxwj/202205/t20220526_ 5920106. htm，最后访问时间2022年8月15日。

附件

福建省房屋征收实施单位规范化管理办法

第一条 为加强我省国有土地上房屋征收实施单位及其工作人员管理，保障被征收人合法权益，根据国务院《国有土地上房屋征收与补偿条例》和《福建省实施〈国有土地上房屋征收与补偿条例〉办法》的有关规定，结合本省实际，制定本办法。

第二条 本办法所称国有土地上房屋征收实施单位（以下简称征收实施单位），是指在省住房和城乡建设厅备案、接受房屋征收部门（以下简称征收部门）委托，从事国有土地上房屋征收与补偿具体工作，并按照委托合同约定向征收部门收取服务费用的单位。

第三条 省住房和城乡建设厅负责全省征收实施单位及其工作人员的监督管理工作。各设区市及平潭综合实验区征收部门负责本行政区域内征收实施单位及其工作人员的监督管理工作。

第四条 征收实施单位应当具备以下条件：

（一）经营范围应包含房屋征收（拆迁）业务；

（二）有固定的办公场所；

（三）征收工作人员不少于20人且50%以上具备大专以上学历或5年以上房屋征收工作经验；法律类、建筑工程类、经济类大学本科以上学历，或建筑工程类、经济类中级以上职称人员总数不少于3人。

第五条 征收实施单位应向省住房和城乡建设厅办理备案手续，并通过福建省网上办事大厅真实准确的提交下列材料：

（一）营业执照（副本）；

（二）法定代表人身份证明文件；

（三）固定办公场所证明材料；

（四）征收工作人员花名册及劳动合同；

（五）征收工作人员学历证书、职称证书等。

备案材料齐全的，省住房和城乡建设厅在收到备案材料后10日内予以备案，并发给《房屋征收实施单位备案证书》（以下简称备案证书）；备案材料不齐全的，不予备案。

征收实施单位在申请备案过程中存在弄虚作假行为的，备案前发现的不予备案，备案后发现的撤销备案证书，弄虚作假行为记入征收实施单位信用档案。

第六条 征收实施单位变更名称、法定代表人、办公场所，应当于变更之日起30日内通过福建省网上办事大厅申请变更备案，换领新的备案证书，原备案证书同时缴回。

征收实施单位变更主管部门的，应当与原主管部门妥善协商，不得影响已承接房屋征收项目的后续实施。

第七条 征收实施单位应当于备案证书有效期届满前60日内通过福建省网上办事大厅申请延续备案，换领新的备案证书。

第八条 征收实施单位应当配备与房屋征收业务相适应的工作人员，并做好以下工作：

（一）按照委托合同要求，依法做好房屋征收补偿具体工作；

（二）组织工作人员学习房屋征收法律法规和业务知识（以下简称专业技术培训）；

（三）接受征收部门的监督检查；

（四）管理本单位征收工作人员；

（五）采用信息化手段对房屋征收项目进行管理；

（六）按照档案管理要求，建立房屋征收补偿档案；

（七）及时填报房屋征收项目相关信息及征收实施过程进展情况。

第九条 征收实施单位不得转让或变相转让所承接的征收项目业务，不得接受单位和个人挂靠承接征收项目业务。

征收实施单位应当向社会公布咨询、投诉电话，受理被征收人的咨询、投诉。

第十条 征收实施单位原则上不跨设区市接受征收部门委托承担房屋征收与补偿具体工作。

征收工作人员原则上不同时在两个以上征收实施单位从事征收与补偿具体工作。

第十一条 征收实施单位从事房屋征收与补偿咨询、商谈、协议签订及回迁等具体业务的工作人员，应当参加专业技术培训，掌握最新房屋征收补偿安置政策。

第十二条 经过专业技术培训且符合下列条件之一的征收工作人员，可以担任房屋征收项目负责人：

（一）大学本科以上学历且有 2 年以上征收工作经验；

（二）建筑工程类、经济类中级以上职称且有 2 年以上征收工作经验；

（三）5 年以上征收工作经验。

第十三条 征收项目负责人应当承担以下职责：

（一）在实施房屋征收与补偿过程中，认真贯彻执行国家和本省有关房屋征收政策法规；

（二）主持制定征收实施方案及现场管理相关制度措施，掌握征收进度，推进和谐征收；

（三）组织调配和管理征收现场工作人员；

（四）及时与征收部门及其他相关部门进行沟通，协调各方面关系；

（五）了解征收项目动态，及时发现问题、消除征收矛盾纠纷隐患，确保征收工作平稳进行；

（六）按要求及时报送征收项目相关信息；

（七）征收部门及所在征收实施单位委托承担的其他职责。

第十四条 房屋征收实行征收项目负责人工作责任制。1 个房屋征收项目，征收实施单位应当至少配备 1 名征收项目负责人，超过 3 万平方米的房屋征收项目，应当适当增配。

征收项目实施过程中变更项目负责人的，征收实施单位应当向市、县

（区）房屋征收部门报备，不得影响房屋征收项目的后续实施。

第十五条 征收部门应当通过现场巡查、抽查、投诉举报核查或专项检查等方式，对征收实施单位、工作人员及征收项目进行监督管理。

征收实施单位应当予以配合，并根据要求提供相关材料。

第十六条 省住房和城乡建设厅组织各设区市和平潭综合实验区征收部门，按照《福建省房屋征收实施单位信用评价评分标准》（详见附件）对征收实施单位开展年度信用评价，信用评价结果向社会公开。

信用评价结果由高到低分为A、B、C三个等级，记入征收实施单位信用档案。

第十七条 征收实施单位应根据信用评价要求，向所在地征收部门提交以下材料：

（一）填报《年度信用评价手册》；

（二）备案证书（副本）；

（三）征收工作人员花名册，并附专业技术培训证明材料；

（四）上年度征收业绩统计表。

第十八条 逾期未申请参加年度信用评价的征收实施单位，其年度信用评价等级按C级评定。

第十九条 征收实施单位有下列行为之一的，由征收部门责令其改正，其年度信用评价等级按C级评定，相关行为记入征收实施单位信用档案：

（一）伪造、涂改、转让备案证书；

（二）转让或变相转让所承接的征收项目业务，或接受单位和个人挂靠承接征收项目业务；

（三）拆除未签订补偿协议的房屋及附属设施；

（四）与被征收人恶意串通，谋取私利；

（五）对征收部门要求其依法处理的投诉，拒不处理或者拖延处理，未按要求反馈处理情况；

（六）在申请备案、信用评价过程中弄虚作假的；

（七）在征收实施过程中存在其他违法违规行为，损害被征收人合法权益。

第二十条 征收工作人员有下列行为之一的，由征收实施单位将其调离原岗位，相关行为记入征收实施单位信用档案：

（一）接受被征收人财物；

（二）私自涂改或违规签订房屋征收补偿协议；

（三）对被征收人实施断水、断电、断气、阻断通讯、阻断通道等行为；

（四）与被征收人串通提供虚假材料，谋取不当利益；

（五）激化征收矛盾，造成不良后果或产生恶劣影响；

（六）人民法院生效判决认定的其他征收补偿违法行为。

征收实施单位未将有上述行为的工作人员调离原岗位的，其年度信用评价等级按C级评定。

第二十一条 除本办法第十八、十九、二十条规定的情形外，征收实施单位年度信用评价等级评定为C级的，征收部门责令其单位在规定的期限内进行整改，并对其单位进行复核，复核评定等级作为其单位年度信用评价等级。

第二十二条 市、县（区）征收部门应当将信用评价结果作为委托征收实施单位的重要参考因素。

经社会稳定风险评估认为征收项目存在一定风险的，市、县（区）征收部门应当优先委托信用评价等级高的征收实施单位。

第二十三条 本办法自发布之日起施行，有效期至2032年4月30日，原《福建省房屋征收实施单位规范化管理办法》（闽建〔2017〕1号）同时废止。

附件：福建省房屋征收实施单位信用评价评分标准

附件

福建省房屋征收实施单位信用评价评分标准

征收实施单位名称： **得分：**

项目	评价内容	规定分值	评分细则	评价得分
一、机构设置（9分）	1. 依法登记设立的独立法人单位，有承担相应法律和经济责任的能力	2	符合2分，不符合0分	
	2. 专业从事房屋征收实施工作，不以营利为目的	2	符合2分，不符合0分	
	3. 内部机构设置合理，工作职责明确	1	符合1分，不符合0分	
	4. 有专用固定办公场所	2	符合2分，不符合0分	
	5. 档案室单独设置，符合档案保管要求	1	符合1分，不符合0分	
	6. 有单独的会议室、财务室	1	符合1分，每少1项扣0.5分	
二、人员配备（12分）	1. 工作人员不少于20名	3	符合3分，每少1名扣0.5分，扣完为止	
	2. 所有工作人员已订立劳动合同	3	符合3分，每少1名扣0.5分，可以倒扣分	
	3. 从业人员中建筑工程、经济类中级以上技术职称或建筑工程、经济、法律类大学本科以上学历者不少于3名	2	符合2分，不符合0分	
	4. 项目负责人不少于1人，并熟练掌握房屋征收及相关法规政策	2	符合2分，不符合0分	
	5. 工作人员中50%以上具有大专以上学历或5年以上征收工作经验	2	符合2分，不符合0分	

续表

项目	评价内容	规定分值	评分细则	评价得分
三、办公硬件（4分）	1. 具备应急通讯和应急车辆	1	符合1分，少1项扣0.5分，扣完为止	
	2. 配备现场办公用计算机、打印机、扫描仪、复印机等设备	1	符合2分，基本符合1分，不符合0分	
	3. 计算机连接互联网，基本实现办公自动化	1	符合1分，不符合0分	
	4. 使用房屋征收补偿安置协议网上签约系统	1	符合1分，基本符合0.5分，不符合0分	
四、制度建设（7分）	1. 岗位责任、技术责任明确，有培训、考核计划、落实情况记录	1	符合1分，基本符合0.5分，不符合0分	
	2. 建立并公开投诉处理制度，正确解决异议诉求，投诉及时记录、处理与反馈	1	符合1分，基本符合0.5分，不符合0分	
	3. 建立并落实统计管理制度，及时报送征收项目信息	3	符合3分，基本符合1分，不符合0分	
	4. 建立房屋征收突发事件应急预案	1	符合1分，基本符合0.5分，不符合0分	
	5. 建立房屋征收工作廉洁自律制度，遵守职业道德，无类似方面的群众投诉	1	符合1分，基本符合0.5分，不符合0分	

续表

项目	评价内容	规定分值	评分细则	评价得分
五、档案管理（20分）	1. 档案管理规范，资料齐全，分类清晰，查阅方便，已完成项目全部装订归档	2	符合2分，基本符合1分，不符合0分	
	2. 综合档案齐全。每个项目的综合档案应包括：房屋征收实施委托合同、征收决定及征收决定公告、房屋征收红线图、社会稳定风险评估报告、房屋征收调查认定处理结果、征收补偿方案及征求意见和修改情况、评估报告及补偿结果汇总、各项资料公示的照片及原始的材料。涉及作出征收补偿决定、强制执行的还应包括相关资料	3	符合3分，每少1项扣0.5分，扣完为止	
	3. 征收委托合同职责明确，内容包括房屋征收范围、委托实施征收的费用及支付方式、工作要求、违约责任	2	符合2分，基本符合1分，不符合0分	
	4. 一户一档，每户的档案应包括：调查影像资料、调查认定处理结果、房屋征收分户评估报告、相关资料送达回执、房屋征收补偿安置协议、商谈记录、交房验收记录、领款凭证、被征收人身份证明及其他相关资料	10	抽查10户征收档案，任何1户每少1项扣1分，可以倒扣分	
	5. 房屋征收补偿安置协议权利义务明确、填写清楚、表述规范、结构完整，有征收部门、被征收人签字盖章	3	符合3分，基本符合2分，不符合0分。无合法委托手续由其他人代签的扣1分，出现空白协议的扣3分	

续表

项目	评价内容	规定分值	评分细则	评价得分
六、现场管理（28分）	1. 现场办公室整洁规范，标志清晰	2	符合2分，不符合0分	
	2. 做好征收项目现场有关信息公示。包括：房屋征收决定及公告、实施单位基本情况、实施人员持证上岗情况、房屋征收相关政策法规、现场工作制度、监督举报电话、调查认定结果、征收补偿方案、安置房源信息等。评估机构选定结果、分户评估结果、申请住房保障的被征收人情况、补偿决定、分户补偿结果等	15	现场公示资料，每少1项扣1分，扣完为止	
	3. 现场工作人员佩戴工作标识	3	符合3分，不符合的发现1人扣1分，扣完为止	
	4. 积极宣传政策，认真做好谈话记录	2	符合2分，基本符合1分，不符合0分	
	5. 政策宣传到位，印发征收须知、悬挂横幅标语、设置宣传栏	2	符合2分，基本符合1分，不符合0分	
	6. 现场设置信访接待处，信访矛盾处置及时，未发生因实施单位工作不当引发的重大信访事件	4	符合4分，基本符合2分，重大信访处理不及时的扣4分	

续表

项目	评价内容	规定分值	评分细则	评价得分
七、单位管理（20分）	1. 组织征收工作人员定期开展专业学习或教育，并有学习记录	1	符合1分，不符合0分	
	2. 开展行风建设、廉洁自律及职业道德等教育，并有学习记录	1	符合1分，不符合0分	
	3. 在新承接的征收项目里从事征收与补偿具体工作的人员，一年内参加过专业技术培训，掌握最新房屋征收安置补偿政策	5	符合5分，不符合的发现1人扣1分，可以倒扣分	
	4. 明确档案管理员、统计员、信息联络员、安全员以及专职信访员	2	每缺1项扣0.5分，扣完为止	
	5. 按规定时限申请参加信用评价，积极配合评价工作	2	符合2分，不符合0分	
	6. 按规定要求申请备案证书延续	3	符合3分，不符合的从逾期之日起扣1分，逾期时间累计每增加1个月再扣0.5分，可以倒扣分	
	7、按规定要求申请办理备案信息变更	2	符合2分，不符合0分	
	8、征收项目变更项目负责人及时向主管部门报备	2	符合2分，不符合0分	
	9、信用评价年度内各级征收部门巡查、抽查或专项检查未通报问题	2	符合2分，不符合的通报1次扣1分，可以倒扣分	

续表

项目	评价内容	规定分值	评分细则	评价得分
八、加分项目（12分）	1. 采用信息化手段管理房屋征收项目	4		
	2. 所承接的征收项目在上一年度被评为和谐征收示范项目的	4		
	3. 长期专注于在某一地区内承接房屋征收业务，熟练掌握该地区房屋征收补偿安置政策	4		
九、直接认定年度信用评价等级为C级的情形	1. 征收实施单位有第十九条规定的违规行为之一的			
	2. 工作人员有第二十条规定的违规行为之一，且未被调离原岗位的			
	3. 逾期未申请参加信用评价的			
合　计				

备注：1. 评价得分在90分以上（含90分）评定等级为A级，70分—89分（含70分、89分）评定等级为B级，70分以下评定等级为C级。

2. 信用评价年度无征收项目的，第六项现场管理得分按项目总分值的80%计算；连续两年无征收项目的，第六项现场管理得分按项目总分值的60%计算；连续三年无征收 项目的，第六项现场管理得分按项目总分值的40%计算。尚未首次承接征收项目的，第五项档案管理得分按项目总分值的80%计算。

3. 评分细则中描述为“扣完为止”的，该条扣分分值不超过该条评价内容的规定分值；描述为“可以倒扣分”的，该条扣分分值根据扣分规则和不符合评价内容的人次、数量等进行计算，允许超过该条评价内容的规定分值，但不超过该条评价内容所在项目的总分值。

十一、福建省人民政府办公厅关于推广和谐征迁工作法的通知[①]

福建省人民政府办公厅关于推广和谐征迁工作法的通知

（2011年9月29日　闽政办〔2011〕209号）

福建省和谐征迁工作法

近年来，为实现和谐征迁，全省各地做了大量工作，摸索出许多行之有效的办法。实践证明，开展和谐征迁应把握好以下五个方面的基本做法和工作要点：

一、主要领导“五亲自”。市、县（区）人民政府切实发挥好在征迁工作中的主体作用，主要领导带头抓，把征迁工作摆在重要位置。

（一）亲自调研征迁现场。通过召开座谈会、走访被征迁户等多种形式，听取征迁工作情况，了解被征迁群众的建议和诉求，引导群众、发动群众，为顺利开展征迁工作打好基础。

（二）亲自研究征迁方案。组织深入研究，制订科学合理的征迁方案，明确工作计划、工作要求、职责分工和保障措施，确保有计划、有步骤地推进征迁工作。

（三）亲自协调重大问题。对涉及征迁补偿具体标准、企业和集体资产补偿、征迁补偿费用的分配和使用等重大事项，要召集相关部门统筹协调、逐一解决。

（四）亲自督促征迁进度。动态掌握征迁工作进展情况，狠抓工作计划

① 来源于福建省人民政府官网：http：//zfgb.fujian.gov.cn/4068，最后访问时间2022年8月15日。

和措施的落实。对征迁关键节点，要深入一线指挥调度，加强指导，增强合力，综合运用各种手段，依法高效地加大推进力度。

（五）亲自关怀工作人员。经常过问征迁工作人员的工作和生活，注重在征迁工作一线中发现、培养和考察干部。对群众观念强、善于做群众工作、化解矛盾的工作骨干，在评先评优、提拔交流等方面予以优先考虑。

二、工作班子“五尽心”。组建强有力的工作班子，选调熟悉政策、责任心强、作风正派、群众信得过的干部以及法律、财务等专业人才，注重工作方法，以人为本，以理服人、以情感人。

（一）尽到热心。就地就近设立咨询点，安排熟悉政策的工作人员接待群众咨询，坚持有问必答。对无法现场回答的问题要一一记录，及时予以反馈。

（二）尽到细心。认真细致地开展土地、房屋丈量、房屋评估、地面物清点等工作，不走过场、不重不漏，摸清被征迁土地和房屋面积、区位、权属状况、用途以及群众的家庭结构、生活水平等基本情况，汇总整理好相关资料档案，切实做到底数清、情况明。

（三）尽到耐心。把思想工作做上门、做到家，笑对冷面孔、不怕闭门羹，不厌其烦地做好宣传解释、疏通劝导。对被征迁群众提出的各种问题和意见，全面收集整理，充分调查论证，反复细致研究，充分尊重群众合理的意愿。

（四）尽到真心。视拆迁户为亲人，真心真意与群众交朋友，多站在群众立场考虑问题，在政策允许的范围内为群众争取最大利益。

（五）尽到公心。征迁的每一个环节、每一个细节，做到严肃政策，严肃纪律，统一公正，依法准确，维护政府公信力，坚决杜绝玩忽职守、滥用职权、徇私舞弊以及损害群众、企业、农村集体经济组织合法权益的行为。

三、组织实施“五到位”。征迁工作的安排部署要周密细致，依法依规，有序运作，使征迁顺利进行、圆满完成。

（一）宣传发动要到位。结合征迁工作各阶段，把握宣传导向、内容和节奏，营造良好的社会氛围。征迁正式启动实施之前，不仅要组织召开村民代表会、户主会、党员会等，还要挨家挨户，面对面、点对点，讲政策、摆事例、说道理，把规划用途、征迁意义、补偿安置办法讲清楚。

（二）征求意见要到位。补偿安置方案要根据法规和政策规定，与群众“零距离”沟通，充分保证群众的知情权和参与权。对群众反映的问题要逐一甄别，研究制定解决方案、配套措施，统一解释口径，消除群众误解，取得最广泛的认同，最大限度保障被征收人的合法权益。

（三）规定程序要到位。征收土地前的告知、确认、听证，征地中的征地公告、征地补偿安置方案公告、征地补偿登记；城镇房屋征收补偿方案论证、公开征求意见、听证，评估机构选定、社会稳定风险评估、政府常务会议讨论等法定程序，都要不折不扣执行。

（四）公开透明要到位。征收实施过程要全程公开，杜绝暗箱操作，确保各环节都在群众监督下、在阳光下进行。征迁补偿政策、征迁补偿方案、征迁补偿结果必须及时公布。

（五）维护稳定要到位。加强社会稳定风险评估，妥善预防和处置容易引发不稳定风险的环节和因素。按照国务院《信访条例》和我省信访工作路线图的规定，认真处理相关信访工作，把矛盾化解在萌芽状态。

四、安置补偿“五严格”。按照集体土地征收补偿安置和国有土地房屋征收补偿的政策要求，切实维护群众合法权益，确保征迁补偿资金及时足额发放到群众手中。

（一）严格征迁标准。征迁工作的任何一个阶段，始终坚持统一的征迁标准，一视同仁，不搞人情账，不随意更改，切实做到“一把尺子量到底”、“一碗水端平”，避免引起群众反弹，政府失信。

（二）严格预存制度。征收土地，要确保在组织用地报批前，将不低于总额50%的征地补偿资金存入征地资金专户。城镇房屋征收，在作出征收决定前，征收补偿费用要足额到位，专户存储、专款专用。

（三）严格支付方式。坚持征迁补偿费发放的相关制度，严格履行发放职责，依程序办理。征地补偿款中应补偿给被征地农民的部分，要根据农村集体经济组织提出的被征地农民名单和征地补偿费的分配方案，直接支付给被征地农民。

（四）严格支付时限。征收土地，要确保征地补偿安置方案批准后三个月内，征地补偿费全额支付给被征地农村集体经济组织和农民个人。城镇房屋征收，要做到“先补偿、后搬迁”。

（五）严格资金监管。认真落实农村集体经济组织的民主理财、村务公开和农村审计等各项制度，加强农村集体经济组织内部征地补偿费用分配和使用的监督，规范征地补偿费的使用行为，加强审计监督，严肃查处贪污、挪用、私分、截流、拖欠征迁补偿费用行为。

五、征迁安置“五满意”。通过统筹解决群众的安置问题、出路问题和发展问题，让被征迁群众满意。

（一）满意工作方法。实施征迁之前，征迁工作人员进村入户，深入被征迁群众中宣传政策，解答问题，消除疑惑，做到思想先沟通、政策先宣传，确保工作纵向到底、横向到边。动迁过程中，禁止采用强迫、威胁等方式对待被拆迁群众。安置过渡期中，及时、主动地帮助被征迁群众解决实际困难。

（二）满意安置方式。除了货币补偿和产权调换外，因地制宜采取农业安置、就业安置、征地款入股等多种安置方式。耕地后备资源较多的地方，可采取农业安置，通过内部调整土地安置被征地农民。经济较发达地区，可采取货币安置与就业安置相结合，在发放补偿款的同时，实施积极的就业政策，使农民失地不失业。有长期稳定收益的项目用地，村集体和农户在自愿的前提下，可以征地补偿款入股，根据合同约定，获取收益。

（三）满意居住环境。在规划安置房时，尽量满足群众就地或就近安置的愿望。安置房要同步规划、同步建设，在农村地区积极推广统一选址、统一规划、统一设计、统一建设、统一配套，实现“旧房变新房、有新房有新村”，改善广大群众的居住环境、条件和质量，变安置为安居。

（四）满意生活保障。从群众的长远生计考虑，努力为群众提供长期可靠的最低生活保障、医疗保障、养老保障，努力提供受教育和就业培训的机会，努力提高群众的文化素质和职业技能，努力解决群众的后顾之忧。

（五）满意后续管理。对安置落户后的群众，要关心其在社区生活、田间地头、就业就学等方面的实际困难，让群众享受到公共服务，感受到政府的温暖，产生良好的示范效应，引导更多群众支持征迁工作。

十二、福建省住房和城乡建设厅关于推进住房保障方式转变和房屋征收货币化安置工作的指导意见[①]

关于推进住房保障方式转变和房屋征收货币化安置工作的指导意见

（2015 年 5 月 29 日　闽建住〔2015〕9 号）

各市、县（区）人民政府、平潭综合实验区管委会，省直有关部门：

为提高住房保障效率，缩短房屋被征收人过渡周期，打通商品房与保障房转换通道，促进房地产市场平稳健康发展，经省政府同意，现就推进住房保障方式转变和房屋征收货币化安置工作提出如下指导意见：

一、加快转变住房保障方式

（一）向符合条件的住房保障对象发放货币补贴

住房保障逐步实行实物保障与货币补贴并重，“补砖头”与“补人头”并举。对符合条件的公共租赁住房保障对象发放租赁住房补贴，由其自行承

---

① 来源于福建省住房和城乡建设厅官网：https：//zjt.fujian.gov.cn/hygl/zfbz/wjhb/201506/t20150602_2885804.htm，最后访问时间 2022 年 8 月 15 日。

租住房。鼓励有条件的市（含平潭综合实验区，下同）、县，对符合条件的经济适用住房、限价商品住房保障对象发放购房补贴，由其自行购买住房。通过租房与购房补贴，增强城镇中低收入住房困难家庭承租或购买住房的能力。

采取租赁货币补贴的，要合理测算确定住房租赁补贴标准，并建立起随着市场租金变化进行动态调整的机制；要实行差别化补助，对城镇低保住房困难家庭，可以按照当地市场平均租金确定租赁住房补贴标准；对其他城镇中低收入住房困难家庭，可以根据收入情况等分类确定租赁住房补贴标准。

采取购房货币补贴的，要根据当地经济发展水平、住房价格水平、住房不同区域等因素，科学确定购房补贴标准，可以以户为单位，也可以以保障标准内单位面积，确定购房货币补贴标准。

要加强租赁、购房货币补贴的管理。实施租赁、购房货币补贴的市县，要制定租赁和购买住房货币补贴及补贴领取操作细则，公开操作程序，严格审核审批，接受社会监督。对公共租赁住房保障对象发放租赁货币补贴，应凭房屋租赁合同领取；对不再符合保障条件的，应及时停止发放货币补贴。对经济适用住房、限价商品住房保障对象发放购房货币补贴，应明确住房的性质认定以及所购房屋的产权界定和上市交易以及收益分配办法。

（二）采取购买存量住房、长期租赁住房方式筹集公共租赁住房房源

公共租赁住房房源筹集要从政府直接投资新建，向购买存量商品住房、在市场上长期租赁转变。各市、县可采取政府购买或长期租赁存量商品住房的方式，也可以采取鼓励房地产开发企业将存量商品住房改造为公共租赁住房的方式，由政府配租给公共租赁住房用户。2012 年底前开工建设的公共租赁住房项目，2015 年底前 90%要完成分配入住，未完成的市、县，原则上不再新开工建设公共租赁住房，确需新建公共租赁住房的市、县，要将申请轮候数量、新建项目选址、项目配套基础设施等情况报送省住房和城乡建设厅备案，确保公共租赁住房与配套基础设施同步规划、同步报批、同步建设、同步交付使用。

购买存量商品住房作为公共租赁住房的，房源可以是新建商品住房或存量住房，套型面积应符合公共租赁住房要求，原则上不得超过80平方米。房源产权合法明晰，无权属纠纷。房源所在区域应相对成熟，交通比较便利、配套设施较为齐全，确保满足保障对象就业、就医、就学、出行等需要。房源为存量房的，房龄宜在10年以内，无质量和安全隐患。

在市场上长期租赁住房作为公共租赁住房的，房源的租金应当综合考虑同区位同类房屋的市场租金、收储房源的结构、成新、装修、配套设施及房屋现状等因素合理确定，适当控制租金水平。租金控制标准由市县住房保障主管部门会同财政部门根据房屋租赁市场价格监测情况确定和适时调整。长期租赁的房源，市县住房保障实施机构应与房屋所有权人协商一致，书面签订收储房屋租赁合同，租赁期限应当在3年以上，毛坯房租赁期限应当在5年以上。收储毛坯房的，经与房屋所有权人协商一致，按照公共租赁住房装修标准依法组织装修，收储房屋租赁合同约定的租赁期限届满且实际租赁期限超过5年的，房屋装修设施可以无偿归房屋所有权人所有。

转变住房保障方式要与现行住房保障体系相衔接，保持政策的延续性，要制定可操作的实施细则，严格分配与使用管理。各地通过货币保障的户数以及购买等形式筹集的保障性住房均可按规定列入保障性安居工程统计口径，所需资金可从按规定渠道筹集的保障性安居工程专项资金中列支，并享受相应的税费优惠政策。

二、大力推进房屋征收货币化安置

（一）因地制宜统筹房屋征收安置方式。截止2015年6月底，按近3年新建商品住房月均销售量计算，新建商品住房库存去化期限超过24个月或者安置房源充足的市、县，新实施的房屋征收项目（含棚改项目），原则上暂停建设安置房。被征收人选择产权调换的，由各市、县（区）政府在现有安置房源中予以调剂；现有安置房源数量不满足产权调换需求的，由各市、县（区）政府统购存量商品住房（含二手房，下同）作为安置房。统购商品住房作为安置房源，按照相应政策享受契税减免。

对已实施完成或正在实施的房屋征收（拆迁）项目，安置房尚未动工建设的，经征收（拆迁）人可以与被征收（拆迁）人（以下称“被征收人”）协商一致，停止建设安置房，采取变更安置房源、选择货币化安置等方式予以安置，并可根据协商一致的数量，调减安置房建设数量。

（二）鼓励被征收人选择货币化安置。被征收房屋的货币化安置补偿款总额包括被征收房屋价值补偿、被征收人搬迁费、临时安置费及相关奖励款项等。征收补偿方案确定的被征收房屋价值货币补偿标准，不得低于在相同区位、地段在售新建普通商品住房的价格。

被征收房屋的价值由房屋征收部门与被征收人根据征收补偿方案确定的货币补偿标准协商确定。协商不成的，由具有资质的房地产估价机构评估确定。房地产估价机构在进行评估时，应当选取与被征收房屋相同区位、地段的在售新建普通商品住房（不含精装房）作为参考交易案例。

各市、县（区）政府可根据本地实际情况，按征收补偿方案确定的货币补偿标准的一定比例，对选择货币化安置的被征收人给予一次性奖励，具体奖励比例由各市、县（区）政府制定。

（三）推进货币化安置补偿款购买存量商品住房。在签订货币化安置协议时，允许被征收人在货币化安置协议中，载明其配偶及父母子女姓名。已载入货币化安置协议的被征收人配偶及父母子女，持货币化安置协议申请《货币化安置证明》的，房屋征收部门应予以出具。除购买别墅外，被征收人及其配偶、父母子女持《货币化安置证明》购买存量商品住房（以下简称商品房），一律按首套房认定，享受首套房有关优惠政策。被征收人购买商品房的成交价格不超过货币化安置补偿款的，免征契税；成交价格超过货币化安置补偿款的，仅对其差额部分按规定征收契税。

被征收人领取货币化安置补偿款后，在货币化安置协议签订之日起 12 个月内（含 12 个月）购买本市、县新建商品住房的，凭商品房买卖合同备案登记证明、购房款支付凭证和《货币化安置证明》，由市、县政府按照购房款（不超过货币化安置补偿款总额）的一定比例给予一次性奖励。具体奖励比例由各市、县政府确定。被征收房屋（不含房改房）已缴交的住宅专项维修资金尚未用完的余额，由住宅专项维修资金代管部门向被征收人退还。

自货币化安置协议签订之日起 2 年内，被征收人子女仍可在原被征收房屋划片区内公办义务教育阶段学校入学，学校应视同片内生源办理。被征收人以货币化安置补偿款购买商品房后，也可凭《购房合同》和《货币化安置证明》在商品住房所在片区，办理户口迁入和子女转学、入学等手续。

三、规范统购存量商品住房作为保障房安置房操作程序

统购新建商品住房作为保障房、安置房，按下列程序进行操作：（一）确定统购单位。由市、县（区）政府指定房屋征收（住房保障）部门或其他单位作为统购单位。（二）发布统购公告。统购单位通过政府网站或报纸等途径发布统购公告，内容包括统购套数、户型结构、价格要求、交付时间等。（三）报名参加统购。拟参与统购的房地产企业在统购公告规定的时间内报名，并提交拟参与统购的房源具体情况（包括项目名称、具体座落、面积数量、销售均价等）。（四）委托进行评估。统购单位通过政府网站或报纸等途径，发布选取二级以上资质的房地产估价机构公告，并从报名的房地产估价机构中随机抽取 3—5 家，委托其进行评估。被抽中的房地产估价机构采取“背靠背”方式，分别对房地产企业所提交的房源进行单位面积估价。（五）专家进行复核。统购单位在收到估价机构出具的估价报告后，应委托房地产评估专家委员会（以下称专家委员会）对估价报告进行复核，由专家委员会出具复核意见，并由专家签名。经专家委员会复核，估价报告需要修正的，估价机构应当按照专家委员会的复核意见修正估价报告。（六）确定统购基价。统购单位根据经复核或修正后的估价报告，将估价报告载明的统购房源单位面积估价进行加权平均，以该加权平均数作为统购基准价，且所有房源均不考虑楼层、朝向价差。（七）进行价格谈判。统购单位分别与已报名的房地产企业进行价格谈判。经谈判，最终确定的成交价格原则上应低于统购基准价10%以上，并以房地产企业承诺最大下浮幅度计算出的价格作为拟成交价格。（八）选择成交单位。统购单位根据谈判情况，结合征收项目或保障房的实际需求，按照价格就低、位置就近的原则，以承诺最大下浮幅度的房地产企业作为拟成交单位。（九）报经政府确认。统购单位将拟成交单位报市、县（区）政府确认。对于受所在区位、房源数量等条件限制，个别统购房源谈判后价格已低于统购基准价格5%以上、无法低于10%，但属于急需购买用于安置和住房保障的，经市、县（区）政府研究同意，可以统购作为安置房、保障房。（十）签订统购合同。成交单位经市、县（区）政府确认后，由统购单位与成交单位签订统购协议。统购部门应在签订统购协议之日起10日内，将统购协议报送房屋交易管理机构备案。统购二手房作为保障房、安置房的参照以上操作程序办理。

四、搭建被征收人选购商品房服务平台

各市、县（区）政府应当梳理存量商品房项目库存清单，搭建被征收人选购商品房服务平台。鼓励、引导信誉良好、无不良记录的房地产企业、中介机构进入服务平台发布房源信息，进行项目对接。各市、县（区）政府可以统一组织被征收人“团购”商品房用于安置，由房地产企业与项目所在地政府征收部门签订被征收人“团购”优惠协议，承诺“团购”优惠幅度。“团购”房地产企业的入围规则，由各市、县（区）政府制定。

本《指导意见》自2015年6月1日起施行。本《指导意见》施行前已依法取得房屋拆迁许可证或已作出征收决定的项目，继续沿用原有的规定办理，其中：对于原实行产权调换尚未完成安置的项目，经征收人（拆迁人）与被征收（拆迁）人协商一致，改为实行货币化安置的，按本《指导意见》执行。各市、县（区）政府及平潭综合实验区管委会应根据本意见要求，研究制定具体实施意见。

十三、泉州市推进房屋征收补偿安置工作若干意见①

泉州市推进房屋征收补偿安置工作若干意见

（2022 年 1 月 29 日　泉政办〔2022〕9 号）

为促进被征收人更理性地选择补偿安置方式，更好地推进我市房屋征收补偿安置工作，根据《国有土地上房屋征收与补偿条例》《福建省实施〈国有土地上房屋征收与补偿条例〉办法》和《泉州市国有土地上房屋征收与补偿规定》等有关规定，现就泉州市推进房屋征收补偿安置工作提出如下意见：

一、依法确定被征收房屋补偿的市场价值

拟实施的国有土地上房屋征收项目，各县（市、区）和泉州台商投资区房屋征收部门在制定补偿安置方案前，应当通过公开摇号的方式选择 5 家以上单数（含 5 家）资质等级高、综合实力强、社会信誉好的房地产价格评估机构，对房屋征收补偿基准价进行评估，通过截尾均值的方式确定被征收房屋货币补偿安置参考价，并随房屋征收补偿方案一并公示征求意见。委托费用纳入征收成本，标准按福建省房地产协会估价与经纪委员会印发的《福建省房地产估价行业收费指导意见》（闽房协估经委〔2016〕8 号）有关规定执行。

征求意见期间，被征收人对房屋征收补偿方案中的被征收房屋货币补偿安置参考价有异议的，房屋征收部门应当委托泉州市房屋征收评估专家委员会对各评估机构出具的房屋征收补偿基准价评估结果进行鉴定并出具鉴定意

① 来源于泉州市人民政府官网：http：//www. quanzhou. gov. cn/zfb/xxgk/ztxxgk/zf/bzxzf/bzxzf/202202/t20220224_ 2699931. htm，最后访问时间 2022 年 8 月 15 日。

见。经鉴定认可的评估结果作为确定被征收房屋货币补偿安置参考价的依据。鉴定费用按《福建省实施〈国有土地上房屋征收与补偿条例〉办法》第十六条纳入征收成本。

二、建立房屋征收评估基础信息

各级房地产管理部门和不动产登记机构应当于每季度末及时将本季度辖区内的商品房备案信息、房地产交易信息上传至房地产估价交易案例信息系统，泉州市住建局负责收集普通商品房和二手房交易价格，为市场化评估被征收房屋补偿价值提供基础信息。

三、统筹房屋征收安置方式

推行安置型商品房建设模式，配套建设对接安置型商品房，按照商品房运作模式组织开发建设面向被征收人定向销售。安置型商品房住宅的户型、套数、销售价格、开竣工时间及款项支付时间、支付比例及违约责任等各项要求由项目业主明确，并作为土地“招拍挂”条件由资源规划部门纳入土地出让合同条款，由开发企业办理安置型商品房预售许可，房屋征收部门组织选房、购房。

除法律法规规定应当就近就地安置外，各县（市、区）和泉州台商投资区可调剂既有剩余安置房源或统筹存量商品住房作为新实施的房屋征收项目产权调换房源，并按等价置换的原则互补差价。新实施的房屋征收项目原则上不再自建安置房。

各县（市、区）和泉州台商投资区要继续加大本辖区内已实施但尚未动工建设安置房的房屋征收（拆迁）项目排查力度，对已经逾期安置的，应当制定鼓励货币补偿或异地安置政策，促进被征迁群众早日落实安置补偿，减少安置房建设数量和逾期安置成本。

本意见自公布之日起施行，有效期至 2026 年 12 月 31 日。《泉州市人民政府办公室关于推进房屋征收货币化安置工作的若干意见》（泉政办〔2017〕28 号）同时废止。

十四、中华人民共和国民法典（节选）

中华人民共和国民法典（节选）

（2020年5月28日第十三届全国人民代表大会第三次会议通过　2020年5月28日中华人民共和国主席令第45号公布　自2021年1月1日起施行）

第二章　物权的设立、变更、转让和消灭

第一节　不动产登记

第二百零九条　不动产物权的设立、变更、转让和消灭，经依法登记，发生效力；未经登记，不发生效力，但是法律另有规定的除外。

依法属于国家所有的自然资源，所有权可以不登记。

第二百一十条　不动产登记，由不动产所在地的登记机构办理。

国家对不动产实行统一登记制度。统一登记的范围、登记机构和登记办法，由法律、行政法规规定。

第二百一十一条　当事人申请登记，应当根据不同登记事项提供权属证明和不动产界址、面积等必要材料。

第二百一十二条　登记机构应当履行下列职责：

（一）查验申请人提供的权属证明和其他必要材料；

（二）就有关登记事项询问申请人；

（三）如实、及时登记有关事项；

（四）法律、行政法规规定的其他职责。

申请登记的不动产的有关情况需要进一步证明的，登记机构可以要求申请人补充材料，必要时可以实地查看。

第二百一十三条 登记机构不得有下列行为：

（一）要求对不动产进行评估；

（二）以年检等名义进行重复登记；

（三）超出登记职责范围的其他行为。

第二百一十四条 不动产物权的设立、变更、转让和消灭，依照法律规定应当登记的，自记载于不动产登记簿时发生效力。

第二百一十五条 当事人之间订立有关设立、变更、转让和消灭不动产物权的合同，除法律另有规定或者当事人另有约定外，自合同成立时生效；未办理物权登记的，不影响合同效力。

第二百一十六条 不动产登记簿是物权归属和内容的根据。

不动产登记簿由登记机构管理。

第二百一十七条 不动产权属证书是权利人享有该不动产物权的证明。不动产权属证书记载的事项，应当与不动产登记簿一致；记载不一致的，除有证据证明不动产登记簿确有错误外，以不动产登记簿为准。

第二百一十八条 权利人、利害关系人可以申请查询、复制不动产登记资料，登记机构应当提供。

第二百一十九条 利害关系人不得公开、非法使用权利人的不动产登记资料。

第二百二十条 权利人、利害关系人认为不动产登记簿记载的事项错误的，可以申请更正登记。不动产登记簿记载的权利人书面同意更正或者有证据证明登记确有错误的，登记机构应当予以更正。

不动产登记簿记载的权利人不同意更正的，利害关系人可以申请异议登记。登记机构予以异议登记，申请人自异议登记之日起十五日内不提起诉讼的，异议登记失效。异议登记不当，造成权利人损害的，权利人可以向申请人请求损害赔偿。

第二百二十一条 当事人签订买卖房屋的协议或者签订其他不动产物权

的协议，为保障将来实现物权，按照约定可以向登记机构申请预告登记。预告登记后，未经预告登记的权利人同意，处分该不动产的，不发生物权效力。

预告登记后，债权消灭或者自能够进行不动产登记之日起九十日内未申请登记的，预告登记失效。

第二百二十二条　当事人提供虚假材料申请登记，造成他人损害的，应当承担赔偿责任。

因登记错误，造成他人损害的，登记机构应当承担赔偿责任。登记机构赔偿后，可以向造成登记错误的人追偿。

第二百二十三条　不动产登记费按件收取，不得按照不动产的面积、体积或者价款的比例收取。

……

第三节　其他规定

第二百二十九条　因人民法院、仲裁机构的法律文书或者人民政府的征收决定等，导致物权设立、变更、转让或者消灭的，自法律文书或者征收决定等生效时发生效力。

第二百三十条　因继承取得物权的，自继承开始时发生效力。

第二百三十一条　因合法建造、拆除房屋等事实行为设立或者消灭物权的，自事实行为成就时发生效力。

第二百三十二条　处分依照本节规定享有的不动产物权，依照法律规定需要办理登记的，未经登记，不发生物权效力。

第三章　物权的保护

第二百三十三条　物权受到侵害的，权利人可以通过和解、调解、仲裁、诉讼等途径解决。

第二百三十四条 因物权的归属、内容发生争议的，利害关系人可以请求确认权利。

第二百三十五条 无权占有不动产或者动产的，权利人可以请求返还原物。

第二百三十六条 妨害物权或者可能妨害物权的，权利人可以请求排除妨害或者消除危险。

第二百三十七条 造成不动产或者动产毁损的，权利人可以依法请求修理、重作、更换或者恢复原状。

第二百三十八条 侵害物权，造成权利人损害的，权利人可以依法请求损害赔偿，也可以依法请求承担其他民事责任。

第二百三十九条 本章规定的物权保护方式，可以单独适用，也可以根据权利被侵害的情形合并适用。

第二分编 所 有 权

第四章 一 般 规 定

第二百四十条 所有权人对自己的不动产或者动产，依法享有占有、使用、收益和处分的权利。

第二百四十一条 所有权人有权在自己的不动产或者动产上设立用益物权和担保物权。用益物权人、担保物权人行使权利，不得损害所有权人的权益。

第二百四十二条 法律规定专属于国家所有的不动产和动产，任何组织或者个人不能取得所有权。

第二百四十三条 为了公共利益的需要，依照法律规定的权限和程序可以征收集体所有的土地和组织、个人的房屋以及其他不动产。

征收集体所有的土地，应当依法及时足额支付土地补偿费、安置补助费以及农村村民住宅、其他地上附着物和青苗等的补偿费用，并安排被征地农民的社会保障费用，保障被征地农民的生活，维护被征地农民的合法权益。

征收组织、个人的房屋以及其他不动产，应当依法给予征收补偿，维护被征收人的合法权益；征收个人住宅的，还应当保障被征收人的居住条件。

任何组织或者个人不得贪污、挪用、私分、截留、拖欠征收补偿费等费用。

第二百四十四条　国家对耕地实行特殊保护，严格限制农用地转为建设用地，控制建设用地总量。不得违反法律规定的权限和程序征收集体所有的土地。

第二百四十五条　因抢险救灾、疫情防控等紧急需要，依照法律规定的权限和程序可以征用组织、个人的不动产或者动产。被征用的不动产或者动产使用后，应当返还被征用人。组织、个人的不动产或者动产被征用或者征用后毁损、灭失的，应当给予补偿。

第五章　国家所有权和集体所有权、私人所有权

第二百四十六条　法律规定属于国家所有的财产，属于国家所有即全民所有。

国有财产由国务院代表国家行使所有权。法律另有规定的，依照其规定。

第二百四十七条　矿藏、水流、海域属于国家所有。

第二百四十八条　无居民海岛属于国家所有，国务院代表国家行使无居民海岛所有权。

第二百四十九条　城市的土地，属于国家所有。法律规定属于国家所有的农村和城市郊区的土地，属于国家所有。

第二百五十条　森林、山岭、草原、荒地、滩涂等自然资源，属于国家所有，但是法律规定属于集体所有的除外。

第二百五十一条 法律规定属于国家所有的野生动植物资源，属于国家所有。

第二百五十二条 无线电频谱资源属于国家所有。

第二百五十三条 法律规定属于国家所有的文物，属于国家所有。

第二百五十四条 国防资产属于国家所有。

铁路、公路、电力设施、电信设施和油气管道等基础设施，依照法律规定为国家所有的，属于国家所有。

第二百五十五条 国家机关对其直接支配的不动产和动产，享有占有、使用以及依照法律和国务院的有关规定处分的权利。

第二百五十六条 国家举办的事业单位对其直接支配的不动产和动产，享有占有、使用以及依照法律和国务院的有关规定收益、处分的权利。

第二百五十七条 国家出资的企业，由国务院、地方人民政府依照法律、行政法规规定分别代表国家履行出资人职责，享有出资人权益。

第二百五十八条 国家所有的财产受法律保护，禁止任何组织或者个人侵占、哄抢、私分、截留、破坏。

第二百五十九条 履行国有财产管理、监督职责的机构及其工作人员，应当依法加强对国有财产的管理、监督，促进国有财产保值增值，防止国有财产损失；滥用职权，玩忽职守，造成国有财产损失的，应当依法承担法律责任。

违反国有财产管理规定，在企业改制、合并分立、关联交易等过程中，低价转让、合谋私分、擅自担保或者以其他方式造成国有财产损失的，应当依法承担法律责任。

第二百六十条 集体所有的不动产和动产包括：

（一）法律规定属于集体所有的土地和森林、山岭、草原、荒地、滩涂；

（二）集体所有的建筑物、生产设施、农田水利设施；

（三）集体所有的教育、科学、文化、卫生、体育等设施；

（四）集体所有的其他不动产和动产。

第二百六十一条　农民集体所有的不动产和动产，属于本集体成员集体所有。

下列事项应当依照法定程序经本集体成员决定：

（一）土地承包方案以及将土地发包给本集体以外的组织或者个人承包；

（二）个别土地承包经营权人之间承包地的调整；

（三）土地补偿费等费用的使用、分配办法；

（四）集体出资的企业的所有权变动等事项；

（五）法律规定的其他事项。

第二百六十二条　对于集体所有的土地和森林、山岭、草原、荒地、滩涂等，依照下列规定行使所有权：

（一）属于村农民集体所有的，由村集体经济组织或者村民委员会依法代表集体行使所有权；

（二）分别属于村内两个以上农民集体所有的，由村内各该集体经济组织或者村民小组依法代表集体行使所有权；

（三）属于乡镇农民集体所有的，由乡镇集体经济组织代表集体行使所有权。

第二百六十三条　城镇集体所有的不动产和动产，依照法律、行政法规的规定由本集体享有占有、使用、收益和处分的权利。

第二百六十四条　农村集体经济组织或者村民委员会、村民小组应当依照法律、行政法规以及章程、村规民约向本集体成员公布集体财产的状况。集体成员有权查阅、复制相关资料。

第二百六十五条　集体所有的财产受法律保护，禁止任何组织或者个人侵占、哄抢、私分、破坏。

农村集体经济组织、村民委员会或者其负责人作出的决定侵害集体成员合法权益的，受侵害的集体成员可以请求人民法院予以撤销。

第二百六十六条 私人对其合法的收入、房屋、生活用品、生产工具、原材料等不动产和动产享有所有权。

第二百六十七条 私人的合法财产受法律保护，禁止任何组织或者个人侵占、哄抢、破坏。

第二百六十八条 国家、集体和私人依法可以出资设立有限责任公司、股份有限公司或者其他企业。国家、集体和私人所有的不动产或者动产投到企业的，由出资人按照约定或者出资比例享有资产收益、重大决策以及选择经营管理者等权利并履行义务。

第二百六十九条 营利法人对其不动产和动产依照法律、行政法规以及章程享有占有、使用、收益和处分的权利。

营利法人以外的法人，对其不动产和动产的权利，适用有关法律、行政法规以及章程的规定。

第二百七十条 社会团体法人、捐助法人依法所有的不动产和动产，受法律保护。

第六章 业主的建筑物区分所有权

第二百七十一条 业主对建筑物内的住宅、经营性用房等专有部分享有所有权，对专有部分以外的共有部分享有共有和共同管理的权利。

第二百七十二条 业主对其建筑物专有部分享有占有、使用、收益和处分的权利。业主行使权利不得危及建筑物的安全，不得损害其他业主的合法权益。

第二百七十三条 业主对建筑物专有部分以外的共有部分，享有权利，承担义务；不得以放弃权利为由不履行义务。

业主转让建筑物内的住宅、经营性用房，其对共有部分享有的共有和共同管理的权利一并转让。

第二百七十四条　建筑区划内的道路，属于业主共有，但是属于城镇公共道路的除外。建筑区划内的绿地，属于业主共有，但是属于城镇公共绿地或者明示属于个人的除外。建筑区划内的其他公共场所、公用设施和物业服务用房，属于业主共有。

第二百七十五条　建筑区划内，规划用于停放汽车的车位、车库的归属，由当事人通过出售、附赠或者出租等方式约定。

占用业主共有的道路或者其他场地用于停放汽车的车位，属于业主共有。

第二百七十六条　建筑区划内，规划用于停放汽车的车位、车库应当首先满足业主的需要。

第二百七十七条　业主可以设立业主大会，选举业主委员会。业主大会、业主委员会成立的具体条件和程序，依照法律、法规的规定。

地方人民政府有关部门、居民委员会应当对设立业主大会和选举业主委员会给予指导和协助。

第二百七十八条　下列事项由业主共同决定：

（一）制定和修改业主大会议事规则；

（二）制定和修改管理规约；

（三）选举业主委员会或者更换业主委员会成员；

（四）选聘和解聘物业服务企业或者其他管理人；

（五）使用建筑物及其附属设施的维修资金；

（六）筹集建筑物及其附属设施的维修资金；

（七）改建、重建建筑物及其附属设施；

（八）改变共有部分的用途或者利用共有部分从事经营活动；

（九）有关共有和共同管理权利的其他重大事项。

业主共同决定事项，应当由专有部分面积占比三分之二以上的业主且人数占比三分之二以上的业主参与表决。决定前款第六项至第八项规定的事项，应当经参与表决专有部分面积四分之三以上的业主且参与表决人数四分之三以上的业主同意。决定前款其他事项，应当经参与表决专有部分面积过半数的业主且参与表决人数过半数的业主同意。

第二百七十九条　业主不得违反法律、法规以及管理规约，将住宅改变为经营性用房。业主将住宅改变为经营性用房的，除遵守法律、法规以及管理规约外，应当经有利害关系的业主一致同意。

第二百八十条　业主大会或者业主委员会的决定，对业主具有法律约束力。

业主大会或者业主委员会作出的决定侵害业主合法权益的，受侵害的业主可以请求人民法院予以撤销。

第二百八十一条　建筑物及其附属设施的维修资金，属于业主共有。经业主共同决定，可以用于电梯、屋顶、外墙、无障碍设施等共有部分的维修、更新和改造。建筑物及其附属设施的维修资金的筹集、使用情况应当定期公布。

紧急情况下需要维修建筑物及其附属设施的，业主大会或者业主委员会可以依法申请使用建筑物及其附属设施的维修资金。

第二百八十二条　建设单位、物业服务企业或者其他管理人等利用业主的共有部分产生的收入，在扣除合理成本之后，属于业主共有。

第二百八十三条　建筑物及其附属设施的费用分摊、收益分配等事项，有约定的，按照约定；没有约定或者约定不明确的，按照业主专有部分面积所占比例确定。

第二百八十四条　业主可以自行管理建筑物及其附属设施，也可以委托物业服务企业或者其他管理人管理。

对建设单位聘请的物业服务企业或者其他管理人，业主有权依法更换。

第二百八十五条　物业服务企业或者其他管理人根据业主的委托，依照本法第三编有关物业服务合同的规定管理建筑区划内的建筑物及其附属设施，接受业主的监督，并及时答复业主对物业服务情况提出的询问。

物业服务企业或者其他管理人应当执行政府依法实施的应急处置措施和其他管理措施，积极配合开展相关工作。

第二百八十六条　业主应当遵守法律、法规以及管理规约，相关行为应当符合节约资源、保护生态环境的要求。对于物业服务企业或者其他管理人执行政府依法实施的应急处置措施和其他管理措施，业主应当依法予以配合。

业主大会或者业主委员会，对任意弃置垃圾、排放污染物或者噪声、违反规定饲养动物、违章搭建、侵占通道、拒付物业费等损害他人合法权益的行为，有权依照法律、法规以及管理规约，请求行为人停止侵害、排除妨碍、消除危险、恢复原状、赔偿损失。

业主或者其他行为人拒不履行相关义务的，有关当事人可以向有关行政主管部门报告或者投诉，有关行政主管部门应当依法处理。

第二百八十七条　业主对建设单位、物业服务企业或者其他管理人以及其他业主侵害自己合法权益的行为，有权请求其承担民事责任。

……

第八章　共　　有

第二百九十七条　不动产或者动产可以由两个以上组织、个人共有。共有包括按份共有和共同共有。

第二百九十八条　按份共有人对共有的不动产或者动产按照其份额享有所有权。

第二百九十九条　共同共有人对共有的不动产或者动产共同享有所有权。

第三百条　共有人按照约定管理共有的不动产或者动产；没有约定或者

约定不明确的，各共有人都有管理的权利和义务。

第三百零一条 处分共有的不动产或者动产以及对共有的不动产或者动产作重大修缮、变更性质或者用途的，应当经占份额三分之二以上的按份共有人或者全体共同共有人同意，但是共有人之间另有约定的除外。

第三百零二条 共有人对共有物的管理费用以及其他负担，有约定的，按照其约定；没有约定或者约定不明确的，按份共有人按照其份额负担，共同共有人共同负担。

第三百零三条 共有人约定不得分割共有的不动产或者动产，以维持共有关系的，应当按照约定，但是共有人有重大理由需要分割的，可以请求分割；没有约定或者约定不明确的，按份共有人可以随时请求分割，共同共有人在共有的基础丧失或者有重大理由需要分割时可以请求分割。因分割造成其他共有人损害的，应当给予赔偿。

第三百零四条 共有人可以协商确定分割方式。达不成协议，共有的不动产或者动产可以分割且不会因分割减损价值的，应当对实物予以分割；难以分割或者因分割会减损价值的，应当对折价或者拍卖、变卖取得的价款予以分割。

共有人分割所得的不动产或者动产有瑕疵的，其他共有人应当分担损失。

第三百零五条 按份共有人可以转让其享有的共有的不动产或者动产份额。其他共有人在同等条件下享有优先购买的权利。

第三百零六条 按份共有人转让其享有的共有的不动产或者动产份额的，应当将转让条件及时通知其他共有人。其他共有人应当在合理期限内行使优先购买权。

两个以上其他共有人主张行使优先购买权的，协商确定各自的购买比例；协商不成的，按照转让时各自的共有份额比例行使优先购买权。

第三百零七条 因共有的不动产或者动产产生的债权债务，在对外关系上，共有人享有连带债权、承担连带债务，但是法律另有规定或者第三人知道共有人不具有连带债权债务关系的除外；在共有人内部关系上，除共有人另有约定外，按份共有人按照份额享有债权、承担债务，共同共有人共同享有债权、承担债务。偿还债务超过自己应当承担份额的按份共有人，有权向其他共有人追偿。

第三百零八条　共有人对共有的不动产或者动产没有约定为按份共有或者共同共有，或者约定不明确的，除共有人具有家庭关系等外，视为按份共有。

第三百零九条　按份共有人对共有的不动产或者动产享有的份额，没有约定或者约定不明确的，按照出资额确定；不能确定出资额的，视为等额享有。

第三百一十条　两个以上组织、个人共同享有用益物权、担保物权的，参照适用本章的有关规定。

第九章　所有权取得的特别规定

第三百一十一条　无处分权人将不动产或者动产转让给受让人的，所有权人有权追回；除法律另有规定外，符合下列情形的，受让人取得该不动产或者动产的所有权：

（一）受让人受让该不动产或者动产时是善意；

（二）以合理的价格转让；

（三）转让的不动产或者动产依照法律规定应当登记的已经登记，不需要登记的已经交付给受让人。

受让人依据前款规定取得不动产或者动产的所有权的，原所有权人有权向无处分权人请求损害赔偿。

当事人善意取得其他物权的，参照适用前两款规定。

……

第十二章 建设用地使用权

第三百四十四条 建设用地使用权人依法对国家所有的土地享有占有、使用和收益的权利，有权利用该土地建造建筑物、构筑物及其附属设施。

第三百四十五条 建设用地使用权可以在土地的地表、地上或者地下分别设立。

第三百四十六条 设立建设用地使用权，应当符合节约资源、保护生态环境的要求，遵守法律、行政法规关于土地用途的规定，不得损害已经设立的用益物权。

第三百四十七条 设立建设用地使用权，可以采取出让或者划拨等方式。

工业、商业、旅游、娱乐和商品住宅等经营性用地以及同一土地有两个以上意向用地者的，应当采取招标、拍卖等公开竞价的方式出让。

严格限制以划拨方式设立建设用地使用权。

第三百四十八条 通过招标、拍卖、协议等出让方式设立建设用地使用权的，当事人应当采用书面形式订立建设用地使用权出让合同。

建设用地使用权出让合同一般包括下列条款：

（一）当事人的名称和住所；

（二）土地界址、面积等；

（三）建筑物、构筑物及其附属设施占用的空间；

（四）土地用途、规划条件；

（五）建设用地使用权期限；

（六）出让金等费用及其支付方式；

（七）解决争议的方法。

第三百四十九条 设立建设用地使用权的，应当向登记机构申请建设用地使用权登记。建设用地使用权自登记时设立。登记机构应当向建设用地使用权人发放权属证书。

第三百五十条 建设用地使用权人应当合理利用土地，不得改变土地用途；需要改变土地用途的，应当依法经有关行政主管部门批准。

第三百五十一条 建设用地使用权人应当依照法律规定以及合同约定支付出让金等费用。

第三百五十二条 建设用地使用权人建造的建筑物、构筑物及其附属设施的所有权属于建设用地使用权人，但是有相反证据证明的除外。

第三百五十三条 建设用地使用权人有权将建设用地使用权转让、互换、出资、赠与或者抵押，但是法律另有规定的除外。

第三百五十四条 建设用地使用权转让、互换、出资、赠与或者抵押的，当事人应当采用书面形式订立相应的合同。使用期限由当事人约定，但是不得超过建设用地使用权的剩余期限。

第三百五十五条 建设用地使用权转让、互换、出资或者赠与的，应当向登记机构申请变更登记。

第三百五十六条 建设用地使用权转让、互换、出资或者赠与的，附着于该土地上的建筑物、构筑物及其附属设施一并处分。

第三百五十七条 建筑物、构筑物及其附属设施转让、互换、出资或者赠与的，该建筑物、构筑物及其附属设施占用范围内的建设用地使用权一并处分。

第三百五十八条 建设用地使用权期限届满前，因公共利益需要提前收回该土地的，应当依据本法第二百四十三条的规定对该土地上的房屋以及其他不动产给予补偿，并退还相应的出让金。

第三百五十九条 住宅建设用地使用权期限届满的，自动续期。续期费用的缴纳或者减免，依照法律、行政法规的规定办理。

非住宅建设用地使用权期限届满后的续期，依照法律规定办理。该土地上的房屋以及其他不动产的归属，有约定的，按照约定；没有约定或者约定不明确的，依照法律、行政法规的规定办理。

第三百六十条 建设用地使用权消灭的，出让人应当及时办理注销登记。登记机构应当收回权属证书。

第三百六十一条 集体所有的土地作为建设用地的，应当依照土地管理的法律规定办理。

第十三章 宅基地使用权

第三百六十二条 宅基地使用权人依法对集体所有的土地享有占有和使用的权利，有权依法利用该土地建造住宅及其附属设施。

第三百六十三条 宅基地使用权的取得、行使和转让，适用土地管理的法律和国家有关规定。

第三百六十四条 宅基地因自然灾害等原因灭失的，宅基地使用权消灭。对失去宅基地的村民，应当依法重新分配宅基地。

第三百六十五条 已经登记的宅基地使用权转让或者消灭的，应当及时办理变更登记或者注销登记。

……

附 则

第一千二百五十九条 民法所称的“以上”、“以下”、“以内”、“届满”，包括本数；所称的“不满”、“超过”、“以外”，不包括本数。

第一千二百六十条 本法自 2021 年 1 月 1 日起施行。《中华人民共和国婚姻法》、《中华人民共和国继承法》、《中华人民共和国民法通则》、《中华人民共和国收养法》、《中华人民共和国担保法》、《中华人民共和国合同法》、《中华人民共和国物权法》、《中华人民共和国侵权责任法》、《中华人民共和国民法总则》同时废止。

十五、福建省违法建设处置若干规定[①]

福建省违法建设处置若干规定

（2017 年 11 月 24 日福建省第十二届人民代表大会常务委员会第三十二次会议通过）

第一条　为了规范违法建设的防控和治理工作，保障城乡规划的实施，推进宜居环境建设，根据《中华人民共和国城乡规划法》等法律、法规，结合本省实际，制定本规定。

第二条　本省行政区域内处置违反城乡规划法律、法规的违法建设，适用本规定。

违反土地管理、水利、交通运输、林业、消防等法律、法规的违法建设，由有关部门依照相关法律、法规的规定处置。

第三条　本规定所称违法建设是指城乡规划公布后，未取得规划许可或者未按照规划许可内容建设的行为及其形成的建筑物、构筑物。

市、县人民政府应当根据有关法律、法规，结合本行政区域城市、乡镇、村庄规划的编制和实施情况，根据违法建筑的产生时间、性质和当地人均居住面积等具体情况，对城镇和乡村违法建筑，分别制定认定标准，实行分类处置，向社会公布，并报上一级人民政府备案。

第四条　违法建设处置工作，应当坚持统一领导、属地为主、依法处置、疏堵结合的原则。

第五条　市、县人民政府统一领导和组织本行政区域内违法建设处置工作，建立健全违法建设处置工作责任制、部门联动机制和行政问责制，并将

① 来源于福建省人民政府官网：http：//www.fujian.gov.cn/zwgk/flfg/dfxfg/201712/t20171215_1200404.htm，最后访问时间 2022 年 8 月 15 日。

违法建设处置工作所需经费纳入本级财政预算。

第六条 省人民政府城乡规划主管部门负责指导、监督全省违法建设处置工作。

市、县人民政府城乡规划主管部门、城市管理综合行政执法部门（以下简称违法建设处置部门）负责城镇违法建设处置工作。

乡（镇）人民政府负责本行政区域内乡村违法建设处置工作。

建设、国土资源、水利、文化体育、卫生、林业、食品药品监督、工商、公安、消防、环境保护等部门在各自的职责范围内，做好违法建设处置的相关工作。

第七条 地方各级人民政府及有关部门、新闻媒体应当开展城乡规划及有关法律法规的宣传、教育工作，增强社会公众对城乡规划的认识和理解，提高公众遵守城乡规划法律、法规的意识。

第八条 市、县人民政府及其城乡规划主管部门和乡（镇）人民政府应当及时组织编制城乡规划，实现城镇控制性详细规划和乡规划、村庄规划的全覆盖，并向社会公布；因行政区划调整等情形需要修改城镇控制性详细规划和乡规划、村庄规划的，应当及时修改并向社会公布。

市、县人民政府城乡规划主管部门和乡（镇）人民政府应当加强对城乡规划实施情况的监督检查，健全行政许可制度。对于符合城乡规划要求申请办理建设工程规划许可和乡村建设规划许可的，应当依法予以审批。

第九条 市、县人民政府应当统筹安排工业、商业建设用地和村民住宅建设用地，对村民住宅建设用地指标实行单列管理、优先保障，保证住宅建设的合理需求，并引导农村节约、集约利用土地。

对于农村无房户、危房户或者现有宅基地面积明显低于法定标准的，市、县人民政府应当优先安排住宅建设用地。

第十条 违法建设处置部门和乡（镇）人民政府对违反历史文化名城、名镇、名村等历史文化遗产保护规划的违法建设，应当及时处置，并保证历史文化遗产的安全性和完整性。

第十一条 违法建设处置部门和乡（镇）人民政府、街道办事处应当建立和完善违法建设日常巡查制度，落实巡查责任。

市、县人民政府及其有关部门可以利用卫星遥感等技术手段，开展违法建设监测。

第十二条 任何单位、个人有权举报违法建筑和违法建设行为。

市、县人民政府应当建立违法建设投诉举报制度，向社会公布统一的电子邮箱和举报电话。

违法建设处置部门和乡（镇）人民政府、街道办事处受理举报后应当及时调查处理，并在处理结束后七个工作日内将处理结果反馈举报人；经查证属实的举报，对举报人给予奖励并予以保密。

村（居）民委员会、物业服务企业在本区域内发现违法建设行为，应当及时予以劝阻，并向当地违法建设处置部门或者乡（镇）人民政府、街道办事处报告。

第十三条 违法建设处置部门或者乡（镇）人民政府发现正在进行的违法建设行为，应当责令违法建设当事人停止建设、限期自行拆除；对不停止建设或者逾期不拆除的，可以依法查封施工现场，并可以对违法建设部分依法立即拆除。

第十四条 城镇违法建筑尚可采取改正措施消除对规划实施影响的，由违法建设处置部门责令限期改正，并处建设工程造价百分之五以上百分之十以下的罚款。

第十五条 城镇违法建筑有下列情形之一，应当认定为无法采取改正措施消除对规划实施影响的，由违法建设处置部门责令限期拆除：

（一）未依法取得建设工程规划许可，且不符合城镇控制性详细规划的强制性内容或者超过规划条件；

（二）擅自改变基础设施、公共服务设施和生态环境保护用地用途；

（三）擅自占用地下工程或者压占城市管线、永久性测量标志进行建设；

（四）存在建筑安全隐患、影响相邻建筑安全，或者导致相邻合法建筑的通风、采光、日照等无法满足国家和省有关强制性标准；

（五）法律、法规规定的其他应当认定为无法采取改正措施消除影响的。

第十六条 城镇违法建筑有下列情形之一，应当认定为不能拆除的，由违法建设处置部门依法处置：

（一）实施拆除可能对公共利益造成重大损失；

（二）现有拆除技术条件和地理环境无法实施拆除；

（三）部分拆除会影响合法建筑物、构筑物主体结构安全以及整体拆除会严重影响相邻建筑物、构筑物主体结构安全。

前款第三项规定不能拆除的情形，由违法建设处置部门根据所委托的具有相应建设工程设计或者建设工程质量检测资质单位的鉴定意见作出认定。

违法建设处置部门应当将违法建筑不能实施拆除的认定向社会公示，并报本级人民政府备案。

第十七条 乡村违法建筑按照下列规定处置：

（一）在农村集体土地上建设的乡村基础设施、公益设施以及土地使用权人在原有宅基地上建设的住宅，应当取得规划许可而未取得，但符合乡规划、村庄规划的，应当按照规定完善相关批准手续；

（二）对于未取得规划许可，或者已经取得规划许可但违反规划许可内容进行建设的，由乡（镇）人民政府责令限期改正；逾期不改正的，责令限期拆除。

第十八条 违法建设当事人具有社会保障性住房申请资格的，在未获社会保障性住房或者未落实过渡措施前，暂缓拆除其用于居住的违法建筑。

乡村违法建筑拆除后当地户籍村民无房居住或者住房困难的，暂缓拆除其用于居住的违法建筑，具体办法由市、县人民政府规定。

第十九条　违法建设处置部门和乡（镇）人民政府作出违法建设处置决定前，应当事先告知当事人并充分听取当事人意见，对当事人提出的事实、理由或者证据成立的，应当予以采纳；不成立而不予采纳的，应当说明理由。

第二十条　违法建设当事人收到限期拆除决定后，应当在决定载明的期限内自行拆除违法建筑；自行拆除确有困难的，可以申请违法建设处置部门或者乡（镇）人民政府组织拆除。

第二十一条　违法建筑依法应当予以强制拆除的，违法建设处置部门或者乡（镇）人民政府应当作出强制拆除决定，并予以公告。公告应当载明实施强制拆除的时间、相关依据、财物搬离期限等内容。强制拆除公告应当在违法建筑及其周围张贴，并可以通过新闻媒体发布。

第二十二条　违法建设当事人未在强制拆除公告载明的期限内搬离违法建筑内财物的，违法建设处置部门或者乡（镇）人民政府应当在公证机构公证或者无利害关系的第三方见证下，将财物登记造册，运送他处存放，并通知当事人领取。当事人拒绝领取的，依法办理提存。

第二十三条　违法建设处置部门或者乡（镇）人民政府实施强制拆除，应当书面告知当事人到场；当事人不到场的，应当在公证机构公证或者无利害关系的第三方见证下，实施强制拆除。

实施强制拆除应当制作现场笔录，并拍照和录音、录像。

第二十四条　市、县人民政府应当建立健全本行政区域内违法建设处置工作信息共享平台和沟通机制。

违法建设处置部门和乡（镇）人民政府应当及时将违法建设处置决定及其执行情况告知国土资源、林业、质量监督、工商、卫生、食品药品监督、文化体育、公安、消防、税务等部门和供水、供电、供气等单位。

对于有涉及违法建设的房屋，在违法建设处置决定执行完毕前，不动产登记机构不予办理产权登记、转移、抵押等手续。

违法建筑不得作为生产、经营场所。单位或者个人以违法建筑作为生产、经营场所申请办理相关证照、登记或者备案手续的，违法建设处置决定执行完毕前，质量监督、工商、卫生、食品药品监督、文化体育、公安、消防等部门不予办理。

单位或者个人为违法建筑申请办理供水、供电、供气手续的，违法建设处置决定执行完毕前，供水、供电、供气等单位不予办理。

建设工程设计、施工单位不得承揽违法建筑的项目设计或者施工。

第二十五条 违法建设处置部门、其他有关部门以及乡（镇）人民政府应当提高行政执法能力和水平。工作人员在违法建设处置工作中，应当依法、规范、公正、文明行使职权，向当事人出示执法证件，告知当事人作出违法建设处置决定的事实、理由和依据，并告知当事人依法享有陈述、申辩、要求听证以及申请行政复议或者提起行政诉讼的权利；对当事人合法权益造成损害的，应当依法予以赔偿。

第二十六条 公民、法人和其他社会组织认为违法建设处置部门、其他有关部门以及乡（镇）人民政府在违法建设处置工作中侵犯其合法权益的，可以依法申请行政复议或者提起行政诉讼。

第二十七条 县级以上地方人民政府及违法建设处置部门、其他有关部门以及乡（镇）人民政府有下列情形之一的，由有权机关责令改正，通报批评；对直接负责的主管人员和其他直接责任人员依法给予处分：

（一）未依照法律、法规和本规定履行监督检查职责或者发现违法建设未依法处置；

（二）违反本规定第八条第一款规定，未及时编制或者修改城乡规划；

（三）违反本规定第八条第二款规定，对于符合城乡规划要求申请办理建设工程规划许可和乡村建设规划许可的，未依法审批；

（四）违反本规定第二十四条第三款、第四款规定，明知是违法建筑，为其办理相关证照、登记、备案等手续；

（五）其他玩忽职守、滥用职权、徇私舞弊行为。

第二十八条 供水、供电、供气等单位违反本规定，明知是违法建筑，为其办理供水、供电、供气等手续的，由相关主管部门责令停止服务行为，没收违法所得，并处三万元以上五万元以下罚款。

第二十九条 建设工程设计、施工单位承揽违法建筑的项目设计或者施工的，由违法建设处置部门没收违法所得，并处二万元以上六万元以下罚款。

第三十条 阻碍违法建设处置部门、其他有关部门以及乡（镇）人民政府的工作人员依法执行职务，构成违反治安管理行为的，由公安机关依照《中华人民共和国治安管理处罚法》的规定予以处罚；构成犯罪的，依法追究刑事责任。

第三十一条 本规定自2018年2月1日起施行。

十六、福建省人民政府办公厅关于加强历史文化名城名镇名村传统村落和文物建筑历史建筑传统风貌建筑保护利用九条措施的通知[①]

福建省人民政府办公厅关于加强历史文化名城名镇名村传统村落和文物建筑历史建筑传统风貌建筑保护利用九条措施的通知

（2020年9月30日 闽政办〔2020〕53号）

各市、县（区）人民政府，平潭综合实验区管委会，省人民政府各部门、各直属机构，各大企业，各高等院校：

---

① 来源于福建省人民政府官网：http：//www.fujian.gov.cn/zwgk/ztzl/tjzfznzb/zcwj/fj/202010/t20201016_5417284.htm，最后访问时间2022年8月15日。

历史文化名城名镇名村传统村落和文物建筑、历史建筑、传统风貌建筑是历史文化遗产的重要载体，是不可再生、不可替代的宝贵资源。各级各部门要进一步学习贯彻习近平总书记关于文化和自然遗产保护利用重要论述，切实提高政治站位，从做到“两个维护”的高度，充分认识保护好古建筑、保护好传统街区、保护好文物、保护好名城与发展经济同等重要。为进一步加强历史文化名城名镇名村传统村落和文物建筑、历史建筑、传统风貌建筑等文化遗产的保护利用，经省政府同意，制定以下措施：

一、建立文化遗产普查认定公布责任机制。各级各有关部门要按照职能分工和法定程序，推动文化遗产普查认定公布，根据普查对象的历史文化价值、建筑艺术价值、科学技术价值、其他特色价值等认定标准，将普查对象分类认定公布为不可移动文物、历史建筑和传统风貌建筑，将文化遗产特别丰富、古建筑集中成片分布的重点区域认定公布为历史文化街区、名镇、名村或传统村落，确保应留尽留、应保尽保。因普查不到位或因担心建设发展受到限制等情况而迟迟不认定公布、不申报的，省级相关主管部门约谈所在地市、县（区）人民政府和相关部门负责人，督促限期整改。对实施旧城更新改造和组织项目建设等未落实文化遗产普查认定公布及保护相关要求的，有关部门依法移交纪检监察机关调查处理。〔责任单位：省住建厅、文物局、文旅厅、农业农村厅、交通运输厅、水利厅、工信厅、林业局，各市、县（区）人民政府，平潭综合实验区管委会。以下均需各市、县（区）人民政府和平潭综合实验区管委会落实，不再列出〕

二、建立城市更新改造中文化遗产先普查后征收制度。城乡建设中要注意保护好历史文化，特别是各类不可移动文物、历史建筑、传统风貌建筑，不得大拆大建。市、县（区）人民政府在实施旧城更新改造、组织项目建设和开展征地拆迁前，要组织对改造或建设区域内 50 年以上的建筑进行普查甄别和认定公布，开展文化资源评估论证，提出文化遗产和风貌保护措施。未开展普查等工作的，不得作出房屋征收决定。（责任单位：省住建厅、

文旅厅、文物局）

三、建立文化遗产保护规划管控机制。完善建设项目多部门联审机制，建立文化遗产、建筑风貌主管部门提前介入指导、及时跟踪机制。在城乡建设过程中，尤其是涉及成片开发建设项目时，要充分听取文化遗产、建筑风貌主管部门和文化遗产保护专业机构意见，将文化遗产保护要求纳入国土空间规划并监督实施。对建设项目涉及历史文化保护资源的，有关部门在出具建设项目规划条件或者核发建设用地预审和选址意见书时，要会同相关主管部门将保护要求纳入规划条件；在核发建设工程规划许可证时，要将有关主管部门纳入建设工程设计方案联合审查单位。有关部门要按照职责分工，抓紧建立历史文化遗产矢量数据库，及时共享给相关部门，跟踪督促保护要求和保护措施落实到位。（责任单位：省住建厅、文旅厅、自然资源厅、交通运输厅、水利厅、文物局、林业局）

四、建立省级专家技术审查机制。进一步完善省、市、县三级文化遗产保护专家委员会名录和工作制度，充分发挥省级专家技术把关作用，各地开展文化遗产普查认定、保护规划技术评审、保护传承和环境整治提升项目方案审查时，省级专家委员会专家应不少于三分之一。（责任单位：省住建厅、文旅厅、文物局）

五、建立定期评估监测机制。市、县（区）人民政府应当对行政区域内历史文化名城、街区、名镇、名村、传统村落、文物建筑、历史建筑和传统风貌建筑保护情况进行动态监测，每年1月份向省级主管部门提交上一年监测报告，并将监测结果向社会公开，接受社会监督。省级主管部门组织开展定期检查和跟踪监测，发现存在不及时组织编制保护规划、违反保护规划开发建设、对传统格局以及文物建筑、历史建筑、传统风貌建筑保护不力等问题的，应当及时向所在地市、县（区）人民政府提出整改意见，属地应及时整改并反馈落实情况。（责任单位：省住建厅、文旅厅、文物局、农业农村厅、交通运输厅、水利厅、工信厅）

六、建立传统构件回收利用制度。市、县（区）人民政府在组织房屋征收拆迁过程中，要指定专门单位，收集有价值的传统构件，用于当地风貌或风格相近的文物建筑、历史建筑、传统风貌建筑等修缮维护。要制定传统构件回收、存储保护、再利用等各环节管理制度，防止被盗、流失或损毁。要组织公安、住建、文旅（文物）等相关部门，严厉打击传统构件偷盗、违法违规贩卖等行为，对破坏文化遗产行为形成强大震慑。（责任单位：省公安厅、住建厅、文旅厅、文物局）

七、创新活化利用机制。市、县（区）人民政府要将历史文化名城、街区、名镇、名村、传统村落、文物建筑、历史建筑和传统风貌建筑保护利用融入城乡建设发展大局，让传统文化融入现代生活，增强城乡文化底蕴，保护传承历史文脉。通过微改造的"绣花"方式，以小规模、渐进式的节奏，推动街区、名镇、名村、传统村落等历史空间复兴，承担城乡公共文化服务功能，改善提升城乡人居环境。鼓励各地探索出台推进结构安全、消防安全、功能置换等措施，在确保文物建筑、历史建筑和传统风貌建筑本体安全前提下，因地制宜多种方式活化利用。（责任单位：省住建厅、文旅厅、文物局、自然资源厅）

八、建立预警退出机制。对历史文化名城、街区、名镇、名村、传统村落、文物建筑、历史建筑和传统风貌建筑保护不力，导致历史文化价值受到严重影响的，经省级主管部门组织专家评估论证后，列入濒危名单并向社会公布，并按照《福建省历史文化名城名镇名村和传统村落保护条例》规定，责成所在地市、县（区）人民政府限期整改，采取补救措施。整改期限届满后，由省级主管部门组织专家审核，整改不到位的，撤销称号，并依纪依规依法追究相关人员责任。（责任单位：省住建厅、文旅厅、文物局、农业农村厅、水利厅、交通运输厅）

九、建立问题线索移送机制。省、市、县三级相关主管部门要依法履职，强化监管，加强定期检查、跟踪监测，畅通投诉举报渠道，及时发现破坏文化遗产问题线索，认真组织甄别，属于职责范围内的，立即督促整改；涉及领导干部失职失责等违纪或职务违法、职务犯罪的，及时移交纪检监察机关调查处理。（责任单位：省住建厅、文旅厅、文物局、农业农村厅、水利厅、交通运输厅、工信厅、林业局）

十七、福建省发展改革委关于印发重大固定资产投资项目社会稳定风险评估暂行办法的通知[①]

福建省发展改革委关于印发重大固定资产投资项目社会稳定风险评估暂行办法的通知

（2013年9月30日　闽发改投资〔2013〕826号）

各设区市发展改革委、平潭综合实验区经济发展局，省直有关部门，有关中央单位（企业）驻闽机构：

为进一步建立和规范重大固定资产投资项目社会稳定风险评估机制，我委制定了《福建省重大固定资产投资项目社会稳定风险评估暂行办法》，已经省政府研究同意，现印发给你们，请按照执行。

附件：福建省重大固定资产投资项目社会稳定风险评估暂行办法

福建省重大固定资产投资项目社会稳定风险评估暂行办法

第一条　为进一步建立和规范重大固定资产投资项目社会稳定风险评估机制，根据《国家发展改革委重大固定资产投资项目社会稳定风险评估暂行

① 来源于福建省发展和改革委员会官网：http：//fgw. fujian. gov. cn/zfxxgkzl/zfxxgkml/yzdgkdqtxx/201309/t20130930_ 848989. htm，最后访问时间2022年8月15日。

办法》（发改投资［2012］2492号），以及中共福建省委办公厅、省人民政府办公厅印发《关于建立健全重大决策社会稳定风险评估机制的实施意见（试行）》的通知（闽委办发［2012］17号）和《关于建立重大建设项目社会稳定风险评估机制的意见（试行）》的通知（闽委办［2010］97号）等文件精神，结合我省实际，制定本办法。

第二条 省投资主管部门审批、核准或核报省人民政府审批、核准的固定资产投资项目（以下简称“项目”），适用本办法。

转报国家发展改革委审批、核准的固定资产投资项目，按照《国家发展改革委重大固定资产投资项目社会稳定风险评估暂行办法》（发改投资［2012］2492号）办理。

由省投资主管部门备案的项目，按照中共福建省委办公厅、省人民政府办公厅印发《关于建立重大建设项目社会稳定风险评估机制的意见（试行）》的通知（闽委办［2010］97号）要求，在省投资主管部门备案后，由规划、国土、海洋、林业、环保、建设等行政主管部门在审批相关事项时，同步对项目单位提交的社会稳定风险分析进行审核。

第三条 项目社会稳定风险等级分为三级：

高风险：大部分群众对项目有意见、反应特别强烈，可能引发大规模群体性事件或者可能采取极端行为产生重大负面影响。

中风险：部分群众对项目有意见、反应强烈，可能引发矛盾冲突和一般群体性事件，或者可能采取过激行为产生较大负面影响。

低风险：多数群众理解支持但少部分人对项目有意见，不存在极端或过激行为等隐患，通过有效工作可防范和化解矛盾。

第四条 项目单位在组织开展项目前期工作时，应对项目实施可能产生的社会稳定风险进行调查分析，深入了解项目所在区域的自然环境状况和社会历史背景，充分征询项目建设地点周边群众尤其是各利益相关方的意见和诉求，客观预测、综合评判项目建设在政策规划、征地拆迁补偿、移民安置、生态环境影响等主要风险因素发生的可能性及影响程度，提出防范和化解风险的具体方案措施，以及采取相关措施后的社会稳定风险等级建议。

项目单位申报的项目可行性研究报告、项目申请报告应当编制社会稳定风险分析篇章，其内容深度和格式参照本办法附件 1 要求；情况较简单、外部性影响很小、社会稳定风险很低的项目，在编写具体分析篇章时可对附件 1 要求的内容进行适当简化。

第五条　由项目所在地人民政府或有关部门指定的评估主体组织对项目单位作出的社会稳定风险分析开展评估论证，根据实际情况采取公示、问卷调查、实地走访和召开座谈会、听证会等多种方式听取各方面意见，分析判断并确定风险等级，提出社会稳定风险评估报告。评估报告的内容深度和格式参照本办法附件 2 要求。

评估主体根据需要可以委托有相应能力的咨询机构对项目单位作出的社会稳定风险分析开展评估论证，但受委托的咨询机构不得与编制项目可行性研究报告、项目申请报告的咨询机构为同一机构。

第六条　评估主体认为项目情况较简单、外部性影响较小、社会稳定风险较低，经报指定评估主体的单位同意后，可对评估程序和内容进行适当简化，通过查找影响社会稳定的潜在风险，制定并落实风险化解和控制措施，提出项目社会稳定风险评估意见表。评估意见表的主要内容和格式参照本办法附件 3 要求。

第七条　市、县（区）发展改革部门、省有关单位和中央单位（企业）驻闽机构在向省投资主管部门报送项目可行性研究报告、项目申请报告的申报文件中，应当包含对评估主体提交的社会稳定风险评估报告（或意见表）的意见，并附社会稳定风险评估报告（或意见表）。

第八条　省投资主管部门在委托工程咨询机构评估项目可行性研究报告、项目申请报告时，可以根据情况在咨询评估委托书中要求对社会稳定风险分析和评估报告（或意见表）提出咨询意见，但该工程咨询机构不得与受委托开展项目社会稳定风险分析或评估的单位为同一机构。

第九条 评估主体提出的社会稳定风险评估报告（或意见表）和咨询机构提出的咨询意见，是省投资主管部门审批、核准或核报省政府审批、核准项目的重要依据。评估报告（意见表）或咨询意见认为项目存在高风险或中风险的，省投资主管部门不予审批、核准和核报；存在低风险且有可靠防控措施的，省投资主管部门可以审批、核准或核报，并应在批复文件中对有关方面提出切实落实防范、化解风险措施的要求。

第十条 省投资主管部门未按照本办法规定，对项目可行性研究报告、项目申请报告作出批复，给国家和人民利益以及公共财产造成较大或者重大损失等后果的，应当依法依纪追究省投资主管部门有关单位和责任人的责任。

项目单位、咨询机构、评估主体不按规定的程序和要求进行分析、评估导致决策失误，或者隐瞒真实情况、弄虚作假，给国家和人民利益以及公共财产造成较大或者重大损失等后果的，应当依法依纪追究有关责任人的责任。

第十一条 省投资主管部门、有关部门和机构及其工作人员应当遵守工作纪律和保密规定。

第十二条 各市、县（区）发展改革部门可参照本办法，建立健全本地区重大固定资产投资项目社会稳定风险评估机制。

第十三条 本办法由省发展改革委负责解释。

第十四条 自 2013 年 10 月 1 日起，省投资主管部门受理的申报项目执行本办法。

附件 1：项目社会稳定风险分析篇章内容深度要求

附件 2：项目社会稳定风险评估报告内容深度要求

附件 3：福建省重大固定资产投资项目社会稳定风险评估意见表

附件1：

项目社会稳定风险分析篇章内容深度要求

一、编制依据

重大固定资产投资项目社会稳定风险分析及其篇章编制，应依据法律法规规章和规范性文件、拟建项目所在地区的社会稳定风险评估要求，以及拟建项目建设方案等相关资料开展工作。

编制依据主要包括：（一）相关法律、法规、规章、规范性文件以及其他政策性文件；（二）项目单位的委托合同；（三）项目单位提供的拟建项目基本情况和风险分析所需的必要资料；（四）区域经济社会发展规划和相关规划；（五）其他依据。

二、风险调查

社会稳定风险调查重点围绕拟建项目建设实施的合法性、合理性、可行性和可控性等方面开展。调查范围应覆盖所涉及地区的利益相关者，充分听取、全面收集群众和各利益相关者的意见，包括合理和不合理、现实和潜在的诉求等。

结合拟建项目的特点，重点阐述以下部分或全部内容：调查的内容和范围、方式和方法；拟建项目的合法性；拟建项目自然和社会环境状况；利益相关者的意见和诉求、公众参与情况；基层组织态度、媒体舆论导向，以及公开报道过的同类项目风险情况。

三、风险识别

在风险调查的基础上，针对利益相关者不理解、不认同、不满意、不支持的方面，或在日后可能引发不稳定事件的情形，查找并分析可能引发社会稳定风险的因素。

重点阐述：在政策规划和审批程序、土地房屋（用海）征收方案、技术和经济方案、生态环境影响、当地经济社会影响、质量安全和社会治安、媒体舆论导向等方面重点分析查找各风险因素。

四、风险估计

根据各项风险因素的成因、影响表现、风险分布、影响程度、发生可能性，找出主要风险因素。采用定性为主、定量为辅的风险分析方法，估计主要风险因素的风险程度；分析主要因素之间是否相互影响。

重点阐述：按照风险可能发生的项目阶段（决策、准备、实施、运行），结合当地经济社会与拟建项目的相互适应性，从初步识别的各类风险因素中筛选、归纳出主要风险因素。对每一个主要风险因素进行分析、估计，两个或多个风险因素相互作用的影响，包括可能引发风险事件的原因、阶段和形式，风险事件的发生概率、影响程度和风险程度。

五、风险防范和化解措施

根据风险识别和风险估计的结果，研究提出风险防范化解措施。

重点阐述：针对主要风险因素研究提出各项综合和各项的风险防范、化解措施，提出落实各项措施的责任主体和协助单位、防范责任、具体工作内容、风险控制节点、实施时间和要求的建议。

六、风险等级

分析各项风险防范、化解措施落实的可行性和有效性，预测落实措施后每一个主要风险因素可能引发风险的变化趋势，包括发生概率、影响程度、风险程度等，综合判断拟建项目落实风险防范、化解措施后的风险等级。

重点阐述：预测各主要风险因素变化趋势及结果，综合判断落实措施后风险等级。

七、风险分析结论

阐述拟建项目社会稳定风险分析的主要结论，包括：

（一）拟建项目主要的风险因素；

（二）主要的风险防范、化解措施；

（三）拟建项目风险等级；

（四）落实风险防范、化解措施的有关建议。

附件2：

项目社会稳定风险评估报告内容深度要求

一、基本情况

（一）项目概况。简述项目基本情况，主要包括：项目单位、拟建地点、建设必要性、建设方案、建设期、主要技术经济指标、生态环境影响、资源利用、征地搬迁及移民安置、社会环境概况（含当地经济发展及社会治安、群体性事件、信访等情况）、投资及资金筹措等内容。

（二）评估依据。社会稳定风险评估工作所依据的相关法律、法规和规范性文件等；区域经济社会发展规划和相关规划。

（三）评估主体。拟建项目的评估主体指定方、评估主体的组成及职责分工，并具体说明其相关部门、社会组织、专业机构、专家学者、群众代表等参与评估工作情况。

（四）评估过程和方法。简述评估工作的程序、步骤和主要过程；说明评估工作所采用的主要方法。

二、评估内容

（一）风险调查评估及各方意见采纳情况。阐述对社会稳定风险分析篇章中风险调查的广泛性、代表性、真实性等进行评估的过程和结果。说明评估主体根据实际需要直接开展或者要求项目单位开展补充风险调查的情况。对收集的拟建项目各方面意见进行梳理和比较分析，形成能够反映实际情况的信息资料，并阐述其采纳情况。

（二）风险识别和估计的评估。一是风险识别评估。对风险分析篇章中风险识别的完整性和确定性提出评估意见；根据风险调查评估结果，对拟建项目可能引发的主要社会稳定风险因素进行补充完善，并汇总。二是风险估计评估。对风险分析篇章中风险估计的客观性、分析内容的完备性、分析方法的适用性提出评估意见；预测估计主要风险因素发生概率、影响程度和风险程度。

（三）风险防范和化解措施的评估。对社会稳定风险分析篇章中提出的风险防范、化解措施进行评估，并补充完善。针对拟建项目可能引发的社会稳定风险，进一步补充完善和明确落实各项防范、化解措施的责任主体和协助单位、具体负责内容、风险控制节点、实施时间和要求。

（四）落实措施后的风险等级确定。对风险分析篇章中风险等级判断方法、评判标准的选择运用是否恰当、风险等级判断结果是否客观合理提出评估意见；结合补充的重要风险因素，综合以上评估结果，确定项目落实防范、化解风险措施后的项目风险等级。

三、评估结论

（一）拟建项目存在的主要风险因素；

（二）拟建项目合法性、合理性、可行性、可控性评估结论；

（三）拟建项目的风险等级；

（四）拟建项目主要风险防范、化解措施。

（五）根据需要提出应急预案和建议。

附件3：

福建省重大固定资产投资项目社会稳定风险评估意见表

<table>
<tr><td>项目名称</td><td></td><td>建设性质</td><td></td></tr>
<tr><td>项目主要建设内容
与规模</td><td></td><td>项目总投资
（万元）</td><td></td></tr>
<tr><td colspan="2">项目建设（筹建、代建）单位</td><td colspan="2"></td></tr>
<tr><td colspan="2">项目社会稳定风险评估主体指定单位</td><td colspan="2"></td></tr>
<tr><td colspan="2">项目社会稳定风险评估主体</td><td colspan="2"></td></tr>
<tr><td>拟建项目存在的
主要风险因素</td><td colspan="3"></td></tr>
</table>

续表

拟建项目主要风险防范和化解的具体措施		
落实措施后的风险等级评判		评估主体签章： 年　月　日

注：项目社会稳定风险等级分：高风险、中风险、低风险。

十八、最高人民法院关于办理申请人民法院强制执行国有土地上房屋征收补偿决定案件若干问题的规定[①]

最高人民法院关于办理申请人民法院强制执行国有土地上房屋征收补偿决定案件若干问题的规定

（2012年2月27日最高人民法院审判委员会第1543次会议通过　2012年3月26日公布　自2012年4月10日起施行　法释〔2012〕4号）

为依法正确办理市、县级人民政府申请人民法院强制执行国有土地上房屋征收补偿决定（以下简称征收补偿决定）案件，维护公共利益，保障被征收房屋所有权人的合法权益，根据《中华人民共和国行政诉讼法》、

① 来源于最高人民法院官网：https：//www. court. gov. cn/shenpan-xiangqing-4033. html，最后访问时间2022年8月15日。

《中华人民共和国行政强制法》、《国有土地上房屋征收与补偿条例》（以下简称《条例》）等有关法律、行政法规规定，结合审判实际，制定本规定。

第一条 申请人民法院强制执行征收补偿决定案件，由房屋所在地基层人民法院管辖，高级人民法院可以根据本地实际情况决定管辖法院。

第二条 申请机关向人民法院申请强制执行，除提供《条例》第二十八条规定的强制执行申请书及附具材料外，还应当提供下列材料：

（一）征收补偿决定及相关证据和所依据的规范性文件；

（二）征收补偿决定送达凭证、催告情况及房屋被征收人、直接利害关系人的意见；

（三）社会稳定风险评估材料；

（四）申请强制执行的房屋状况；

（五）被执行人的姓名或者名称、住址及与强制执行相关的财产状况等具体情况；

（六）法律、行政法规规定应当提交的其他材料。

强制执行申请书应当由申请机关负责人签名，加盖申请机关印章，并注明日期。

强制执行的申请应当自被执行人的法定起诉期限届满之日起三个月内提出；逾期申请的，除有正当理由外，人民法院不予受理。

第三条 人民法院认为强制执行的申请符合形式要件且材料齐全的，应当在接到申请后五日内立案受理，并通知申请机关；不符合形式要件或者材料不全的应当限期补正，并在最终补正的材料提供后五日内立案受理；不符合形式要件或者逾期无正当理由不补正材料的，裁定不予受理。

申请机关对不予受理的裁定有异议的，可以自收到裁定之日起十五日内向上一级人民法院申请复议，上一级人民法院应当自收到复议申请之日起十五日内作出裁定。

第四条　人民法院应当自立案之日起三十日内作出是否准予执行的裁定；有特殊情况需要延长审查期限的，由高级人民法院批准。

第五条　人民法院在审查期间，可以根据需要调取相关证据、询问当事人、组织听证或者进行现场调查。

第六条　征收补偿决定存在下列情形之一的，人民法院应当裁定不准予执行：

（一）明显缺乏事实根据；

（二）明显缺乏法律、法规依据；

（三）明显不符合公平补偿原则，严重损害被执行人合法权益，或者使被执行人基本生活、生产经营条件没有保障；

（四）明显违反行政目的，严重损害公共利益；

（五）严重违反法定程序或者正当程序；

（六）超越职权；

（七）法律、法规、规章等规定的其他不宜强制执行的情形。

人民法院裁定不准予执行的，应当说明理由，并在五日内将裁定送达申请机关。

第七条　申请机关对不准予执行的裁定有异议的，可以自收到裁定之日起十五日内向上一级人民法院申请复议，上一级人民法院应当自收到复议申请之日起三十日内作出裁定。

第八条　人民法院裁定准予执行的，应当在五日内将裁定送达申请机关和被执行人，并可以根据实际情况建议申请机关依法采取必要措施，保障征收与补偿活动顺利实施。

第九条　人民法院裁定准予执行的，一般由作出征收补偿决定的市、县级人民政府组织实施，也可以由人民法院执行。

第十条　《条例》施行前已依法取得房屋拆迁许可证的项目，人民法院裁定准予执行房屋拆迁裁决的，参照本规定第九条精神办理。

第十一条 最高人民法院以前所作的司法解释与本规定不一致的，按本规定执行。

十九、中华人民共和国行政强制法

中华人民共和国行政强制法

（2011 年 6 月 30 日第十一届全国人民代表大会常务委员会第二十一次会议通过 2011 年 6 月 30 日中华人民共和国主席令第 49 号公布 自 2012 年 1 月 1 日起施行）

目 录

第一章 总 则
第二章 行政强制的种类和设定
第三章 行政强制措施实施程序
第一节 一般规定
第二节 查封、扣押
第三节 冻 结
第四章 行政机关强制执行程序
第一节 一般规定
第二节 金钱给付义务的执行
第三节 代履行
第五章 申请人民法院强制执行
第六章 法律责任
第七章 附 则

第一章　总　　则

第一条　为了规范行政强制的设定和实施，保障和监督行政机关依法履行职责，维护公共利益和社会秩序，保护公民、法人和其他组织的合法权益，根据宪法，制定本法。

第二条　本法所称行政强制，包括行政强制措施和行政强制执行。

行政强制措施，是指行政机关在行政管理过程中，为制止违法行为、防止证据损毁、避免危害发生、控制危险扩大等情形，依法对公民的人身自由实施暂时性限制，或者对公民、法人或者其他组织的财物实施暂时性控制的行为。

行政强制执行，是指行政机关或者行政机关申请人民法院，对不履行行政决定的公民、法人或者其他组织，依法强制履行义务的行为。

第三条　行政强制的设定和实施，适用本法。

发生或者即将发生自然灾害、事故灾难、公共卫生事件或者社会安全事件等突发事件，行政机关采取应急措施或者临时措施，依照有关法律、行政法规的规定执行。

行政机关采取金融业审慎监管措施、进出境货物强制性技术监控措施，依照有关法律、行政法规的规定执行。

第四条　行政强制的设定和实施，应当依照法定的权限、范围、条件和程序。

第五条　行政强制的设定和实施，应当适当。采用非强制手段可以达到行政管理目的的，不得设定和实施行政强制。

第六条　实施行政强制，应当坚持教育与强制相结合。

第七条　行政机关及其工作人员不得利用行政强制权为单位或者个人谋取利益。

第八条　公民、法人或者其他组织对行政机关实施行政强制，享有陈述权、申辩权；有权依法申请行政复议或者提起行政诉讼；因行政机关违法实施行政强制受到损害的，有权依法要求赔偿。

公民、法人或者其他组织因人民法院在强制执行中有违法行为或者扩大强制执行范围受到损害的，有权依法要求赔偿。

第二章　行政强制的种类和设定

第九条　行政强制措施的种类：

（一）限制公民人身自由；

（二）查封场所、设施或者财物；

（三）扣押财物；

（四）冻结存款、汇款；

（五）其他行政强制措施。

第十条　行政强制措施由法律设定。

尚未制定法律，且属于国务院行政管理职权事项的，行政法规可以设定除本法第九条第一项、第四项和应当由法律规定的行政强制措施以外的其他行政强制措施。

尚未制定法律、行政法规，且属于地方性事务的，地方性法规可以设定本法第九条第二项、第三项的行政强制措施。

法律、法规以外的其他规范性文件不得设定行政强制措施。

第十一条　法律对行政强制措施的对象、条件、种类作了规定的，行政法规、地方性法规不得作出扩大规定。

法律中未设定行政强制措施的，行政法规、地方性法规不得设定行政强制措施。但是，法律规定特定事项由行政法规规定具体管理措施的，行政法规可以设定除本法第九条第一项、第四项和应当由法律规定的行政强制措施以外的其他行政强制措施。

第十二条　行政强制执行的方式：

（一）加处罚款或者滞纳金；

（二）划拨存款、汇款；

（三）拍卖或者依法处理查封、扣押的场所、设施或者财物；

（四）排除妨碍、恢复原状；

（五）代履行；

（六）其他强制执行方式。

第十三条　行政强制执行由法律设定。

法律没有规定行政机关强制执行的，作出行政决定的行政机关应当申请人民法院强制执行。

第十四条　起草法律草案、法规草案，拟设定行政强制的，起草单位应当采取听证会、论证会等形式听取意见，并向制定机关说明设定该行政强制的必要性、可能产生的影响以及听取和采纳意见的情况。

第十五条　行政强制的设定机关应当定期对其设定的行政强制进行评价，并对不适当的行政强制及时予以修改或者废止。

行政强制的实施机关可以对已设定的行政强制的实施情况及存在的必要性适时进行评价，并将意见报告该行政强制的设定机关。

公民、法人或者其他组织可以向行政强制的设定机关和实施机关就行政强制的设定和实施提出意见和建议。有关机关应当认真研究论证，并以适当方式予以反馈。

第三章　行政强制措施实施程序

第一节　一般规定

第十六条　行政机关履行行政管理职责，依照法律、法规的规定，实施行政强制措施。

违法行为情节显著轻微或者没有明显社会危害的，可以不采取行政强制措施。

第十七条 行政强制措施由法律、法规规定的行政机关在法定职权范围内实施。行政强制措施权不得委托。

依据《中华人民共和国行政处罚法》的规定行使相对集中行政处罚权的行政机关，可以实施法律、法规规定的与行政处罚权有关的行政强制措施。

行政强制措施应当由行政机关具备资格的行政执法人员实施，其他人员不得实施。

第十八条 行政机关实施行政强制措施应当遵守下列规定：

（一）实施前须向行政机关负责人报告并经批准；

（二）由两名以上行政执法人员实施；

（三）出示执法身份证件；

（四）通知当事人到场；

（五）当场告知当事人采取行政强制措施的理由、依据以及当事人依法享有的权利、救济途径；

（六）听取当事人的陈述和申辩；

（七）制作现场笔录；

（八）现场笔录由当事人和行政执法人员签名或者盖章，当事人拒绝的，在笔录中予以注明；

（九）当事人不到场的，邀请见证人到场，由见证人和行政执法人员在现场笔录上签名或者盖章；

（十）法律、法规规定的其他程序。

第十九条 情况紧急，需要当场实施行政强制措施的，行政执法人员应当在二十四小时内向行政机关负责人报告，并补办批准手续。行政机关负责人认为不应当采取行政强制措施的，应当立即解除。

第二十条 依照法律规定实施限制公民人身自由的行政强制措施，除应当履行本法第十八条规定的程序外，还应当遵守下列规定：

（一）当场告知或者实施行政强制措施后立即通知当事人家属实施行政强制措施的行政机关、地点和期限；

（二）在紧急情况下当场实施行政强制措施的，在返回行政机关后，立即向行政机关负责人报告并补办批准手续；

（三）法律规定的其他程序。

实施限制人身自由的行政强制措施不得超过法定期限。实施行政强制措施的目的已经达到或者条件已经消失，应当立即解除。

第二十一条　违法行为涉嫌犯罪应当移送司法机关的，行政机关应当将查封、扣押、冻结的财物一并移送，并书面告知当事人。

第二节　查封、扣押

第二十二条　查封、扣押应当由法律、法规规定的行政机关实施，其他任何行政机关或者组织不得实施。

第二十三条　查封、扣押限于涉案的场所、设施或者财物，不得查封、扣押与违法行为无关的场所、设施或者财物；不得查封、扣押公民个人及其所扶养家属的生活必需品。

当事人的场所、设施或者财物已被其他国家机关依法查封的，不得重复查封。

第二十四条　行政机关决定实施查封、扣押的，应当履行本法第十八条规定的程序，制作并当场交付查封、扣押决定书和清单。

查封、扣押决定书应当载明下列事项：

（一）当事人的姓名或者名称、地址；

（二）查封、扣押的理由、依据和期限；

（三）查封、扣押场所、设施或者财物的名称、数量等；

（四）申请行政复议或者提起行政诉讼的途径和期限；

（五）行政机关的名称、印章和日期。

查封、扣押清单一式二份，由当事人和行政机关分别保存。

第二十五条 查封、扣押的期限不得超过三十日；情况复杂的，经行政机关负责人批准，可以延长，但是延长期限不得超过三十日。法律、行政法规另有规定的除外。

延长查封、扣押的决定应当及时书面告知当事人，并说明理由。

对物品需要进行检测、检验、检疫或者技术鉴定的，查封、扣押的期间不包括检测、检验、检疫或者技术鉴定的期间。检测、检验、检疫或者技术鉴定的期间应当明确，并书面告知当事人。检测、检验、检疫或者技术鉴定的费用由行政机关承担。

第二十六条 对查封、扣押的场所、设施或者财物，行政机关应当妥善保管，不得使用或者损毁；造成损失的，应当承担赔偿责任。

对查封的场所、设施或者财物，行政机关可以委托第三人保管，第三人不得损毁或者擅自转移、处置。因第三人的原因造成的损失，行政机关先行赔付后，有权向第三人追偿。

因查封、扣押发生的保管费用由行政机关承担。

第二十七条 行政机关采取查封、扣押措施后，应当及时查清事实，在本法第二十五条规定的期限内作出处理决定。对违法事实清楚，依法应当没收的非法财物予以没收；法律、行政法规规定应当销毁的，依法销毁；应当解除查封、扣押的，作出解除查封、扣押的决定。

第二十八条 有下列情形之一的，行政机关应当及时作出解除查封、扣押决定：

（一）当事人没有违法行为；

（二）查封、扣押的场所、设施或者财物与违法行为无关；

（三）行政机关对违法行为已经作出处理决定，不再需要查封、扣押；

（四）查封、扣押期限已经届满；

（五）其他不再需要采取查封、扣押措施的情形。

解除查封、扣押应当立即退还财物；已将鲜活物品或者其他不易保管的财物拍卖或者变卖的，退还拍卖或者变卖所得款项。变卖价格明显低于市场价格，给当事人造成损失的，应当给予补偿。

第三节 冻　　结

第二十九条 冻结存款、汇款应当由法律规定的行政机关实施，不得委托给其他行政机关或者组织；其他任何行政机关或者组织不得冻结存款、汇款。

冻结存款、汇款的数额应当与违法行为涉及的金额相当；已被其他国家机关依法冻结的，不得重复冻结。

第三十条 行政机关依照法律规定决定实施冻结存款、汇款的，应当履行本法第十八条第一项、第二项、第三项、第七项规定的程序，并向金融机构交付冻结通知书。

金融机构接到行政机关依法作出的冻结通知书后，应当立即予以冻结，不得拖延，不得在冻结前向当事人泄露信息。

法律规定以外的行政机关或者组织要求冻结当事人存款、汇款的，金融机构应当拒绝。

第三十一条 依照法律规定冻结存款、汇款的，作出决定的行政机关应当在三日内向当事人交付冻结决定书。冻结决定书应当载明下列事项：

（一）当事人的姓名或者名称、地址；

（二）冻结的理由、依据和期限；

（三）冻结的账号和数额；

（四）申请行政复议或者提起行政诉讼的途径和期限；

（五）行政机关的名称、印章和日期。

第三十二条 自冻结存款、汇款之日起三十日内，行政机关应当作出处理决定或者作出解除冻结决定；情况复杂的，经行政机关负责人批准，可以延长，但是延长期限不得超过三十日。法律另有规定的除外。

延长冻结的决定应当及时书面告知当事人，并说明理由。

第三十三条 有下列情形之一的，行政机关应当及时作出解除冻结决定：

（一）当事人没有违法行为；

（二）冻结的存款、汇款与违法行为无关；

（三）行政机关对违法行为已经作出处理决定，不再需要冻结；

（四）冻结期限已经届满；

（五）其他不再需要采取冻结措施的情形。

行政机关作出解除冻结决定的，应当及时通知金融机构和当事人。金融机构接到通知后，应当立即解除冻结。

行政机关逾期未作出处理决定或者解除冻结决定的，金融机构应当自冻结期满之日起解除冻结。

第四章　行政机关强制执行程序

第一节　一般规定

第三十四条 行政机关依法作出行政决定后，当事人在行政机关决定的期限内不履行义务的，具有行政强制执行权的行政机关依照本章规定强制执行。

第三十五条 行政机关作出强制执行决定前，应当事先催告当事人履行义务。催告应当以书面形式作出，并载明下列事项：

（一）履行义务的期限；

（二）履行义务的方式；

（三）涉及金钱给付的，应当有明确的金额和给付方式；

（四）当事人依法享有的陈述权和申辩权。

第三十六条　当事人收到催告书后有权进行陈述和申辩。行政机关应当充分听取当事人的意见，对当事人提出的事实、理由和证据，应当进行记录、复核。当事人提出的事实、理由或者证据成立的，行政机关应当采纳。

第三十七条　经催告，当事人逾期仍不履行行政决定，且无正当理由的，行政机关可以作出强制执行决定。

强制执行决定应当以书面形式作出，并载明下列事项：

（一）当事人的姓名或者名称、地址；

（二）强制执行的理由和依据；

（三）强制执行的方式和时间；

（四）申请行政复议或者提起行政诉讼的途径和期限；

（五）行政机关的名称、印章和日期。

在催告期间，对有证据证明有转移或者隐匿财物迹象的，行政机关可以作出立即强制执行决定。

第三十八条　催告书、行政强制执行决定书应当直接送达当事人。当事人拒绝接收或者无法直接送达当事人的，应当依照《中华人民共和国民事诉讼法》的有关规定送达。

第三十九条　有下列情形之一的，中止执行：

（一）当事人履行行政决定确有困难或者暂无履行能力的；

（二）第三人对执行标的主张权利，确有理由的；

（三）执行可能造成难以弥补的损失，且中止执行不损害公共利益的；

（四）行政机关认为需要中止执行的其他情形。

中止执行的情形消失后，行政机关应当恢复执行。对没有明显社会危害，当事人确无能力履行，中止执行满三年未恢复执行的，行政机关不再执行。

第四十条　有下列情形之一的，终结执行：

（一）公民死亡，无遗产可供执行，又无义务承受人的；

（二）法人或者其他组织终止，无财产可供执行，又无义务承受人的；

（三）执行标的灭失的；

（四）据以执行的行政决定被撤销的；

（五）行政机关认为需要终结执行的其他情形。

第四十一条 在执行中或者执行完毕后，据以执行的行政决定被撤销、变更，或者执行错误的，应当恢复原状或者退还财物；不能恢复原状或者退还财物的，依法给予赔偿。

第四十二条 实施行政强制执行，行政机关可以在不损害公共利益和他人合法权益的情况下，与当事人达成执行协议。执行协议可以约定分阶段履行；当事人采取补救措施的，可以减免加处的罚款或者滞纳金。

执行协议应当履行。当事人不履行执行协议的，行政机关应当恢复强制执行。

第四十三条 行政机关不得在夜间或者法定节假日实施行政强制执行。但是，情况紧急的除外。

行政机关不得对居民生活采取停止供水、供电、供热、供燃气等方式迫使当事人履行相关行政决定。

第四十四条 对违法的建筑物、构筑物、设施等需要强制拆除的，应当由行政机关予以公告，限期当事人自行拆除。当事人在法定期限内不申请行政复议或者提起行政诉讼，又不拆除的，行政机关可以依法强制拆除。

第二节　金钱给付义务的执行

第四十五条 行政机关依法作出金钱给付义务的行政决定，当事人逾期不履行的，行政机关可以依法加处罚款或者滞纳金。加处罚款或者滞纳金的标准应当告知当事人。

加处罚款或者滞纳金的数额不得超出金钱给付义务的数额。

第四十六条　行政机关依照本法第四十五条规定实施加处罚款或者滞纳金超过三十日，经催告当事人仍不履行的，具有行政强制执行权的行政机关可以强制执行。

行政机关实施强制执行前，需要采取查封、扣押、冻结措施的，依照本法第三章规定办理。

没有行政强制执行权的行政机关应当申请人民法院强制执行。但是，当事人在法定期限内不申请行政复议或者提起行政诉讼，经催告仍不履行的，在实施行政管理过程中已经采取查封、扣押措施的行政机关，可以将查封、扣押的财物依法拍卖抵缴罚款。

第四十七条　划拨存款、汇款应当由法律规定的行政机关决定，并书面通知金融机构。金融机构接到行政机关依法作出划拨存款、汇款的决定后，应当立即划拨。

法律规定以外的行政机关或者组织要求划拨当事人存款、汇款的，金融机构应当拒绝。

第四十八条　依法拍卖财物，由行政机关委托拍卖机构依照《中华人民共和国拍卖法》的规定办理。

第四十九条　划拨的存款、汇款以及拍卖和依法处理所得的款项应当上缴国库或者划入财政专户。任何行政机关或者个人不得以任何形式截留、私分或者变相私分。

第三节　代　履　行

第五十条　行政机关依法作出要求当事人履行排除妨碍、恢复原状等义务的行政决定，当事人逾期不履行，经催告仍不履行，其后果已经或者将危害交通安全、造成环境污染或者破坏自然资源的，行政机关可以代履行，或者委托没有利害关系的第三人代履行。

第五十一条　代履行应当遵守下列规定：

（一）代履行前送达决定书，代履行决定书应当载明当事人的姓名或者名称、地址，代履行的理由和依据、方式和时间、标的、费用预算以及代履行人；

（二）代履行三日前，催告当事人履行，当事人履行的，停止代履行；

（三）代履行时，作出决定的行政机关应当派员到场监督；

（四）代履行完毕，行政机关到场监督的工作人员、代履行人和当事人或者见证人应当在执行文书上签名或者盖章。

代履行的费用按照成本合理确定，由当事人承担。但是，法律另有规定的除外。

代履行不得采用暴力、胁迫以及其他非法方式。

第五十二条 需要立即清除道路、河道、航道或者公共场所的遗洒物、障碍物或者污染物，当事人不能清除的，行政机关可以决定立即实施代履行；当事人不在场的，行政机关应当在事后立即通知当事人，并依法作出处理。

第五章 申请人民法院强制执行

第五十三条 当事人在法定期限内不申请行政复议或者提起行政诉讼，又不履行行政决定的，没有行政强制执行权的行政机关可以自期限届满之日起三个月内，依照本章规定申请人民法院强制执行。

第五十四条 行政机关申请人民法院强制执行前，应当催告当事人履行义务。催告书送达十日后当事人仍未履行义务的，行政机关可以向所在地有管辖权的人民法院申请强制执行；执行对象是不动产的，向不动产所在地有管辖权的人民法院申请强制执行。

第五十五条 行政机关向人民法院申请强制执行，应当提供下列材料：

（一）强制执行申请书；

（二）行政决定书及作出决定的事实、理由和依据；

（三）当事人的意见及行政机关催告情况；

（四）申请强制执行标的情况；

（五）法律、行政法规规定的其他材料。

强制执行申请书应当由行政机关负责人签名，加盖行政机关的印章，并注明日期。

第五十六条 人民法院接到行政机关强制执行的申请，应当在五日内受理。

行政机关对人民法院不予受理的裁定有异议的，可以在十五日内向上一级人民法院申请复议，上一级人民法院应当自收到复议申请之日起十五日内作出是否受理的裁定。

第五十七条 人民法院对行政机关强制执行的申请进行书面审查，对符合本法第五十五条规定，且行政决定具备法定执行效力的，除本法第五十八条规定的情形外，人民法院应当自受理之日起七日内作出执行裁定。

第五十八条 人民法院发现有下列情形之一的，在作出裁定前可以听取被执行人和行政机关的意见：

（一）明显缺乏事实根据的；

（二）明显缺乏法律、法规依据的；

（三）其他明显违法并损害被执行人合法权益的。

人民法院应当自受理之日起三十日内作出是否执行的裁定。裁定不予执行的，应当说明理由，并在五日内将不予执行的裁定送达行政机关。

行政机关对人民法院不予执行的裁定有异议的，可以自收到裁定之日起十五日内向上一级人民法院申请复议，上一级人民法院应当自收到复议申请之日起三十日内作出是否执行的裁定。

第五十九条 因情况紧急，为保障公共安全，行政机关可以申请人民法院立即执行。经人民法院院长批准，人民法院应当自作出执行裁定之日起五日内执行。

第六十条 行政机关申请人民法院强制执行，不缴纳申请费。强制执行的费用由被执行人承担。

人民法院以划拨、拍卖方式强制执行的，可以在划拨、拍卖后将强制执行的费用扣除。

依法拍卖财物，由人民法院委托拍卖机构依照《中华人民共和国拍卖法》的规定办理。

划拨的存款、汇款以及拍卖和依法处理所得的款项应当上缴国库或者划入财政专户，不得以任何形式截留、私分或者变相私分。

第六章 法律责任

第六十一条 行政机关实施行政强制，有下列情形之一的，由上级行政机关或者有关部门责令改正，对直接负责的主管人员和其他直接责任人员依法给予处分：

（一）没有法律、法规依据的；

（二）改变行政强制对象、条件、方式的；

（三）违反法定程序实施行政强制的；

（四）违反本法规定，在夜间或者法定节假日实施行政强制执行的；

（五）对居民生活采取停止供水、供电、供热、供燃气等方式迫使当事人履行相关行政决定的；

（六）有其他违法实施行政强制情形的。

第六十二条 违反本法规定，行政机关有下列情形之一的，由上级行政机关或者有关部门责令改正，对直接负责的主管人员和其他直接责任人员依法给予处分：

（一）扩大查封、扣押、冻结范围的；

（二）使用或者损毁查封、扣押场所、设施或者财物的；

（三）在查封、扣押法定期间不作出处理决定或者未依法及时解除查封、扣押的；

（四）在冻结存款、汇款法定期间不作出处理决定或者未依法及时解除冻结的。

第六十三条　行政机关将查封、扣押的财物或者划拨的存款、汇款以及拍卖和依法处理所得的款项，截留、私分或者变相私分的，由财政部门或者有关部门予以追缴；对直接负责的主管人员和其他直接责任人员依法给予记大过、降级、撤职或者开除的处分。

行政机关工作人员利用职务上的便利，将查封、扣押的场所、设施或者财物据为己有的，由上级行政机关或者有关部门责令改正，依法给予记大过、降级、撤职或者开除的处分。

第六十四条　行政机关及其工作人员利用行政强制权为单位或者个人谋取利益的，由上级行政机关或者有关部门责令改正，对直接负责的主管人员和其他直接责任人员依法给予处分。

第六十五条　违反本法规定，金融机构有下列行为之一的，由金融业监督管理机构责令改正，对直接负责的主管人员和其他直接责任人员依法给予处分：

（一）在冻结前向当事人泄露信息的；

（二）对应当立即冻结、划拨的存款、汇款不冻结或者不划拨，致使存款、汇款转移的；

（三）将不应当冻结、划拨的存款、汇款予以冻结或者划拨的；

（四）未及时解除冻结存款、汇款的。

第六十六条　违反本法规定，金融机构将款项划入国库或者财政专户以外的其他账户的，由金融业监督管理机构责令改正，并处以违法划拨款项二倍的罚款；对直接负责的主管人员和其他直接责任人员依法给予处分。

违反本法规定，行政机关、人民法院指令金融机构将款项划入国库或者财政专户以外的其他账户的，对直接负责的主管人员和其他直接责任人员依法给予处分。

第六十七条 人民法院及其工作人员在强制执行中有违法行为或者扩大强制执行范围的，对直接负责的主管人员和其他直接责任人员依法给予处分。

第六十八条 违反本法规定，给公民、法人或者其他组织造成损失的，依法给予赔偿。

违反本法规定，构成犯罪的，依法追究刑事责任。

第七章 附 则

第六十九条 本法中十日以内期限的规定是指工作日，不含法定节假日。

第七十条 法律、行政法规授权的具有管理公共事务职能的组织在法定授权范围内，以自己的名义实施行政强制，适用本法有关行政机关的规定。

第七十一条 本法自2012年1月1日起施行。

二十、自然资源听证规定（2020修正）[①]

自然资源听证规定

（2003年12月30日国土资源部令第22号公布 根据2020年3月20日自然资源部第1次部务会《自然资源部关于第二批废止和修改的部门规章的决定》修正）

第一章 总 则

第一条 为了规范自然资源管理活动，促进依法行政，提高自然资源管

① 来源于自然资源部官网：http：//f. mnr. gov. cn/202006/t20200629_ 2529888. html，最后访问时间2022年8月15日。

理的科学性和民主性，保护公民、法人和其他组织的合法权益，根据有关法律、法规，制定本规定。

第二条 县级以上人民政府自然资源行政主管部门（以下简称主管部门）依职权或者依当事人的申请组织听证的，适用本规定。

第三条 听证由拟作出行政处罚、行政许可决定，制定规章和规范性文件、实施需报政府批准的事项的主管部门组织。

依照本规定具体办理听证事务的法制工作机构为听证机构；但实施需报政府批准的事项可以由其经办机构作为听证机构。

本规定所称需报政府批准的事项，是指依法由本级人民政府批准后生效但主要由主管部门具体负责实施的事项，包括拟定或者修改基准地价、组织编制或者修改国土空间规划和矿产资源规划、拟定或者修改区片综合地价、拟定拟征地项目的补偿标准和安置方案、拟定非农业建设占用永久基本农田方案等。

第四条 主管部门组织听证，应当遵循公开、公平、公正和便民的原则，充分听取公民、法人和其他组织的意见，保证其陈述意见、质证和申辩的权利。

依职权组织的听证，除涉及国家秘密外，以听证会形式公开举行，并接受社会监督；依当事人的申请组织的听证，除涉及国家秘密、商业秘密或者个人隐私外，听证公开举行。

第五条 法律、法规和规章规定应当听证的事项，当事人放弃听证权利或者因情况紧急须即时决定的，主管部门不组织听证。

第二章 听证的一般规定

第六条 听证参加人包括拟听证事项经办机构的指派人员、听证会代表、当事人及其代理人、证人、鉴定人、翻译等。

第七条 听证一般由一名听证员组织；必要时，可以由三或五名听证员组织。听证员由主管部门指定。

听证设听证主持人，在听证员中产生；但须是听证机构或者经办机构的有关负责人。

记录员由听证主持人指定，具体承担听证准备和听证记录工作。

拟听证事项的具体经办人员，不得作为听证员和记录员；但可以由经办机构办理听证事务的除外。

第八条 在听证开始前，记录员应当查明听证参加人的身份和到场情况，宣布听证纪律和听证会场有关注意事项。

第九条 听证会按下列程序进行：

（一）听证主持人宣布听证开始，介绍听证员、记录员，宣布听证事项和事由，告知听证参加人的权利和义务；

（二）拟听证事项的经办机构提出理由、依据和有关材料及意见；

（三）当事人进行质证、申辩，提出维护其合法权益的事实、理由和依据（听证会代表对拟听证事项的必要性、可行性以及具体内容发表意见和质询）；

（四）最后陈述；

（五）听证主持人宣布听证结束。

第十条 记录员应当将听证的全部活动记入笔录。听证笔录应当载明下列事项，并由听证员和记录员签名：

（一）听证事项名称；

（二）听证员和记录员的姓名、职务；

（三）听证参加人的基本情况；

（四）听证的时间、地点；

（五）听证公开情况；

（六）拟听证事项的理由、依据和有关材料；

（七）当事人或者听证会代表的观点、理由和依据；

（八）延期、中止或者终止的说明；

（九）听证主持人对听证活动中有关事项的处理情况；

（十）听证主持人认为的其他事项。

听证笔录经听证参加人确认无误或者补正后当场签字或者盖章；无正当理由又拒绝签字或者盖章的，记明情况附卷。

第十一条　公开举行的听证会，公民、法人或者其他组织可以申请参加旁听。

第三章　依职权听证的范围和程序

第十二条　有下列情形之一的，主管部门应当组织听证：

（一）拟定或者修改基准地价；

（二）编制或者修改国土空间规划和矿产资源规划；

（三）拟定或者修改区片综合地价。

有下列情形之一的，直接涉及公民、法人或者其他组织的重大利益的，主管部门根据需要组织听证：

（一）制定规章和规范性文件；

（二）主管部门规定的其他情形。

第十三条　主管部门对本规定第十二条规定的事项举行听证的，应当在举行听证会30日前，向社会公告听证会的时间、地点、内容和申请参加听证会须知。

第十四条　符合主管部门规定条件的公民、法人和其他组织，均可申请参加听证会，也可推选代表参加听证会。

主管部门根据拟听证事项与公民、法人和其他组织的申请情况，指定听证会代表；指定的听证会代表应当具有广泛性、代表性。

公民、法人和其他组织推选的代表，符合主管部门条件的，应当优先被指定为听证会代表。

第十五条 听证机构应当在举行听证会的 10 个工作日前将听证会材料送达听证会代表。

第十六条 听证会代表应当亲自参加听证，并有权对拟听证事项的必要性、可行性以及具体内容发表意见和质询，查阅听证纪要。

听证会代表应当忠于事实，实事求是地反映所代表的公民、法人和其他组织的意见，遵守听证纪律，保守国家秘密。

第十七条 听证机构应当在举行听证会后 7 个工作日内，根据听证笔录制作包括下列内容的听证纪要：

（一）听证会的基本情况；

（二）听证事项的说明；

（三）听证会代表的意见陈述；

（四）听证事项的意见分歧；

（五）对听证会意见的处理建议。

第十八条 主管部门应当参照听证纪要依法制定规章和规范性文件；在报批拟定或者修改的基准地价、编制或者修改的国土空间规划和矿产资源规划、拟定或者修改的区片综合地价时，应当附具听证纪要。

第四章 依申请听证的范围和程序

第十九条 有下列情形之一的，主管部门在报批之前，应当书面告知当事人有要求举行听证的权利：

（一）拟定拟征地项目的补偿标准和安置方案的；

（二）拟定非农业建设占用永久基本农田方案的。

有下列情形之一的，主管部门在作出决定之前，应当书面告知当事人有要求举行听证的权利：

（一）较大数额罚款、责令停止违法勘查或者违法开采行为、吊销勘查许可证或者采矿许可证等行政处罚的；

（二）国有土地使用权、探矿权、采矿权的许可直接涉及申请人与他人之间重大利益关系的；

（三）法律、法规或者规章规定的其他情形。

第二十条　当事人对本规定第十九条规定的事项要求听证的，主管部门应当组织听证。

第二十一条　当事人应当在告知后5个工作日内向听证机构提出书面申请，逾期未提出的，视为放弃听证；但行政处罚听证的时限为3个工作日。放弃听证的，应当书面记载。

第二十二条　当事人可以委托一至二名代理人参加听证，收集、提供相关材料和证据，进行质证和申辩。

第二十三条　听证的书面申请包括以下内容：

（一）当事人的姓名、地址（法人或者其他组织的名称、地址、法定代表人）；

（二）申请听证的具体事项；

（三）申请听证的依据、理由。

申请听证的，应当同时提供相关材料。

第二十四条　听证机构收到听证的书面申请后，应当对申请材料进行审查；申请材料不齐备的，应当一次告知当事人补正。

有下列情形之一的，不予受理：

（一）提出申请的不是听证事项的当事人或者其代理人的；

（二）在告知后超过5个工作日提出听证的；

（三）其他不符合申请听证条件的。

不予受理的，主管部门应当书面告知当事人不予听证。

第二十五条　听证机构审核后，对符合听证条件的，应当制作《听证通知书》，并在听证的7个工作日前通知当事人和拟听证事项的经办机构。

《听证通知书》应当载明下列事项：

（一）听证的事由与依据；

（二）听证的时间、地点；

（三）听证员和记录员的姓名、职务；

（四）当事人、拟听证事项的经办机构的权利和义务；

（五）注意事项。

第二十六条 当事人在接到《听证通知书》后，应当准时到场；无正当理由不到场的，或者未经听证主持人允许中途退场的，视为放弃听证。放弃听证的，记入听证笔录。

第二十七条 拟听证事项的经办机构在接到《听证通知书》后，应当指派人员参加听证，不得放弃听证。

第二十八条 当事人认为听证员、记录员与拟听证事项有利害关系可能影响公正的，有权申请回避，并说明理由。

听证主持人的回避由主管部门决定。听证员、记录员的回避，由听证主持人决定。

第二十九条 有下列情形之一的，可以延期举行听证：

（一）因不可抗力的事由致使听证无法按期举行的；

（二）当事人申请延期，有正当理由的；

（三）可以延期的其他情形。

延期听证的，主管部门应当书面通知听证参加人。

第三十条 有下列情形之一的，中止听证：

（一）听证主持人认为听证过程中提出新的事实、理由和依据或者提出的事实有待调查核实的；

（二）申请听证的公民死亡、法人或者其他组织终止，尚未确定权利、义务承受人的；

（三）应当中止听证的其他情形。

中止听证的，主管部门应当书面通知听证参加人。

第三十一条 延期、中止听证的情形消失后，由主管部门决定恢复听证，并书面通知听证参加人。

第三十二条 有下列情形之一的，终止听证：

（一）有权申请听证的公民死亡，没有继承人，或者继承人放弃听证权利的；

（二）有权申请听证的法人或者其他组织终止，承受其权利的法人或者组织放弃听证权利的；

（三）当事人在听证过程中声明退出的；

（四）当事人在告知后明确放弃听证权利或者被视为放弃听证权利的；

（五）需要终止听证的其他情形。

第三十三条 主管部门应当根据听证笔录，作出行政许可决定，依法作出行政处罚决定；在报批拟定的拟征地项目的补偿标准和安置方案、非农业建设占用永久基本农田方案时，应当附具听证笔录。

第五章 法律责任

第三十四条 法律、法规和规章规定应当听证的事项，当事人要求听证而未组织的，对直接负责的主管人员和其他直接责任人员依法给予处分。

第三十五条 主管部门的拟听证事项经办机构指派人员、听证员、记录员在听证时玩忽职守、滥用职权、徇私舞弊的，依法给予处分；构成犯罪的，依法追究刑事责任。

第六章 附 则

第三十六条 组织听证不得向当事人收取或者变相收取任何费用。

组织听证所需经费列入主管部门预算。听证机构组织听证必需的场地、设备、工作条件，主管部门应当给予保障。

第三十七条 主管部门办理行政复议，受委托起草法律、法规或者政府规章草案时，组织听证的具体程序参照本规定执行。

第三十八条 本规定自2004年5月1日起施行。

二十一、自然资源部关于印发《土地征收成片开发标准（试行）》的通知[①]

自然资源部关于印发《土地征收成片开发标准（试行）》的通知

（2020年11月5日 自然资规〔2020〕5号）

各省、自治区、直辖市自然资源主管部门，新疆生产建设兵团自然资源主管部门，各派驻地方的国家自然资源督察局：

《土地征收成片开发标准（试行）》已经部审议通过，现印发执行。

土地征收成片开发标准（试行）

一、根据《土地管理法》第45条的规定，制定本标准。

本标准所称成片开发，是指在国土空间规划确定的城镇开发边界内的集中建设区，由县级以上地方人民政府组织的对一定范围的土地进行的综合性开发建设活动。

二、土地征收成片开发应当坚持新发展理念，以人民为中心，注重保护耕地，注重维护农民合法权益，注重节约集约用地，注重生态环境保护，促进当地经济社会可持续发展。

三、县级以上地方人民政府应当按照《土地管理法》第45条规定，

① 来源于自然资源部官网：http：//gi. mnr. gov. cn/202011/t20201105_ 2584406. html，最后访问时间2022年8月15日。

依据当地国民经济和社会发展规划、国土空间规划，组织编制土地征收成片开发方案，纳入当地国民经济和社会发展年度计划，并报省级人民政府批准。

土地征收成片开发方案应当包括下列内容：

（一）成片开发的位置、面积、范围和基础设施条件等基本情况；

（二）成片开发的必要性、主要用途和实现的功能；

（三）成片开发拟安排的建设项目、开发时序和年度实施计划；

（四）依据国土空间规划确定的一个完整的土地征收成片开发范围内基础设施、公共服务设施以及其他公益性用地比例；

（五）成片开发的土地利用效益以及经济、社会、生态效益评估。

前款第（四）项规定的比例一般不低于40%，各市县的具体比例由省级人民政府根据各地情况差异确定。

县级以上地方人民政府编制土地征收成片开发方案时，应当充分听取人大代表、政协委员、社会公众和有关专家学者的意见。

四、土地征收成片开发方案应当充分征求成片开发范围内农村集体经济组织和农民的意见，并经集体经济组织成员的村民会议三分之二以上成员或者三分之二以上村民代表同意。未经集体经济组织的村民会议三分之二以上成员或者三分之二以上村民代表同意，不得申请土地征收成片开发。

五、省级人民政府应当组织人大代表、政协委员和土地、规划、经济、法律、环保、产业等方面的专家组成专家委员会，对土地征收成片开发方案的科学性、必要性进行论证。论证结论应当作为批准土地征收成片开发方案的重要依据。

国家自然资源督察机构、自然资源部、省级人民政府应当加强对土地征收成片开发工作的监管。

六、有下列情形之一的，不得批准土地征收成片开发方案：

（一）涉及占用永久基本农田的；

（二）市县区域内存在大量批而未供或者闲置土地的；

（三）各类开发区、城市新区土地利用效率低下的；

（四）已批准实施的土地征收成片开发连续两年未完成方案安排的年度实施计划的。

七、本标准自公布之日施行，有效期三年。

二十二、国家发展改革委关于印发《国家发展改革委重大固定资产投资项目社会稳定风险评估暂行办法》的通知①

关于印发《国家发展改革委重大固定资产投资项目社会稳定风险评估暂行办法》的通知

（2012年8月16日　发改投资〔2012〕2492号）

各省、自治区、直辖市及计划单列市、新疆生产建设兵团发展改革委，国务院各部门、直属机构、办事机构、直属事业单位，各中央管理企业：

为建立和规范重大固定资产投资项目社会稳定风险评估机制，我委制定了《国家发展改革委重大固定资产投资项目社会稳定风险评估暂行办法》，现印发给你们，请按照执行。

附件：国家发展改革委重大固定资产投资项目社会稳定风险评估暂行办法

① 来源于国家发展和改革委员会官网：https：//www. ndrc. gov. cn/fggz/gdzctz/tzfg/201907/t20190717 _ 1197572. html？code=&state=123，最后访问时间：2022年8月15日。

附件：

国家发展改革委重大固定资产投资项目社会稳定风险评估暂行办法

第一条 为促进科学决策、民主决策、依法决策，预防和化解社会矛盾，建立和规范重大固定资产投资项目社会稳定风险评估机制，制定本办法。

第二条 国家发展改革委审批、核准或者核报国务院审批、核准的在中华人民共和国境内建设实施的固定资产投资项目（简称“项目”，下同），适用本办法。

第三条 项目单位在组织开展重大项目前期工作时，应当对社会稳定风险进行调查分析，征询相关群众意见，查找并列出风险点、风险发生的可能性及影响程度，提出防范和化解风险的方案措施，提出采取相关措施后的社会稳定风险等级建议。

社会稳定风险分析应当作为项目可行性研究报告、项目申请报告的重要内容并设独立篇章。

第四条 重大项目社会稳定风险等级分为三级：

高风险：大部分群众对项目有意见、反应特别强烈，可能引发大规模群体性事件。

中风险：部分群众对项目有意见、反应强烈，可能引发矛盾冲突。

低风险：多数群众理解支持但少部分人对项目有意见，通过有效工作可防范和化解矛盾。

第五条 由项目所在地人民政府或其有关部门指定的评估主体组织对项目单位做出的社会稳定风险分析开展评估论证，根据实际情况可以采取公示、问卷调查、实地走访和召开座谈会、听证会等多种方式听取各方面意见，分析判断并确定风险等级，提出社会稳定风险评估报告。评估报告的主要内容为项目建设实施的合法性、合理性、可行性、可控性，可能引发的社会稳定风险，各方面意见及其采纳情况，风险评估结论和对策建议，风险防范和化解措施以及应急处置预案等内容。

第六条 国务院有关部门、省级发展改革部门、中央管理企业在向国家发展改革委报送项目可行性研究报告、项目申请报告的申报文件中，应当包含对该项目社会稳定风险评估报告的意见，并附社会稳定风险评估报告。

第七条 国家发展改革委在委托工程咨询机构评估项目可行性研究报告、项目申请报告时，可以根据情况在咨询评估委托书中要求对社会稳定风险分析和评估报告提出咨询意见。

第八条 评估主体作出的社会稳定风险评估报告是国家发展改革委审批、核准或者核报国务院审批、核准项目的重要依据。评估报告认为项目存在高风险或者中风险的，国家发展改革委不予审批、核准和核报；存在低风险但有可靠防控措施的，国家发展改革委可以审批、核准或者核报国务院审批、核准，并应在批复文件中对有关方面提出切实落实防范、化解风险措施的要求。

第九条 国家发展改革委未按照本办法规定，对项目可行性研究报告、项目申请报告作出批复，给党、国家和人民利益以及公共财产造成较大或者重大损失等后果的，应当依法依纪追究国家发展改革委有关单位和责任人的责任。

评估主体不按规定的程序和要求进行评估导致决策失误，或者隐瞒真实情况、弄虚作假，给党、国家和人民利益以及公共财产造成较大或者重大损失等后果的，应当依法依纪追究有关责任人的责任。

第十条 国家发展改革委、有关部门和机构及其工作人员应当遵守工作纪律和保密规定。

第十一条 各级地方发展改革部门可参照本办法，建立健全本地区重大项目社会稳定风险评估机制。

第十二条 本办法由国家发展改革委负责解释。

第十三条 自本办法印发之日起，国家发展改革委受理的申报项目执行本办法。

二十三、国家发展改革委办公厅关于印发重大固定资产投资项目社会稳定风险分析篇章和评估报告编制大纲（试行）的通知[①]

国家发展改革委办公厅关于印发重大固定资产投资项目社会稳定风险分析篇章和评估报告编制大纲（试行）的通知

（2013 年 2 月 17 日 发改办投资〔2013〕428 号）

各省、自治区、直辖市及计划单列市、新疆生产建设兵团发展改革委，国务院各部门、直属机构办公厅（室），各中央管理企业，各有关咨询机构：

为规范和指导重大固定资产投资项目社会稳定风险分析和评估工作，特研究制定了《重大固定资产投资项目社会稳定风险分析篇章编制大纲及说明（试行）》和《重大固定资产投资项目社会稳定风险评估报告编制大纲及说明（试行）》。现印发给你们，供有关方面在编制工程项目可行性研究报告（项目申请报告）和开展评估工作中参考。

附件：1.《重大固定资产投资项目社会稳定风险分析篇章编制大纲及说明（试行）》

2.《重大固定资产投资项目社会稳定风险评估报告编制大纲及说明（试行）》

---

① 来源于国家发展和改革委员会官网：https：//www. ndrc. gov. cn/fggz/gdzctz/tzfg/201907/t20190722_ 1197576. html? code=&state=123，最后访问时间 2022 年 8 月 15 日。

附件 1：

重大固定资产投资项目社会稳定风险分析篇章编制大纲及说明（试行）

第一部分　分析篇章编制大纲

一、编制依据

重大固定资产投资项目社会稳定风险分析及其篇章编制，应依据法律法规规章和规范性文件、拟建项目所在地区的社会稳定风险评估要求，以及拟建项目建设方案等相关资料开展工作。

编制依据主要包括：（一）相关法律、法规、规章、规范性文件以及其他政策性文件；（二）项目单位的委托合同；（三）项目单位提供的拟建项目基本情况和风险分析所需的必要资料；（四）国家出台的区域经济社会发展规划、国务院及有关部门批准的相关规划；（五）其他依据。

二、风险调查

社会稳定风险调查重点围绕拟建项目建设实施的合法性、合理性、可行性和可控性等方面开展。调查范围应覆盖所涉及地区的利益相关者，充分听取、全面收集群众和各利益相关者的意见，包括合理和不合理、现实和潜在的诉求等。

结合拟建项目特点，重点阐述以下部分或全部方面：调查的内容和范围、方式和方法；拟建项目的合法性；拟建项目自然和社会环境状况；利益相关者的意见和诉求、公众参与情况；基层组织态度、媒体舆论导向，以及公开报道过的同类项目风险情况。

三、风险识别

在风险调查的基础上，针对利益相关者不理解、不认同、不满意、不支持的方面，或在日后可能引发不稳定事件的情形，全面、全程查找并分析可能引发社会稳定风险的各种风险因素。

重点阐述：在政策规划和审批程序、土地房屋征收方案、技术和经济方案、生态环境影响、项目建设管理、当地经济社会影响、质量安全和社会治安、媒体舆论导向等方面重点分析查找各风险因素。

四、风险估计

根据各项风险因素的成因、影响表现、风险分布、影响程度、发生可能性，找出主要风险因素。采用定性与定量相结合的风险分析方法，估计主要风险因素的风险程度；分析主要因素之间是否相互影响。

重点阐述：按照风险可能发生的项目阶段（决策、准备、实施、运行），结合当地经济社会与拟建项目的相互适应性，从初步识别的各类风险因素中筛选、归纳出主要风险因素。对每一个主要风险因素进行分析、估计，两个或多个风险因素相互作用的影响，包括可能引发风险事件的原因、时间和形式，风险事件的发生概率、影响程度和风险程度。

五、风险防范和化解措施

根据风险识别和风险估计的结果，研究提出风险防范化解措施。

重点阐述：针对主要风险因素研究提出各项综合和专项的风险防范、化解措施，提出落实各项措施的责任主体和协助单位、防范责任、具体工作内容、风险控制节点、实施时间和要求的建议。

六、风险等级

分析各项风险防范、化解措施落实的可行性和有效性，预测落实措施后每一个主要风险因素可能引发风险的变化趋势，包括发生概率、影响程度、风险程度等，综合判断拟建项目落实风险防范、化解措施后的风险等级。

重点阐述：预测各主要风险因素变化趋势及结果，综合判断落实措施后风险等级。

七、风险分析结论

阐述拟建项目社会稳定风险分析的主要结论，包括：

（一）拟建项目主要的风险因素；

（二）主要的风险防范、化解措施；

（三）拟建项目风险等级；

（四）落实风险防范、化解措施的有关建议。

第二部分 分析篇章编制说明

一、总体说明

（一）为切实规范和全面推进重大固定资产投资项目社会稳定风险分析和评估工作，根据《国家发展改革委重大固定资产投资项目社会稳定风险评估暂行办法》和国家、地方相关规定，对于需要开展稳评的重大固定资产投资项目，项目单位在组织编制项目可行性研究报告、项目申请报告时，应当同时进行社会稳定风险分析，并作为项目可行性研究报告、项目申请报告中的独立篇章。

（二）社会稳定风险分析篇章的编制工作，应当立足国情，实事求是，从拟建项目直接关系人民群众切身利益且涉及面广、容易引发的社会稳定问题出发，在合法性、合理性、可行性和可控性等方面进行重点分析，做到客观公正、方法适用、分析全面、措施可行、结论可信，确保取得实效。

（三）社会稳定风险分析篇章的编制，应当遵循社会稳定风险分析的程序，开展风险调查、风险因素识别和风险估计，研究提出风险防范和化解的措施，估计落实措施后的风险等级，明确提出能作为开展拟建项目社会稳定风险评估工作重要依据的分析结论。情况较简单、外部性影响非常小、社会稳定风险非常低的项目可以从简分析，特别重大和敏感的项目，可形成单独的社会稳定风险分析报告。

（四）各地方政府或其有关部门，可根据《国家发展改革委重大固定资产投资项目社会稳定风险评估暂行办法》及相关法律法规要求，结合地方经济社会发展的状况，编制适合本地区固定资产投资项目社会稳定风险分析的指标体系、评判标准等。各行业管理部门可结合行业特点，参照本大纲制定适合本行业的社会稳定风险分析篇章编制大纲。

二、关于风险调查

风险调查是风险分析的基础工作，风险调查的成果不仅是分析篇章的重要组成部分，同时也是风险识别、风险估计、风险等级判断和制定风险防范、化解措施的基础。

（一）调查内容

风险调查应根据拟建项目的实际，结合建设方案，运用适用的方法，深入开展风险调查。

1. 拟建项目的合法性。包括与国家和当地经济社会发展规划、行业规划、产业政策、标准规范的符合性，与土地利用总体规划、城乡规划的符合性，分析项目达到合法性要求还需依法取得的相关前置审批文件等。

2. 拟建项目所在地周边的自然环境现状和社会环境状况，以及项目实施可能对当地经济社会的影响。包括可能对行业发展和区域经济的影响，对上下游已建或拟建关联项目的影响，对当地总体发展规划、经济发展、关联行业发展、就业机会的影响等；包括拟建项目占用地方资源（土地、能源、水资源、岸线、交通、污染物排放指标、自然和生态环境等）带来的影响，拟建项目的建设和运行活动对项目所在地文化、生活方式、宗教信仰、社会习俗等非物质性因素的影响，能否被当地的社会环境、人文条件所接纳等。

3. 利益相关者（包括受拟建项目建设和运行影响的公民、法人和其他社会组织）对拟建项目建设实施的意见和诉求。深入细致地向利益相关者了解情况，对受项目影响较大者、有特殊困难的家庭重点走访，当面听取意见。听取意见要注意对象的广泛性和代表性，注意方式方法，以便群众了解真实情况、表达真实意见。对于听取的意见和诉求，要通过分析利益相关者的主要特征、背景和同质性等，鉴别出主要利益相关者。

4. 拟建项目所在地政府及其有关部门、基层政府和基层组织、社会团体的态度。在规划选址、土地房屋征收补偿、移民安置、环境保护等方面，征求项目所在地政府、有关部门及基层组织、社会团体等对拟建项目的支持态度，了解项目所在地存在的社会历史矛盾和社会背景等。

5. 媒体对拟建项目建设实施的态度。调查大众媒体包括网络媒体及移动媒体等新兴媒体对拟建项目的意见、诉求和舆论导向等。

6. 同类项目曾引发的社会稳定风险。调查公开报道的同类项目曾经引发的社会稳定风险，同类项目的后评价报告，风险的原因、后果和处置措施等。

（二）调查范围

凡项目涉及到利益相关者切身利益、容易引发社会稳定风险的因素，都应纳入调查范围，应当涵盖拟建项目建设和运行可能产生负面影响的范围。

（三）调查的方式和方法

风险调查的方式有全面调查、抽样调查、个案调查和典型调查。调查的方法有观察法、访谈法、文献法、问卷法、实验法等。可根据项目的特点及项目所在地的实际情况，选择适用的方式方法进行调查。实际工作中可采取公告公示、实地踏勘、走访群众、召开座谈会、网上调查以及舆情分析等多种方式和方法，以达到广泛调查、充分收集各方意见和诉求的目的。

三、关于风险识别

围绕拟建项目的建设和运行是否可能使群众的合法权益遭受侵害，从拟建项目各阶段可能对外产生的负面影响，项目与当地经济社会的相互适应性等方面，全面、动态、全程识别拟建项目建设和运行可能诱发的社会矛盾和社会稳定风险事件（包括对社会稳定可能造成重大负面影响的各种群体性或个体极端事件），识别影响拟建项目总体目标顺利实现的各种社会稳定风险因素。

风险识别一般可选用对照表法、专家调查法以及访谈法、实地观察法、案例参照法、项目类比法等方法。

四、关于风险估计

（一）估计内容

风险因素的风险估计，通过采用定性与定量相结合的方法，找出主要风险因素，并对每个主要风险因素的风险程度进行分析、预测和估计，层层剖析引发风险的直接和间接原因，预测和估计可能引发的风险事件，分析其引发风险事件的可能性，估计发生的概率，分析影响程度（后果），判断其风险程度。一般项目可根据实际涉及的主要风险因素，编制拟建项目的主要风险因素及其风险程度表（参考样表 1）。

样表 1 主要风险因素及其风险程度表

序号	风险类型	发生阶段	风险因素	风险概率	影响程度	风险程度	备注
1							
2							
3							
···							

注：1. 风险类型包括工程风险因素和项目与社会互适性风险因素。其中：工程风险因素可按政策、规划和审批程序，土地房屋征收及补偿，技术经济，环境影响，项目管理，安全和治安等方面分类。项目与社会互适性风险因素指项目能否为当地的社会环境、人文条件所接纳，以及当地政府、组织、社会团体、群众支持项目的程度，项目与当地社会环境的相互适应关系方面所面临的风险因素。

2. 风险发生阶段可包括项目决策、准备、实施、运行四个阶段。备注可标注风险的特征（例如长期影响还是短期影响、持久性影响还是间断影响等）和其他需要说明的情况。

3. 该表式样仅供参考。下同。

（二）估计方法

风险估计一般采用定性分析与定量分析相结合的方法，逐一对风险因素进行多维度分析，估计其发生的概率和影响程度。选取维度通常包括：可能产生风险的项目阶段、地域、群体，以及风险的成因、影响表现、风险分布、影响程度等特性。

主要风险因素的估计，可对风险概率、影响程度和风险程度进行定性和定量的分析评判，也可根据专家经验确定。根据风险程度进行排序，以揭示主要因素的风险程度。

五、关于风险防范、化解措施

为了从源头上防范、化解拟建项目实施可能引发的风险，应根据拟建项目的特点，针对主要风险因素，阐述采用的风险防范、化解措施策略；阐述提出的综合性和专项性的风险防范、化解措施，明确风险防范、化解的目标，提出落实措施的责任主体、协助单位、防范责任和具体工作内容，明确风险控制的节点和时间，真正把项目社会稳定风险化解在萌芽状态，最大限度减少不和谐因素。编制并形成风险防范、化解措施汇总表（参考样表 2）。

样表 2　风险防范和化解措施汇总表

序号	风险发生阶段	风险因素	主要防范、化解措施	实施时间和要求	责任主体	协助单位
1						
2						
3						
…						

六、关于项目风险等级

对研究提出的风险防范、化解措施的合法性、可行性、有效性和可控性进行分析，根据分析结果预测各主要风险因素可能变化的趋势和结果，结合预期可能引发的风险事件和造成负面影响的程度等，综合判断项目落实风险防范、化解措施后的风险等级。

项目风险等级综合判断一般采用定性与定量相结合的方法进行判断。在定量分析方面，可选用专家打分法等方法，并说明确定措施后每个主要因素风险权重的方法。按照《国家发展改革委重大固定资产投资项目社会稳定风险评估暂行办法》的要求，对照本地区社会稳定风险等级评判标准，对拟建项目的社会稳定风险作出客观、公正的判断，确定高、中、低等级。

附件 2：

重大固定资产投资项目社会稳定风险评估报告编制大纲及说明（试行）

第一部分　评估报告编制大纲

一、基本情况

（一）项目概况。简述项目基本情况，主要包括：项目单位、拟建地点、建设必要性、建设方案、建设期、主要技术经济指标、环境影响、资源利用、征地搬迁及移民安置、社会环境概况（含当地经济发展及社会治安、群体性事件、信访等情况）、投资及资金筹措等内容。

（二）评估依据。社会稳定风险评估工作所依据的相关法律、法规和规范性文件等；国家出台的区域经济社会发展意见、国务院及有关部门批准的相关规划、采用的项目所在地人民政府确定的社会稳定风险评判标准或指标体系。

（三）评估主体。拟建项目的评估主体指定方、评估主体的组成及职责分工，并具体说明其相关部门、社会组织、专业机构、专家学者、群众代表等参与评估工作情况。

（四）评估过程和方法。简述评估工作的程序、步骤和主要过程；说明评估工作所采用的主要方法。

二、评估内容

（一）风险调查评估及各方意见采纳情况。阐述对社会稳定风险分析篇章中风险调查的广泛性、代表性、真实性等进行评估的过程和结果。说明评估主体根据实际需要直接开展或者要求项目单位开展补充风险调查的情况。对收集的拟建项目各方面意见进行梳理和比较分析，形成能够反映实际情况的信息资料，并阐述其采纳情况。

（二）风险识别和估计的评估。一是风险识别评估。对风险分析篇章中风险识别的完整性和确定性提出评估意见；根据风险调查评估结果，对拟建项目可能引发的主要社会稳定风险因素进行补充完善，并汇总。二是风险估计评估。对风险分析篇章中风险估计的客观性、分析内容的完备性、分析方法的适用性提出评估意见；预测估计主要风险因素发生概率、影响程度和风险程度。

（三）风险防范和化解措施的评估。对社会稳定风险分析篇章中提出的风险防范、化解措施进行评估，并补充完善。针对拟建项目可能引发的社会稳定风险，进一步补充完善和明确落实各项防范、化解措施的责任主体和协助单位、具体负责内容、风险控制节点、实施时间和要求。

（四）落实措施后的风险等级确定。对风险分析篇章中风险等级判断方法、评判标准的选择运用是否恰当、风险等级判断结果是否客观合理提出评估意见；结合补充的重要风险因素，综合以上评估结果，确定项目落实防范、化解风险措施后的项目风险等级。

三、评估结论

（一）拟建项目存在的主要风险因素；

（二）拟建项目合法性、合理性、可行性、可控性评估结论；

（三）拟建项目的风险等级；

（四）拟建项目主要风险防范、化解措施；

（五）根据需要提出应急预案和建议。

第二部分　评估报告编制说明

一、关于评估主体

评估主体由项目所在地人民政府或其有关部门指定。

评估主体组织对拟建项目的社会稳定风险开展评估论证，对项目单位组织编制的社会稳定风险分析篇章进行评估，根据实际情况，采取多种方式听取各方面意见，分析判断并确定风险等级，提出社会稳定风险评估报告。

评估主体要按规定程序和要求进行评估，遵守工作纪律和保密规定，对评估报告负责。

二、关于评估程序

（一）制定评估工作方案。评估主体应首先制定评估工作方案。评估工作方案应明确风险评估的组织机构、职责分工、工作进度、工作方法与要求、拟征询意见对象及方法、风险评估报告大纲等事项。

（二）收集和审阅相关资料。评估主体应全面收集并认真审阅社会稳定风险评估相关资料，主要包括但不限于以下文件：项目可行性研究报告、项目申请报告及其社会稳定风险分析篇章；国家和地方相关法律、法规和政策；拟建项目前期审批相关文件，包括城乡规划、国土资源、环境保护等部门出具的规划选址、用地预审、环境影响评价文件等；相关规划与标准规范；同类或类似项目决策风险评估资料等。

（三）充分听取意见。根据对拟建项目社会稳定风险分析篇章的审阅结果，结合项目所在地的实际情况，根据需要补充开展民意调查，向受拟建项目影响的相关群众了解情况，对受拟建项目影响较大的群众、有特殊困难的家庭要重点走访，当面听取意见。听取意见要注意对象的广泛性和代表性，注意方式方法，确保收集意见的真实性和全面性；讲清项目相关的法律和政策依据、项目方案、项目建设和运行全过程可能产生的影响，以便群众了解真实情况、表达真实意见。

（四）全面评估论证。分门别类梳理各方意见，参考相同或类似项目引发社会稳定风险的情况，重点围绕拟建项目建设实施的合法性、合理性、可行性、可控性进行客观、全面地评估论证；对拟建项目所涉及的风险调查、风险识别、风险估计、风险防范和化解措施、风险等级评判等内容逐项进行评估论证，特别是对风险因素、风险发生概率、可能引发矛盾纠纷的激烈程度和持续时间、涉及人员数量、可能产生的各种负面影响以及相关风险的可控程度进行评估论证。

（五）确定风险等级。根据项目所在地人民政府确定的社会稳定风险评估指标或评判标准，在综合考虑各方意见和全面分析论证的基础上，按照《国家发展改革委重大固定资产投资项目社会稳定风险评估暂行办法》的风险等级划分标准，对拟建项目的社会稳定风险等级作出客观、公正的判断，确定项目社会稳定风险的高、中、低等级。

（六）编制评估报告

拟建项目社会稳定风险评估报告应包括以下内容：

1. 基本情况；

2. 评估内容；

3. 评估结论。

三、关于评估要点

评估主体应在对社会稳定风险分析篇章整体把握的基础上，根据拟建项目的实际情况，重点围绕拟建项目建设实施的合法性、合理性、可行性、可控性进行评估论证。

（一）合法性。主要评估拟建项目建设实施是否符合现行相关法律、法规、规范以及国家有关政策；是否符合国家与地区国民经济和社会发展规划、产业政策等；拟建项目相关审批部门是否具有相应的项目审批权并在权限范围内进行审批；决策程序是否符合国家法律、法规、规章等有关规定。

（二）合理性。主要评估拟建项目的实施是否符合科学发展观要求，是否符合经济社会发展规律，是否符合社会公共利益、人民群众的现实利益和长远利益，是否兼顾了不同利益群体的诉求，是否可能引发地区、行业、群体之间的相互盲目攀比；依法应给予相关群众的补偿和其他救济是否充分、合理、公平、公正；拟采取的措施和手段是否必要、适当，是否维护了相关群众的合法权益等。

（三）可行性。主要评估拟建项目的建设时机和条件是否成熟，是否有具体、详实的方案和完善的配套措施；拟建项目实施是否与本地区经济社会发展水平相适应，是否超越本地区财力，是否超越大多数群众的承受能力，是否能得到大多数群众的支持和认可等。

（四）可控性。主要评估拟建项目的建设实施是否存在公共安全隐患，是否会引发群体性事件、集体上访，是否会引发社会负面舆论、恶意炒作以及其他影响社会稳定的问题；对拟建项目可能引发的社会稳定风险是否可控；对可能出现的社会稳定风险是否有相应的防范、化解措施，措施是否可行、有效；宣传解释和舆论引导措施是否充分等。

四、关于风险调查评估

（一）对风险调查的全面性进行评估，包括风险调查的内容和范围、调查的形式和方法是否恰当、合理、科学，是否达到广泛性和深入性的要求。

（二）对公众参与的完备性进行评估，包括拟建项目是否按照有关规定履行了公众参与、专家咨询、信息公开等程序性的要求。

（三）对风险调查结果的真实性和可信性进行评估，包括是否广泛听取了各方面意见，是否全面、真实反映了相关利益相关者合理和不合理、现实和潜在的诉求。

（四）在对社会稳定风险分析篇章评估的基础上，根据实际情况，可以采取公示、问卷调查、实地走访和召开座谈会、听证会等方式进行补充调查，完善风险调查相关内容。

五、关于风险识别评估

（一）结合风险调查评估结果，对社会稳定风险分析篇章中各风险因素识别的全面性和准确性进行评估。

（二）通过对有关社会经济调查及统计资料的分析，结合对项目经济影响评价、社会影响评价、环境影响评价、资源利用、土地房屋征收补偿和移民安置影响评价等相关评估结论，以及公众参与的完备性程度等的评估，判断拟建项目是否存在被遗漏的重要风险因素，并补充识别被遗漏的重要风险因素。

六、关于风险估计评估

（一）对分析篇章中选用的风险估计方法、对每一个主要风险因素所进行的分析推理过程、对预测估计的主要风险因素的风险发生概率、影响程度和风险程度是否恰当进行评估。

（二）补充分析篇章风险识别中遗漏的重要风险因素，对拟建项目可能存在的重要风险因素的性质特征、未来变化趋势及可能造成的影响后果进行分析评估，形成评估后主要风险因素的风险程度汇总表（参考样表3）。

样表3：经评估的主要风险因素及其风险程度汇总表

序号	风险因素（W）	风险概率	影响程度	风险程度
1	示例风险1	较高	严重	高
2	示例风险2	较低	可忽略	较小
…	…			

七、关于风险防范、化解措施评估

（一）对分析篇章中提出的风险防范、化解措施是否与现行的相关政策和法规相符，进行合法性的评估。

（二）对分析篇章中提出的风险防范、化解措施是否有遗漏，进行系统性、完整性的评估。

（三）对分析篇章中提出的风险防范、化解措施是否具有明确的责任主体、职责分工以及时间进度安排，是否全面、合理、可行、有效进行评估。

（四）结合风险识别和风险估计评估结论，补充、优化和完善风险防范、化解措施，进一步明确责任主体等内容，编制经评估的风险防范、化解措施汇总表（参考样表4），并提出综合评估意见。

样表 4：经评估的风险防范、化解措施汇总表

序号	风险发生阶段	风险因素	主要防范、化解措施	实施时间和要求	责任主体	协助单位
1						
2						
3						
…						

八、关于落实措施后的风险等级评估

（一）在风险防范、化解措施评估的基础上，对分析篇章中采取措施后各主要风险因素变化的分析是否得当进行评估，提出评估意见。

（二）对分析篇章中采用的风险等级评判方法、评判标准的选择运用是否恰当，评判的结果是否合理提出评估意见。

（三）结合补充的主要风险因素，和上述评估论证的结果，预测各主要因素风险可能变化的趋势和结果；通过分析变化情况，对落实措施后的风险等级进行综合判断，提出项目风险等级的评判结论。

九、其他说明

（一）稳评报告应当在项目审批（核准）所需的各前置文件具备之后完成。该项目规划、土地、环评等已完成社会稳定风险专项评估的，在社会稳定情况未发生较大变化的前提下，其结论可以直接引用。

（二）本大纲适用的项目范围是按照国家和地方有关规定需要开展稳评的重大固定资产投资项目。

（三）各地方、各部门可根据本大纲，结合自身特点制定相应的评估大纲，以指导本地方、本行业项目的评估工作。

二十四、最高人民法院关于审理行政协议案件若干问题的规定[①]

最高人民法院关于审理行政协议案件若干问题的规定

（2019 年 11 月 12 日最高人民法院审判委员会第 1781 次会议通过　2019 年 11 月 27 日公布　自 2020 年 1 月 1 日起施行　法释〔2019〕17 号）

为依法公正、及时审理行政协议案件，根据《中华人民共和国行政诉讼法》等法律的规定，结合行政审判工作实际，制定本规定。

第一条　行政机关为了实现行政管理或者公共服务目标，与公民、法人或者其他组织协商订立的具有行政法上权利义务内容的协议，属于行政诉讼法第十二条第一款第十一项规定的行政协议。

第二条　公民、法人或者其他组织就下列行政协议提起行政诉讼的，人民法院应当依法受理：

（一）政府特许经营协议；

（二）土地、房屋等征收征用补偿协议；

（三）矿业权等国有自然资源使用权出让协议；

（四）政府投资的保障性住房的租赁、买卖等协议；

（五）符合本规定第一条规定的政府与社会资本合作协议；

（六）其他行政协议。

第三条　因行政机关订立的下列协议提起诉讼的，不属于人民法院行政诉讼的受案范围：

（一）行政机关之间因公务协助等事由而订立的协议；

① 来源于最高人民法院官网：https：//www.court.gov.cn/fabu-xiangqing-207581.html，最后访问时间 2022 年 8 月 15 日。

（二）行政机关与其工作人员订立的劳动人事协议。

第四条　因行政协议的订立、履行、变更、终止等发生纠纷，公民、法人或者其他组织作为原告，以行政机关为被告提起行政诉讼的，人民法院应当依法受理。

因行政机关委托的组织订立的行政协议发生纠纷的，委托的行政机关是被告。

第五条　下列与行政协议有利害关系的公民、法人或者其他组织提起行政诉讼的，人民法院应当依法受理：

（一）参与招标、拍卖、挂牌等竞争性活动，认为行政机关应当依法与其订立行政协议但行政机关拒绝订立，或者认为行政机关与他人订立行政协议损害其合法权益的公民、法人或者其他组织；

（二）认为征收征用补偿协议损害其合法权益的被征收征用土地、房屋等不动产的用益物权人、公房承租人；

（三）其他认为行政协议的订立、履行、变更、终止等行为损害其合法权益的公民、法人或者其他组织。

第六条　人民法院受理行政协议案件后，被告就该协议的订立、履行、变更、终止等提起反诉的，人民法院不予准许。

第七条　当事人书面协议约定选择被告所在地、原告所在地、协议履行地、协议订立地、标的物所在地等与争议有实际联系地点的人民法院管辖的，人民法院从其约定，但违反级别管辖和专属管辖的除外。

第八条　公民、法人或者其他组织向人民法院提起民事诉讼，生效法律文书以涉案协议属于行政协议为由裁定不予立案或者驳回起诉，当事人又提起行政诉讼的，人民法院应当依法受理。

第九条　在行政协议案件中，行政诉讼法第四十九条第三项规定的“有具体的诉讼请求”是指：

（一）请求判决撤销行政机关变更、解除行政协议的行政行为，或者确认该行政行为违法；

（二）请求判决行政机关依法履行或者按照行政协议约定履行义务；

（三）请求判决确认行政协议的效力；

（四）请求判决行政机关依法或者按照约定订立行政协议；

（五）请求判决撤销、解除行政协议；

（六）请求判决行政机关赔偿或者补偿；

（七）其他有关行政协议的订立、履行、变更、终止等诉讼请求。

第十条 被告对于自己具有法定职权、履行法定程序、履行相应法定职责以及订立、履行、变更、解除行政协议等行为的合法性承担举证责任。

原告主张撤销、解除行政协议的，对撤销、解除行政协议的事由承担举证责任。

对行政协议是否履行发生争议的，由负有履行义务的当事人承担举证责任。

第十一条 人民法院审理行政协议案件，应当对被告订立、履行、变更、解除行政协议的行为是否具有法定职权、是否滥用职权、适用法律法规是否正确、是否遵守法定程序、是否明显不当、是否履行相应法定职责进行合法性审查。

原告认为被告未依法或者未按照约定履行行政协议的，人民法院应当针对其诉讼请求，对被告是否具有相应义务或者履行相应义务等进行审查。

第十二条 行政协议存在行政诉讼法第七十五条规定的重大且明显违法情形的，人民法院应当确认行政协议无效。

人民法院可以适用民事法律规范确认行政协议无效。

行政协议无效的原因在一审法庭辩论终结前消除的，人民法院可以确认行政协议有效。

第十三条　法律、行政法规规定应当经过其他机关批准等程序后生效的行政协议，在一审法庭辩论终结前未获得批准的，人民法院应当确认该协议未生效。

行政协议约定被告负有履行批准程序等义务而被告未履行，原告要求被告承担赔偿责任的，人民法院应予支持。

第十四条　原告认为行政协议存在胁迫、欺诈、重大误解、显失公平等情形而请求撤销，人民法院经审理认为符合法律规定可撤销情形的，可以依法判决撤销该协议。

第十五条　行政协议无效、被撤销或者确定不发生效力后，当事人因行政协议取得的财产，人民法院应当判决予以返还；不能返还的，判决折价补偿。

因被告的原因导致行政协议被确认无效或者被撤销，可以同时判决责令被告采取补救措施；给原告造成损失的，人民法院应当判决被告予以赔偿。

第十六条　在履行行政协议过程中，可能出现严重损害国家利益、社会公共利益的情形，被告作出变更、解除协议的行政行为后，原告请求撤销该行为，人民法院经审理认为该行为合法的，判决驳回原告诉讼请求；给原告造成损失的，判决被告予以补偿。

被告变更、解除行政协议的行政行为存在行政诉讼法第七十条规定情形的，人民法院判决撤销或者部分撤销，并可以责令被告重新作出行政行为。

被告变更、解除行政协议的行政行为违法，人民法院可以依据行政诉讼法第七十八条的规定判决被告继续履行协议、采取补救措施；给原告造成损失的，判决被告予以赔偿。

第十七条　原告请求解除行政协议，人民法院认为符合约定或者法定解除情形且不损害国家利益、社会公共利益和他人合法权益的，可以判决解除该协议。

第十八条 当事人依据民事法律规范的规定行使履行抗辩权的，人民法院应予支持。

第十九条 被告未依法履行、未按照约定履行行政协议，人民法院可以依据行政诉讼法第七十八条的规定，结合原告诉讼请求，判决被告继续履行，并明确继续履行的具体内容；被告无法履行或者继续履行无实际意义的，人民法院可以判决被告采取相应的补救措施；给原告造成损失的，判决被告予以赔偿。

原告要求按照约定的违约金条款或者定金条款予以赔偿的，人民法院应予支持。

第二十条 被告明确表示或者以自己的行为表明不履行行政协议，原告在履行期限届满之前向人民法院起诉请求其承担违约责任的，人民法院应予支持。

第二十一条 被告或者其他行政机关因国家利益、社会公共利益的需要依法行使行政职权，导致原告履行不能、履行费用明显增加或者遭受损失，原告请求判令被告给予补偿的，人民法院应予支持。

第二十二条 原告以被告违约为由请求人民法院判令其承担违约责任，人民法院经审理认为行政协议无效的，应当向原告释明，并根据原告变更后的诉讼请求判决确认行政协议无效；因被告的行为造成行政协议无效的，人民法院可以依法判决被告承担赔偿责任。原告经释明后拒绝变更诉讼请求的，人民法院可以判决驳回其诉讼请求。

第二十三条 人民法院审理行政协议案件，可以依法进行调解。

人民法院进行调解时，应当遵循自愿、合法原则，不得损害国家利益、社会公共利益和他人合法权益。

第二十四条 公民、法人或者其他组织未按照行政协议约定履行义务，经催告后不履行，行政机关可以作出要求其履行协议的书面决定。公民、法人或者其他组织收到书面决定后在法定期限内未申请行政复议或者提起行政诉讼，且仍不履行，协议内容具有可执行性的，行政机关可以向人民法院申请强制执行。

法律、行政法规规定行政机关对行政协议享有监督协议履行的职权，公民、法人或者其他组织未按照约定履行义务，经催告后不履行，行政机关可以依法作出处理决定。公民、法人或者其他组织在收到该处理决定后在法定期限内未申请行政复议或者提起行政诉讼，且仍不履行，协议内容具有可执行性的，行政机关可以向人民法院申请强制执行。

第二十五条　公民、法人或者其他组织对行政机关不依法履行、未按照约定履行行政协议提起诉讼的，诉讼时效参照民事法律规范确定；对行政机关变更、解除行政协议等行政行为提起诉讼的，起诉期限依照行政诉讼法及其司法解释确定。

第二十六条　行政协议约定仲裁条款的，人民法院应当确认该条款无效，但法律、行政法规或者我国缔结、参加的国际条约另有规定的除外。

第二十七条　人民法院审理行政协议案件，应当适用行政诉讼法的规定；行政诉讼法没有规定的，参照适用民事诉讼法的规定。

人民法院审理行政协议案件，可以参照适用民事法律规范关于民事合同的相关规定。

第二十八条　2015 年 5 月 1 日后订立的行政协议发生纠纷的，适用行政诉讼法及本规定。

2015 年 5 月 1 日前订立的行政协议发生纠纷的，适用当时的法律、行政法规及司法解释。

第二十九条　本规定自 2020 年 1 月 1 日起施行。最高人民法院以前发布的司法解释与本规定不一致的，适用本规定。

二十五、最高人民法院关于违法的建筑物、构筑物、设施等强制拆除问题的批复①

最高人民法院关于违法的建筑物、构筑物、设施等强制拆除问题的批复

（2013 年 3 月 25 日最高人民法院审判委员会第 1572 次会议通过　2013 年 3 月 27 日公布　自 2013 年 4 月 3 日起施行　法释〔2013〕5 号）

北京市高级人民法院：

根据行政强制法和城乡规划法有关规定精神，对涉及违反城乡规划法的违法建筑物、构筑物、设施等的强制拆除，法律已经授予行政机关强制执行权，人民法院不受理行政机关提出的非诉行政执行申请。

① 来源于最高人民法院官网：https：//www. court. gov. cn/fabu-xiangqing-5215. html，最后访问时间 2022 年 8 月 15 日。

二十六、最高人民法院关于审理涉及农村集体土地行政案件若干问题的规定①

最高人民法院关于审理涉及农村集体土地行政案件若干问题的规定

（2011 年 5 月 9 日最高人民法院审判委员会第 1522 次会议通过　2011 年 8 月 7 日公布　自 2011 年 9 月 5 日起施行　法释〔2011〕20 号）

为正确审理涉及农村集体土地的行政案件，根据《中华人民共和国物权法》、《中华人民共和国土地管理法》和《中华人民共和国行政诉讼法》等有关法律规定，结合行政审判实际，制定本规定。

第一条　农村集体土地的权利人或者利害关系人（以下简称土地权利人）认为行政机关作出的涉及农村集体土地的行政行为侵犯其合法权益，提起诉讼的，属于人民法院行政诉讼的受案范围。

第二条　土地登记机构根据人民法院生效裁判文书、协助执行通知书或者仲裁机构的法律文书办理的土地权属登记行为，土地权利人不服提起诉讼的，人民法院不予受理，但土地权利人认为登记内容与有关文书内容不一致的除外。

第三条　村民委员会或者农村集体经济组织对涉及农村集体土地的行政行为不起诉的，过半数的村民可以以集体经济组织名义提起诉讼。

农村集体经济组织成员全部转为城镇居民后，对涉及农村集体土地的行政行为不服的，过半数的原集体经济组织成员可以提起诉讼。

---

① 来源于最高人民法院官网：https：//www. court. gov. cn/fabu-xiangqing-3159. html，最后访问时间 2022 年 8 月 15 日。

第四条 土地使用权人或者实际使用人对行政机关作出涉及其使用或实际使用的集体土地的行政行为不服的，可以以自己的名义提起诉讼。

第五条 土地权利人认为土地储备机构作出的行为侵犯其依法享有的农村集体土地所有权或使用权，向人民法院提起诉讼的，应当以土地储备机构所隶属的土地管理部门为被告。

第六条 土地权利人认为乡级以上人民政府作出的土地确权决定侵犯其依法享有的农村集体土地所有权或者使用权，经复议后向人民法院提起诉讼的，人民法院应当依法受理。

法律、法规规定应当先申请行政复议的土地行政案件，复议机关作出不受理复议申请的决定或者以不符合受理条件为由驳回复议申请，复议申请人不服的，应当以复议机关为被告向人民法院提起诉讼。

第七条 土地权利人认为行政机关作出的行政处罚、行政强制措施等行政行为侵犯其依法享有的农村集体土地所有权或者使用权，直接向人民法院提起诉讼的，人民法院应当依法受理。

第八条 土地权属登记（包括土地权属证书）在生效裁判和仲裁裁决中作为定案证据，利害关系人对该登记行为提起诉讼的，人民法院应当依法受理。

第九条 涉及农村集体土地的行政决定以公告方式送达的，起诉期限自公告确定的期限届满之日起计算。

第十条 土地权利人对土地管理部门组织实施过程中确定的土地补偿有异议，直接向人民法院提起诉讼的，人民法院不予受理，但应当告知土地权利人先申请行政机关裁决。

第十一条 土地权利人以土地管理部门超过两年对非法占地行为进行处罚违法，向人民法院起诉的，人民法院应当按照行政处罚法第二十九条第二款的规定处理。

第十二条 征收农村集体土地时涉及被征收土地上的房屋及其他不动产

的，土地权利人可以请求依照物权法第四十二条第二款的规定给予补偿。

征收农村集体土地时未就被征收土地上的房屋及其他不动产进行安置补偿，补偿安置时房屋所在地已纳入城市规划区，土地权利人请求参照执行国有土地上房屋征收补偿标准的，人民法院一般应予支持，但应当扣除已经取得的土地补偿费。

第十三条 在审理土地行政案件中，人民法院经当事人同意进行协调的期间，不计算在审理期限内。当事人不同意继续协商的，人民法院应当及时审理，并恢复计算审理期限。

第十四条 县级以上人民政府土地管理部门根据土地管理法实施条例第四十五条的规定，申请人民法院执行其作出的责令交出土地决定的，应当符合下列条件：

（一）征收土地方案已经有权机关依法批准；

（二）市、县人民政府和土地管理部门已经依照土地管理法和土地管理法实施条例规定的程序实施征地行为；

（三）被征收土地所有权人、使用人已经依法得到安置补偿或者无正当理由拒绝接受安置补偿，且拒不交出土地，已经影响到征收工作的正常进行；

（四）符合《最高人民法院关于执行〈中华人民共和国行政诉讼法〉若干问题的解释》第八十六条规定的条件。

人民法院对符合条件的申请，应当予以受理，并通知申请人；对不符合条件的申请，应当裁定不予受理。

第十五条 最高人民法院以前所作的司法解释与本规定不一致的，以本规定为准。

图书在版编目（CIP）数据

政府土地房屋征收项目专项法律服务指引：以晋江经验为例／福建仰格律师事务所著．—北京：中国法制出版社，2022.12

ISBN 978-7-5216-3217-0

Ⅰ.①政… Ⅱ.①福… Ⅲ.①国有土地-土地征用-补偿-条例-研究-中国②房屋拆迁-补偿-条例-研究-中国 Ⅳ.①D922.394②D922.181.4

中国版本图书馆 CIP 数据核字（2022）第 252252 号

责任编辑：刘晓霞　　封面设计：杨鑫宇

政府土地房屋征收项目专项法律服务指引：以晋江经验为例

ZHENGFU TUDI FANGWU ZHENGSHOU XIANGMU ZHUANXIANG FALÜ FUWU ZHIYIN：YI JINJIANG JINGYAN WEILI

著者/福建仰格律师事务所

经销/新华书店

印刷/北京虎彩文化传播有限公司

开本/710 毫米×1000 毫米　16 开　　印张/ 20　字数/ 196 千

版次/2022 年 12 月第 1 版　　2022 年 12 月第 1 次印刷

中国法制出版社出版

书号 ISBN 978-7-5216-3217-0　　定价：65.00 元

北京市西城区西便门西里甲 16 号西便门办公区

邮政编码：100053　　传真：010-63141600

网址：http：//www.zgfzs.com　　**编辑部电话：010-63141664**

市场营销部电话：010-63141612　　**印务部电话：010-63141606**

（如有印装质量问题，请与本社印务部联系。）